世界大战丛书

丘吉尔
第二次世界大战回忆录 02

晦暗不明的战争

〔英国〕温斯顿·丘吉尔 著
方 唐 译

北京时代华文书局

本书铭言

战争时：坚毅

失败时：不屈

胜利时：宽容

和平时：友善

致　谢

我在著述本书的过程中，陆军中将亨利·博纳尔爵士在军事问题方面给予了大力帮助；艾伦准将在海军方面给予了帮助；牛津大学沃德姆学院的迪金上校在欧洲和一般性问题上提供了帮助，我在写作《马尔巴罗传》时也得到了他的帮助。在遣词造句上，爱德华·马什爵士付出了很大精力来帮助我。还有很多其他人士也曾审阅过原稿，并提出了自己的意见，在这里也一并表示感谢。

伊斯梅勋爵也曾提供帮助，对我来说，这是非常宝贵的。还有我的一些其他朋友以后依然会给我提供帮助。

在此要特地感谢英王陛下政府文书局局长。一些官方文件原文的版权为其所有，然而承蒙英王陛下政府批准，得以附加在内。

温斯顿·斯宾塞·丘吉尔

序　言

关于第一次世界大战的情况，我曾写了《世界危机》《东线战争》和《战后》三本书来记录。如今的《第二次世界大战回忆录》各卷，我认为是在承接前作。本书全部写完之后，与以上几本合起来，即是对这三十年战争的一个总的记述。

我在写作本书时，跟之前几本一样，也是竭力模仿笛福著述《一个骑士的回忆录》的方法：在对重大的军事事件和政治事件进行记述和发表意见时，以一个人为核心，围绕他的经历展开。在政府中身居要职，且同时经历了这两次史上最大灾难的人，或许只有我了。不过，一战时，我的职位还不是那么重要。而到了二战，有五年多的时间，我在对德战争中是国王陛下政府的首要决策者。因此，写这本书时我的立场较之之前不同，并且比以前更有权威。

我处理公务时，都是通过口授秘书去执行的。在担任首相一职期间，我发布了将近一百万字的备忘录、训令、私人电报和节略。那个时候，每天都有很多重要的事情需要处理。而我处理这些事情时，只能依据那个时候能搜集到的资料，所以，这些逐日写下的文件有这样或那样的不足在所难免。但是，这些文件出自战争时期不列颠帝国和联邦的主要决策者之手，是自己亲眼所见的重大事件的真实记录。记录战争实况和政府工作，这种情况我不知道现在有没有，也不知道过去是否曾有过。但是，我并不认为它能被称为历史。历史应该交给后来的人去编写。但我可以肯定的是，它对后世是有益的，对历史也很有价值，对此我很有信心。

这三十年中，我的作为和观点是我一生所有努力的集中体现。我希望人们对我做出评判时，能以此为依据。在战争中或是在政府决策上的任何举措，如果事先我没有发布过公开的或是正式的意见，或是没有发出过警戒性的预告，事后我绝不会妄加评判。这是我谨守的原则。当时，处于争论之中，很多的言辞是十分激烈的，事实上，作为事后的追忆，我已将它们改成稍缓和一些了。文中我记述了很多人和我的争辩，其中不乏我敬重和拥护的人，为此我也很痛心，可是那些都是过去给我们的教训，如果不说出来作为对未来的借鉴，是不正确的。希望不会有人因为我记录的事情，而看轻那些真诚仁善的人，却忘了去拷问自己，在执行公务时是否有不妥，有什么样的前车之鉴可成为日后作为的参考。

我并不指望我说的所有能得到每个人的认同，我也不是世人想看什么才写什么，对此请不要有误解。我的阐述都是根据我所持的观点得出的。对于材料的真实性，我已尽最大努力去查证核实。但是随着敌方文件不断被缴获，不断地有事实浮出水面，或是有新的发现。这些新信息被公开后，人们可能会对我之前下的判断重新评判。所以，我认为在全局没有明朗展现出来的情况下，当时的记录和白纸黑字写下的意见是最真实可靠的，以它们为依据是必要的，也是重要的。

罗斯福总统曾就这次战争的名称向公众征求意见。有一天，他就这个问题来问我。我马上回答说："可以不爆发的战争。"历史上，没有哪次战争可以比这次更加容易地预防。上一次大战，世界遭受了严重的毁坏，这一次，又将上一次仅存的东西毁灭了。现在正义的一方取得了胜利，为此亿万人拼尽力气艰苦作战，甚至付出了生命。可是我们还是没有迎来和平或是安全，我们终于消灭了那个危难，然而现在却陷入了比之前更大的危险之中。这简直是人类史上最悲剧的事情了。吃一堑，长一智，人们应该牢记之前的教训。对于新生的一代人，我热切地希望他们能够改正之前的错误，从人类的需求和尊严出发，对于可预见的可怕未来加以掌控。

温斯顿·斯宾塞·丘吉尔

于肯特郡，韦斯特汉，

恰特韦尔庄园

1948年3月

为新版写几句

这次翻印使我可以借机完善一下几处细节上的错误。那些曾发现这些错误，并就修改提出自己意见的人，我在此奉上我的谢意。还有，我一定要说，对于此书受到的如此多的喜爱，我十分珍惜。很多人在给我的信中提到了这本书，对他们，我由衷地表示感谢。

这次重新出版，出版社排版时用了更大一点的字体，愿这一变化，能让所有读者满意。

温斯顿·斯宾塞·丘吉尔

写在恰特韦尔庄园

1949 年 6 月 14 日

目　录

英国人民是怎样因为不理性、疏忽和善良
而让凶恶之人再次装备起来。

第一章　战争

张伯伦先生邀请我加入内阁——9月2日那天在犹豫——9月3日的宣战——第一次空袭警报——再次主管海军部——海军上将达德利·庞德爵士——我对海军事务的认识——对比1914年和1939年——海军的战略形势——波罗的海——基尔运河——意大利的态度——我们地中海的战略——潜艇威胁——空袭威胁——日本的态度——新加坡——澳大利亚和新西兰的安全——组建战时内阁——张伯伦先生的最开始选择——一个老前辈——午睡的好处

德军在9月1日早上向波兰发起进攻。也是在这个早晨，所有部队接到命令开始出动。我被首相邀请去唐宁街见他，时间定在了下午。他说，已经不可能再指望与德军不发生战争了，他提议成立一个指挥作战的战时内阁，这个内阁的成员是少数不负责专部的阁员。他还告诉我，根据他了解到的信息，在组建联合政府方面，工党似乎没有意愿参加，不过他心中仍然希望自由党参加。他找我来的目的是请我担任战时内阁的阁员。我对他的建议没做任何点评就答应了。就这个问题，我们花了很长时间讨论人选和下一步需要进行的计划。

在讨论之后，我想到一个问题，战时内阁是指挥作战的最高执行机构，现在这个机构的阁员平均年龄太大，人们可能会感觉不舒服。想到这里，我在后半夜开始提笔给张伯伦写信：

1939 年 9 月 2 日

这看起来是一群老人组成的队伍，我们要这样做吗？昨天你向我推荐了六个人，现在我突然想起来，他们的年龄总数达到了三百八十六岁，平均年龄在六十四岁以上！再大一岁就到了可以领养老金的年龄了！但我想，如果邀请四十九岁的辛克莱和四十二岁的艾登加入这个内阁，那么内阁成员的平均年龄就只有五十七岁半了。

《每日先驱报》报道出工党没有意向参加政府一事，如果消息属实，那么我们以后就要被各种批评所包围，同时还要面临战争中经常出现的令人不快的和意外的事故。所以，我认为目前最重要的工作是，让我们的队伍吸收处于在野党地位的自由党加入。在比较温和的自由党人和支持艾登的保守党人中，艾登有些影响力。我想，如果我们想增加自己的实力，利用艾登的影响力是一个非常不错的方法。

波兰已经遭受了三十小时的围攻了。在我听到巴黎再次想要照会时，内心深感不安。我相信，最晚在今天下午的议会上，你就要提出联合声明了。

如果海军部不采取特别措施并在今天发出信号，德国的“不来梅”号军舰就要突破阻截区了。虽然这个问题不是主要的，但很有可能有一些麻烦就会被这件事引发。

我静待您的安排。[①]

这一天是 9 月 2 日，我感到非常紧张，奇怪的是张伯伦没有给我回音。我想他可能在利用每一分钟保卫和平，事实上确实是这样。但有一短暂的激烈辩论在会议上展开了，下院非常不满首相在辩论中不确定的声明。格林伍德先生代表工党，当他准备起立发言时，代表保

① 参见法伊林《内维尔 · 张伯伦传》，第 420 页。——原注

守党的艾默里向他大喊：“你必须为了英国说话。”全场都为之喝彩。主战是下院的态度，场面非常团结和坚决，我感觉要比我在1914年8月2日参加的那次更甚。就在这天晚上，我在威斯敏斯特教堂对面的公寓来了很多客人，各个政党的重要代表都来找我，他们感到非常忧虑，害怕英国放弃对波兰的义务。下院决定再召开一次会议，时间定在第二天下午。我在这天晚上又给首相写了一封信，内容是：

1939年9月2日

我们已经在星期五谈过一次，我的理解是我即将为您效劳了。您也对我说过，您就要公布这个消息了。可是自从这件事之后，您就没有回复我任何问题。今天是如此的紧张波动，以至于我无法想象发生了什么事。我已经发现局势不一样了，您和我说“大局已定”时的思想如今已经变了，现在的主导思想并不是您当时说的那样。我清楚，目前的欧洲局势非常重要，我们必然要转变方法应对这种局势了。不过，我觉得有一件事我必须知道，在中午的辩论开始前，您要让我知道我们的立场，不管这种立场为公还是为私。

我认为，工党在疏远我们，我甚至发现自由党也是如此。如果各个党派都这样狭隘，那么您所说的一个高效的战时内阁就很难建立起来。我想我们应该努力拉拢自由党加入。此外，我认为我们需要重新讨论战时内阁的组织与范围，虽然这个问题我们已经讨论过了。我觉得将有一种不妙的氛围弥漫在今晚的会议中，我们会被认为决心不坚定，损害了国家的团结精神。在面对法国时，您可能要面临诸多困难，我不会低估这些困难的，我认为为了给法国盟友做榜样，这个决定需要现在就做出来。只有快速将最有力而完整的联合政府组建起来，才能达到这个效果。所以，我希望我们再讨论一次，在此之前，战时内阁成员的名单暂时不能对外宣布。

我要再说一次我昨天早上信中所写的内容，我愿意为您效劳，不管任务有多么艰难，我愿意和您共同完成。

后来我才知道，在9月1日下午九点半，英国已经将最后通牒交给了德国。接下来第二次通牒，也就是最后一次通牒在9月3日上午九点发出。9月3日早上有一则广播宣布了首相将要在上午十一点一刻发表广播演说的消息。从此时的局势看，英法宣战已经是必然的了。我准备好一份简短的演讲稿，我认为我一生中和历史上自由与庄严的时刻就要来了，而这份演说也与这个庄严的时刻相配。

战争状态是我们现在面临的问题，首相在广播中就是这样说的。他刚刚说完，一种凄厉而持久的声响穿过我的耳朵，我在后来就已经习惯这种声音了。我的妻子带着一副紧张的神情跑进房间，可能是当时的情形太危险了吧。然而她却对德国迅速精准的做法连声叫好。我们想看看外面发生了什么事，于是二人一起来到了公寓的屋顶上。伦敦的9月秋高气爽，我周围的一切都在和睦的阳光下，从屋顶可以看见伦敦各处的屋顶和尖塔。

有三四十个圆柱形的气球从这些屋顶和尖塔一点点升上天空。这些迹象已经明确说明政府事先做了准备，这一点我非常满意。我猜想应该给我们十五分钟的时间让我们做好准备，就在时间要结束的时候，我们拿着一点白兰地和可能用到的药品，向预先安排的防空洞走去。

沿着大街走一百码就到了我们的庇护所，这其实只是一个地下室，沙袋还没有堆起来，庇护所目前还是开放式的。地下室内有附近的六户居民，他们聚在一起兴奋而又幽默地说着话。英国人的民族特点在这不知前途凶吉的时刻表现出来了。此刻我站在地下室的门口，能看见地下室中拥挤的场面，也能看到空旷的大街。一幅幅画面在我头脑中闪现：那些屠杀与死亡的场景；轰轰的爆炸声震动着大地；高楼大厦顷刻间变成废墟尘土；敌军的飞机轰隆隆作响，消防队和救护车在烟雾中来来往往。空袭是一件非常恐怖的事情，我们不是早就知道了吗？

空军可能夸大了空袭的恐怖后果，这样才能显示他们的重要地位。民众的这种担忧也经常被号称和平的人利用。我们的主张是让政府把准备工作做好，将强大的空军建立起来。即使那些恐怖的估测是我们不愿意承认的，但却能起到刺激当局的作用。政府为可能在空袭中受伤的人准备了两万五千张床铺，这一点我是知道的，我也从来没有在这方面低估政府的能力。现在回到现实看看都发生了哪些事吧！

那些凄厉的叫声在十分钟后再次响起。我不知道这是不是再次发出的警报，这时有一个人一边喊着“警报解除”一边跑过来。我们就此散开，该回家的回家，该上班的上班。我便去了下院。中午是下院开会的时间，会议按照既定程序进行，没有一丝慌乱，甚至还肃穆地祷告了一小会儿。我在会议室里收到了一封信，是张伯伦写给我的，他让我在会议讨论结束后去他的房间找他。我在自己的位置上坐下，平复这几天的紧张和激动。听到议员们的演说，我的心被一种安宁的力量抓住了。这种安宁让我有一种远离世间和个人俗事的超脱感。英国是个爱好和平的国家，并没有积极准备开战。但为了荣誉，能立刻变得无畏无惧。我的全身心都被旧时英国的这种传统所折服，我感到异常兴奋，我们的命运被它提升到一个新的境界，这是个远离人间俗物和身体感受的世界。我试图将这种感觉融入到我的发言中，下院体会到了我的这种感受，而且给了我积极的回应。

张伯伦告诉我，他正在考虑我的意见。如果临时政府不能吸纳自由党加入，他考虑吸收海陆空三军中有行政职务的大臣加入内阁，这样做能满足我对内阁人员平均年龄的要求，让内阁人员的平均年龄低于六十岁。张伯伦还说，海军大臣可以由我来担任，同时让我成为战时内阁的一员。听到这个消息我很高兴。这一点我以前没有向他说起：站在高端运筹帷幄，看管他人工作，是我不愿意做的事情，确切的工作任务才是我最想要的。一个不能负责专门工作的部长，即使权力很大，也不能达到自己想要的效果。因为想办法、提建议要比发号施令难做多了，而粗略地讨论一个问题不如在有限的权力范围内做出一些实事。

我最开始的打算是，如果战时内阁成员和海军大臣是鱼与熊掌不可兼得，我会放弃战时内阁，选择海军部；但很幸运，我现在可以同时拥有二者了。

张伯伦完全没有提及我将何时被国王正式授职。9 月 5 日我才真正就任。因为战争初期对海军至关重要，所以我通知海军部，打算立刻上任，六点就去海军部巡视。接到我的消息后，海军部愉快地发出了“欢迎温斯顿回来”的信号。我再次回到这间办公室，25 年前，我带着叹息声非常悲痛而遗憾地离开了这里。那一年，在费希尔勋爵辞职的同时，我也被解除了海军大臣的职务。我想要在达达尼尔海峡强行登陆的重要作战计划已经被证实遭到了破坏，而且根本无法挽回。[1]我在我曾经的旧椅子上坐着，1911 年，我把一个木头箱子放在我背后几英尺远的地方，北海地区的地图就装在箱子里面。德国公海舰队的动态在地图上均有标注，为了将这些重要信息集中管理，我让海军情报局每天都做这项工作。从 1911 年到现在，已经过去四分之一个世纪了，但来自德国的恐怖威胁没有消失，我们仍然需要面对。我们要再次出战，为了保卫一个无辜遭受侵犯的弱国。日耳曼是个英勇、严谨、残酷、疯狂、暴力的民族，我们要为了生存和国家的荣誉再次战斗！第二次战争已经逼近了！那么，就让我们奋起开战吧！

* * *

第一海务大臣没多久就来到了我这里。其实我早就认识了现在的第一海务大臣达德利 · 庞德，那时候我还在担任海军大臣一职，我当时只知道费希尔勋爵的亲信参谋军官中有他，但和他关系并不密切。

① 英法联军曾在一战期间发动达达尼尔海峡战役（又称加利波利半岛战役）。1915 年，丘吉尔主张英军进攻土耳其，迫使土耳其退出与德国的联合战争。英法联军在进攻 8 个月后失败，并且造成 14.6 万人的伤亡。这一年 5 月，第一海务大臣费希尔辞职，不久，海军大臣丘吉尔也被解除了职务。——译注

当年在意大利进攻阿尔巴尼亚时，地中海舰队的司令员就是他。我当时还在会议上批评他对地中海舰队的部署。今天我们再次见面了，此时我们是同僚关系。我们能否合作愉快并达成一致意见，关系到整个海军机构能否有效运转。我们用质疑的眼神看着对方，但却保持着友好的态度。我们之间的情谊和默契在最开始就建立起来了，后来不断地增长。他在海军业务上非常熟练，也拥有信得过的道德品质，对于这些，我毫无吝啬地给予尊重和赞扬。时局不断发生变化，我们无法预料在战争中谁胜谁败。我们之间有伙伴的忠诚和朋友间的信任，因为我们曾经一同从沉重的打击中走出来。四年以后，他告别了这个世界，那时候，我们就要从对意大利的战争中胜出了，我只能带着十分悲痛的心情，深深地怀念和哀悼他，他的离去是海军队伍和全国的损失。

海军部的各海务大臣和部门负责人都需要和我见一面，3 日晚上的大部分时间都用在这上面了。所以我处理海军事物的时间要从 4 日早上开始。海军在总动员之前已经准备好怎样预防突然袭击了，这和 1914 年差不多。很多士兵和后备军官早在 6 月 15 日就被要求服役。参加演习的后备舰队人员已经到齐，国王在 8 月 9 日对士兵进行了一次检阅。其他备用人员也在 22 日被征入伍。《国防紧急授权法案》于 24 日通过，舰队开往据点的命令也在那天下达。实际上，几个星期以前，海军主力已经在斯卡帕湾等候了。海军部的作战计划在接到总动员命令后，开始一项一项地展开。和 1914 年一样，海军当时虽然面临着一些严重的缺陷（以巡洋舰和反潜艇最为严重），但在巨大的挑战面前，不管任务有多么艰巨，海军舰队依然能够完全承担这个担子。

* * *

看到这里，读者可能发现，我在海军和海军部方面，积累了很多知识。在 1911 年至 1915 年这四年里，最开始的 10 个月形势严峻，这期间，海军舰队作战的相关事项由我来准备，海军部的工作也由我来负责。直至现在我还能清楚地记得这四年里的时光。很多海军舰队及海上作战的详细资料都是我在这四年积累的，我还在这四年积累了很多经验教训。对于海军的各种问题，我在后来经常研究，也从事过一些编著工作。对于这些问题，我在下院发言的时候也经常提到。我这些年一直与海军部保持着紧密的联系，虽然他们总会被我批评，但私下里，我参与了他们的很多机密。防空委员会是我曾经工作的部门，我在那里度过了四年，因此对于雷达的最新发展，我也有所了解，海军事务可能就要受到雷达发展的影响。在前文我曾经说过，我在 1938 年 6 月视察过波特兰港的反潜艇学校，那时候有第一海务大臣查特菲尔德勋爵陪同。在那次视察中，我开着驱逐舰参加了演习，这次演习有用“潜艇探测器”侦察潜艇活动的内容。海军上将亨德森已经亡故了，他在 1928 年以前一直担任海军部军需署长，我们之间有着深厚的友情。那时候海军大臣曾经鼓励我和查特菲尔德勋爵就新战舰和巡洋舰的设计问题进行讨论，所以，我能够全面地了解海军舰队建造的最新进展。另外，我查阅了很多出版物，了解了英国海军舰队实际的和潜在的实力、组织和结构等方面的信息，甚至还清楚德、意、日海军舰队的概况。

我在公开演说中将英国海军舰队的不足和缺点指了出来，这样做的目的是刺激海军部，并希望能听到有用的意见。英国皇家海军舰队的真实实力并没有在演讲词中体现出来，我也没有将我对海军舰队的信心流露在演讲中。如果说海军舰队没有做好准备，与德或者德意联军开战，那么对张伯伦及其海军顾问是极不公平的。有一个问题可能产生非常不好的后果，那就是如何保护澳大利亚和印度，防止日本发起进攻。虽然现在不太可能发生这种事，但一旦发生了，美国可能就会被卷进去。所以，我上任的时候深深地感觉到，世界上最强大的海军舰队掌握在我的手中，我甚至敢放出狂言，我们在和平时期忽略的问题，现在仍然可以补救，而且如果战争中发生了不幸的意外，我们也能应对自如。

*　*　*

绝不能让海军舰队在1914年面临的局面在今天再次出现。当时敌我参战的主力舰对比是10∶16，巡洋舰比率是1∶2。那一年共有八个分舰队参战，其中有战列舰八艘，每支舰队都配备一支巡洋舰队和一支小舰队。此外，独立巡洋舰队也参与进来了。敌军的实力不算非常强大，但也称得上不俗，与这样的舰队进行一场全面的较量一直是我所期待的事情。现在德国开始重新组建海军舰队，其战斗实力还没有完全成型。我们猜测德国有两艘战列舰可能违反了《凡尔赛和约》在吨位方面的限制，这两艘战舰分别是“俾斯麦”号和“提尔皮茨”号，但至少再过一年,这两艘巨型战舰才能完工。德国在1928年完成了“沙恩霍斯特”号和“格奈森诺”号两艘轻型战斗巡洋舰的建造，虽然原则上有一万吨的限制，但是德国人使用了欺骗的手法，让吨位数达到了二万六千吨。“施佩伯爵”号、“舍尔海军上将”号和“德意志”号是德国的三艘一万吨的小型战舰。另外，德国还有两艘快速巡洋舰，上面装有八英寸口径的大炮；六艘轻巡洋舰和其他驱逐舰以及六十艘小型舰艇。由此可以看出，在制海权方面，敌人不会向我们发起挑战。因为英国海军在实力和数量上对德国占有绝对优势。我们没有理由认为英国海军舰队在技术、训练方面存在缺点。巡洋舰和驱逐舰是英国海军舰队所缺乏的，但除了这一点，我们可以说英国海军舰队具有很高的水平，并且一向如此。英国海军舰队面临的任务极其繁重，但如何在战斗中击败敌人还算不上艰巨。

*　*　*

我刚到海军部时就已经形成了对海军战略形势的大体认识。控制波罗的海对敌人非常重要。瑞典是斯堪的纳维亚半岛上的国家，盛产铁矿石，德国需要瑞典的铁矿石。德国必须控制住波罗的海，才能获取瑞典的铁矿石，并保卫没有设防的北部海岸（其中有一处经过不到一百多英里就可以抵达首都柏林），以防御俄国的进攻。因此，德国在战争初期一定要牢牢把握住对波罗的海的控制权，这一点我坚信不疑。为了达到这个目的，德国不可能出动用以控制波罗的海的重要舰只，他们不会做这样的冒险和牺牲。德国可能将派出一艘小型战列舰，或者潜艇和能袭击商船的巡洋舰来干扰我们的航运。通过观察德国海军舰队的发展状况可以发现，德国最主要的目标就是控制波罗的海，这甚至是其唯一的目标。封锁是我们海军主要的优势，必须坚持住这一点，才能达到维持制海权的目标。我们需要派出一支强大的舰队驻守北海，而不需要太大的海军力量来对波罗的海和赫尔戈兰湾的出口进行监视。

如果对基尔运河，也就是波罗的海的侧门进行空袭，可能导致其无法正常使用，即使是短期的，英国的安全也可能因此而多一层保障。

我曾在一年以前给英斯基普爵士写过一封短信，将这种特别的作案方案在信中进行了论述：

1938 年 10 月 29 日

对德国作战的最重要成果，可能就是将基尔运河切断。我想大家都认可这种看法，所以我不想详细地论述这一点。我们现在需要做的是成立一个技术委员会，由它拟定如何将这个计划实施，如果有必要，还需要考虑可能出现的变动细节，并对此作出相应的计划。基尔运河两岸的海面差别不大，而且运河的水闸比较少，因此，在破坏基尔运河时，不适合使用高度爆炸性的炸弹，因为即使将最重型的炸弹投向基尔运河，它的恢复也可以在短期实现。我认为最好的方式是将中型炸弹投放在运河内，这些炸弹应该都附有定时雷管，使得炸弹爆炸的时间和地点具有不确定性，可能是一天，也可能是一星期或者一个月，我们可以用这种方式封锁基尔运河。这样在将运河的底部重新深挖一次以前，重要的船只和军舰都无法通过。另外，我认为还可以考虑具有磁性感应的特殊水雷。

上文中说到的具有磁性感应的水雷需要特别关注，因为我们不久就要面临这种情况。但在当时并没有实施。

* * *

战争爆发时，英国的商船队的总吨位数与1914年的数量基本一样，超过两千一百万吨。但此时船的数量不多，主要是因为平均单体船只的吨位数比较大。但这个数据不是全部属于商用的吨位数。各种辅助船舰都是海军所需要的，其中大部分必须征调最大的定期远洋商轮。所有的国防部门都需要船只用于特殊用途，例如，陆军和皇家空军的军队和装备需要用船只运往海外；海军在基地和其他地方的所有工作，尤其是供应全球各个战略据点的油类燃料的运输工作，需要大量船只。这些工作总共需要三百万吨的船只来承担。其中海外帝国的航运需要还没有计算在内。在1939年底，计算了各种损失和所得以后，英国大约有总吨位数一千五百五十万吨的商船可以调用。

* * *

事实上，由于墨索里尼政府对时局呈观望态度，所以意大利没有宣战。我认为航运绕道好望角是比较稳妥的做法，因为目前的局势并不清晰，而且我们还没有完全准备好，必须要小心谨慎。在面对德意联军时，我们的海军舰队占据优势，而且法国舰队也是我们的一大助力。达尔朗海军上将有卓越的管理才能，在他的管理下，法国海军舰队取得了很大的成效，从帝政时代到现在，法国海军还是第一次出现这样的情形。如果意大利成为我们的敌手,那么地中海将要成为首战的战场。我不可能赞同将地中海放弃，只将地中海两端封锁的计划，除非有迫使我们不得不这样做的原因，并且即使需要放弃，那也只能是短期的放弃。如果没有法国海军舰队及它们设防港口的帮助，仅凭英国自身的力量，也足以将意大利在地中海的舰队驱逐出去，我们可以在两个月甚至更短的时间内，将地中海完完全全地控制住。

一旦地中海被英国所控制，那么我们的敌人意大利将要遭到非常严重的损失，这将直接决定它后续作战的命运。它在利比亚和埃塞俄比亚的军队将成为瓶中之花，丧失了供给，只能面临被饿死或者被累死的命运，而我们则可以随时支援英国和法国在埃及的军队。假如出现了另一种情况，地中海不能被我们牢牢掌控，德国和意大利必然会对暴露在它们面前的埃及、苏伊士运河以及其他的法国殖民地发起进攻。如果一些重大胜利能在战争开始的几个星期内取得，那么在对德国和意大利的战争中，我们会收到积极的和良好的影响。我们的海军和陆军一定会取得这样的结果，这是任何力量都无法阻拦的。

* * *

至于海军部有多大可能战胜潜艇，我在复职前就已经很容易地知道了。“潜艇探测器”的技术效能在刚开始的几次战斗中就已经被证明，但我们反潜艇的方法有限，因此严重的损失是不可避免的。我当时就说过：“在地中海，我们绝对可以控制潜艇；在海外，我们只是有可能。我们必然会遭受到损失，但整体局势不会因此而发生改变。”我说的果然没有错。在潜艇战的第一年没有重大事故发生。要到 1941—1942 年才可能发生大西洋之战。

对于英国战舰可能受到空袭多大程度的危害和可能受到的阻挠，我没有完全预计到，这和战前海军部的主流观点一样。我曾经在战争爆发前的几个月说过：“(因为很难判断问题有多严重）所以我保守地估计，以英国舰队现有的装备和保护水平来说，我们海上力量的优势不可能因为空袭而无法发挥。”虽然我们过分夸大了空袭的阻挠作用，但是我们的舰队确实很快就受到了空袭的严重影响。空袭给我们带来多大的威胁，尤其是在地中海，差不多立刻就被证明了。马耳他岛，几乎没有空袭防御，这个问题已经无法立刻解决了。另一方面，没有一艘英国主力舰在第一年因为空袭而沉没。

* * *

此时，日本是否是我们的敌对方，或者对我们有所企图的迹象还没有出现。美国是日本最关注的一方。我想，美国即使不被卷入这场战争，也不可能对欧洲国家在远东的利益被日本侵占这件事坐视不理。在这种情形下，我们可能因为日本成为敌对方而感到非常苦恼，这使我们失去了一部分东西；但美国会被卷入战争，而且可能只会和日本作战，这又让我们得到了一些好处。经过得失的对比，我们觉得得到的要比失去的多。不管怎么样，即使远东地区面临着巨大的威胁，我们的主要目标在欧洲，决不能转移。我们不能保证我们在黄海的利益不被日本侵占。假如日本参战，那么新加坡要塞是我们力量所能达到的最远地区。在地中海的安全得到保障之前，在意大利的舰队被驱逐出地中海以前，我们必须要坚守新加坡。

假如在战争初期新加坡要塞的驻军充足，粮食和弹药的储备至少能供应半年，那么我并不害怕日本派遣一支舰队和陆军攻打新加坡。新加坡距离日本遥远，这就像索斯安普敦距离纽约一样。如果日本有围攻新加坡的意向，就要派出他们的主力舰队，这样才能让他们装载六万人的运输舰得到保护。日本攻打新加坡需要走海上交通路线，有三千英里的路程，如果日本的海上交通路线被切断，那么攻打新加坡的计划必然失败。也有可能出现一种例外，那就是印度支那和暹罗被日本占领，而且日本还要将强大的空军和陆军建在越过暹罗湾三百英里的地方。如果这样，上面提到的看法就不适用了。但是直到一年后才发生这件事。

日本想要在英国海军胜利并将新加坡牢牢坚守的情况下，发起对澳大利亚或者新西兰的进攻，是绝不可能的事情。我们可以保证澳大利亚免受侵略，不过我们必须按照顺序部署军事力量，要以自己的方针作为指导。因此，假设日本成为敌对的一方，它成功控制黄海后，再派遣军队到澳大利亚拓展殖民地的可能性并不大。日本如果想让澳大利亚对它产生畏惧感，那么长期拥有一支规模较大而精锐的部队是非常必要的。假如日本真的这样做，那么日本舰队就需要重新部署各地区的力量，在对澳大利亚的战争中只能处于长期分散的状态。无论何时，在地中海取得胜利对我们只有好处，这样才有力量抽调军队支援其他地方，让敌军与其根据地之间的联系被我们强大的海军切断。我认为美国很可能采用这种做法：如果日本将其舰队和运输舰开向南半球，那么美国就可以告诉日本，美国认为日本的行为已经属于发动战争的范围了。我们现在可以试探他们对这种在遥远的未来可能发生的事情的看法。

本书的附录 1 列举了在 1939 年 9 月 3 日晚之前，英国、德国舰队的实力，已建和在建舰只都包括在内，也列举了同一基础的美国、法国、意大利、日本的舰队力量。我坚信（而且事实记录证明），澳大利亚和新西兰的本土在世界大战的第一年内不会遇到一丝危险，是绝对安全的。我希望海洋上的敌人可以在开战后的第一年结束时被消灭。事实证明，这些对于开战第一年的预计是正确的。对于远东地区在 1941 和 1942 年发生的变化，我会在此书必要的地方再次论述。

* * *

各大报纸（以《泰晤士报》为首），认同五六名人员组成战时内阁，这些人员不受任何部门管辖。而且，为了在对战策略，尤其是重大策略方面，达成最大范围的共识，必须这样做。总之，最理想的做法就是“这五个人不管战争以外的其他事务”，但在实际操作中这种做法同样存在很多问题。一个政治家不管他有多么大的权威，一旦他远离具体事务，在他与同他密切联系的部门的主管大臣交往的过程中，就不能处于有利地位。海陆空三个部门的情况更甚，战时内阁的成员根本不能直接负责每天的各项事务。他们不能与海陆空三个部门的大臣平等地对抗，他们能做的只有做出决断，事先给出泛泛的指导意见或者事后发表看法。出现这种局面的原因是海陆空三部的大臣对各项事务的细节都十分了解，在专业顾问的帮助下，能承担直接而具体的责任；战时内阁的成员能够做出决定的前提是他们能团结，但实际上他们之间经常出现意见不一致的局面。战时内阁经常争吵不断，但战争的发展片刻不能等待就会变化出新的形势。战时内阁阁员不能像专部大臣那样掌握大小事实和数字信息，所以他们不敢批评责难。专部大臣负责具体事务的执行与指挥，也不会为内阁阁员增加工作负担。最后，战时内阁阁员每天的工作只是阅读文件和材料，无法将自身的知识运用在指挥战争中，不能起到减少工作麻烦以让工作更加顺利的作用，只能是在理论上指挥其他部门或者对其他部门作出评价。如果一旦各部门发生争执，只能选择仲裁或者妥协的方式解决争端。正因为如此,战时内阁的成员应该吸收外交和作战部的大臣。 般的“五巨头”都是因为在政治上得势才进入内阁的，而非有作战知识和才能的人员，在内阁中，至少要有一部分人是这样进入的。为了达到这种效果，战时内阁阁员的人数就不得不激增，原来设置的限度根本不够。想要减少战时内阁人数的一个方法就是让首相兼任国防大臣。从我当政的经验来看，我不喜欢与顾问以及非专部的大臣讨论，不喜欢非专部的官员做我的下属，而是更希望和专部的官员商讨。为了减少祸端，不出现用麻烦博取注意的情况，每个人都应该努力工作，忠于职守。

张伯伦原来制定的战时内阁计划，由于现在的形势有了新的压力，只能立即扩大，这次吸收了一些新的成员入阁，包括：外交大臣哈利法克斯勋爵、掌玺大臣塞缪尔·霍尔爵士、财政大臣约翰·西蒙爵士、国防协调大臣查特菲尔德勋爵、不管部大臣汉基勋爵等。除此之外，海陆空三军的首脑也包括在内，也就是我和陆军大臣霍尔·贝利沙先生和空军大臣金斯利·伍德爵士。经常出席的人员还包括殖民地事务大臣艾登先生、内政大臣兼国内安全大臣约翰·安德森爵士，但他们都不是内阁的正式成员。现在，内阁的人数已经上升到十一人了。国防协调大臣查特菲尔德勋爵的权威因为海陆空三部大臣的加入而受到了很大程度的影响。他没有拒绝这个职位，因为他本性十分纯良。

这些战时内阁的阁员要么是我们国家最近几年各项事务的主管大臣，要么与当前需要面对的外交和战局有直接而密切的联系，不过我是一个例外。我们现在对于战争缺乏准备，这是非常明显的事情。艾登先生曾在 1938 年 2 月提出辞职，原因是外交方面的问题，而我不担任公职已经长达十一年了。所以我们无法对过去的问题和这种缺乏准备的状态负直接责任。恰好相反，我不断地提醒大家注意防范祸事，六七年来一直如此，而现在我说过的话大部分果然应验了。在现阶段，可能只有海军在战争中负责，强大的海军掌握在我的手中，但我并不感觉这会对我产生不利。哪怕有对我不利的局面，我相信只要有首相同意，有善意的同僚们的支持和忠诚，这种不利局面也会很快消失。我和所有阁员们都很了解，在鲍德温先生主持内阁的那五年里，我们大部分曾经共事过，虽然议会的变化令人捉摸不透，但我们之间的联系一直保持着，从未间断。我们有的时候会争执一个问题，有的时候也会和睦相处。老一辈的政治家就要属我和约翰·西蒙爵士了，我有十五年断断续续地在英国政府中任职的经验，西蒙爵士和我的任职时间差不多一样长，我们任职的时候，其他阁员还没有担任公职呢。在第一次世界大战形势非常严峻的时刻，军需大臣和海军大臣都是由我担任的。虽然首相在年龄上比我大几岁，但老一辈人物的名单中几乎只有我一个。现在局势异常危急，新的观念和活力都是年轻人具有的，很多人心里都是这样想的，所以如果权力在老一辈人的手中，我们无法避免要受他人的责难。有些年轻人有着非凡的才能，为了能和他们共事，而不是让人们认为我们老一辈拖了他们的后腿，我们应该竭尽全力地工作。就这一点而言，我要将我的知识发挥出来，要将我对工作的热情和我的智力发挥出来。

我曾在 1914 和 1915 年用午睡的方式提高我处理日常工作的效率，那个时候是被迫采用的，而现在为了实现和年轻人共同工作的目标，我要再次使用。我在每天下午尽可能地早点上床休息，每次都保证至少一小时的睡眠，将我倒头就睡的能力全面发挥出来，我真的认为这种能力值得我高兴。使用了这种休息方式以后，我能在一天的时间内处理本来应该一天半才能处理完的事务。八点起床一直工作到大半夜，期间没有一点令人愉快的休息时间，这不是大自然对人生活的期盼。稍微休息一小会儿，哪怕只有 20 分钟，也能让人的精力得以恢复，以神采奕奕的精神状态面对工作。我非常遗憾我每天下午都要上床睡觉，似乎只有儿童才这样做，但我也能从中受益，这样做让我可以通宵工作到凌晨两三点或者更晚一些，而且我还可以在早上八九点钟起床继续工作。我的这个生活习惯一直延续到战争结束，我也经常将这个方法推荐给别人。使用这种生活方式，人们可以在遇到需要长期工作的时候，将人体的最后一分体力充分地利用。庞德海军上将是第一海务大臣，当他知道了我的这个方法以后，也开始使用。但是他没有到床上睡觉，而是在有扶手的椅子上眯一会儿。使用了这个方法以后，他甚至能在内阁会议上睡着。但是只要有人说到海军，他就会立刻精神饱满地醒过来。他具有反应迅速的大脑和灵敏的听觉，因此不可能被任何事瞒住。

第二章　海军部的重大任务

只有海战——海军部的作战计划——潜艇袭击——装有潜艇探测器的拖网船——管制商船——护航制度——封锁——我主持第一次会议的记录——需要南爱尔兰的港口——主力舰队的根据地——不够充足的警戒措施——“捉迷藏”——访问斯卡帕湾——尤湾回忆——被击沉的“勇敢”号——巡洋舰政策——第一个月，潜艇战——收获颇丰的9月——范围更大的海战行动——波兰海军的士气——来自罗斯福总统的信

波兰遭到了希特勒强烈的进攻，英法对德宣战，之后一个很长而又烦闷的停歇期开始了。全世界人民都感到疑惑。在张伯伦的传记作者发表的一封私信中，张伯伦将这个时间段称为“晦暗不明的战争”，我将这个词语用作我这本书的题目，因为我觉得这个词能够恰到好处而又生动地形容这段时间。虽然法国完成了总动员，但是没有进攻德国。他们在前线有过接触，但没有出动兵力。同样，德国也没有对英国采取除了空中侦察以外的其他军事行动，也没有空袭法国。法国政府不希望我们现在对德国发起空袭，至少暂时不能这样做，因为他们的军火工厂还没有做好保护措施，法国害怕德国在这个时候进行报复。

我们希望德国高尚的道德理念能被唤醒，所以只是在德国空投了一些宣传册。人们对这种陆空的作战方式感到非常诧异。在英法没有任何军事行动的这段时间内，波兰遭到了德国战争机器的打击，直至灭亡。希特勒不可能不满此时出现的局面。

然而，海战从打响开始，就一直处于激烈的状态，所以事变后，最为积极的中心是海军部。在9月3日，世界各地都有我们正在正常航行和执行任务的船只，但德国潜艇的袭击突然就开始了。德国是有准备有预谋的，尤其是在英国西面海洋的入口处。9月3日晚上9点，“雅典娜”号被鱼雷击沉，这是一艘开往外国的客轮，吨位数达到一万三千五百吨。有一百二十人死亡，美国公民占了二十八人。世界人民在几个小时以后都听到了这个消息。德国政府不希望美国政府对这件事产生误会，所以立刻声明是我为了破坏美国和德国的关系，亲自下令在船上安放炸弹以炸毁这艘客轮的。然而这种荒谬的谎言竟然让一些不友好的人相信了。“波斯尼亚”号、“皇笏”号和“里奥·克拉罗”号先后于9月5日、6日在西班牙海岸被击沉。这些都是非常重要的船只。

我给海军部写了一封短信，信的内容是想了解近期潜艇可能带来哪些威胁，以及在最近这种威胁能有多大：

海军情报局局长　　　　　　　　　　　　1939年9月4日

我需要了解德军在几个月内已经建成的和即将建成的潜艇实力，请给我一份报告。请区分航行远洋的和小型的潜艇，并且分别估计每种潜艇续航能力的日数和英里数。

不久以后，我知道了德军有六十艘潜艇，这个数据在1940年初有可能会上升到一百艘。9月5日，我得到了海军情报局更为详尽的数据，我认为应该研究这些内容[①]。数量比较多的是有长距离续航能力的潜艇，可以发现德军有使用潜艇在远距离地区展开活动的意图。

* * *

我们已经有了周密的增加反潜艇数量的计划。最大最快的拖网船要装上潜艇探测器，我们已经做好了征用八十六艘这样的拖网船的准备。拖网渔船的改装工作已处于一定阶段。我们拟定了详尽的建造大小驱逐舰、巡洋舰以及其他辅助战舰的计划，并且已经在宣战后开始实施这个计划了。护航制度的优越性已经在上一次大战中得到了充分的证明。所有商船的行动均受到海军部的管制，这项工作已进行好几天了。需要遵守的航线以及参加护航队的相关规定已经告知了船长们。可是我们只有为数不多的护航舰，敌人的潜艇战是没有限度的，在他们发动潜艇战，海军部必须采取策略以前，只能让船只在海洋上一边

① 德国的潜艇

<table>
<tr><th rowspan="2">型式</th><th rowspan="2">吨位</th><th rowspan="2">1939 年 8 月在役潜艇数量</th><th rowspan="2">预计在 1939 年 12 月服役的潜艇数量</th><th rowspan="2">预计在 1940 年初服役的潜艇数量</th><th colspan="2">估计的续航能力</th></tr>
<tr><th>里程</th><th>日期</th></tr>
<tr><td>沿海</td><td>250</td><td>30</td><td>32</td><td>32</td><td>4000</td><td>33，每时 5 海里</td></tr>
<tr><td>远岸</td><td>500</td><td>10</td><td>10</td><td>23</td><td rowspan="2">7200</td><td rowspan="2">30，每时 10 海里</td></tr>
<tr><td>远洋</td><td>517</td><td>9</td><td>15</td><td>17</td></tr>
<tr><td>远洋</td><td>712</td><td>2</td><td>2</td><td>—</td><td rowspan="2">8400</td><td rowspan="2">35，每时 10 海里</td></tr>
<tr><td>远洋</td><td>740</td><td>8</td><td>13</td><td>16</td></tr>
<tr><td>远洋</td><td>1060</td><td>—</td><td>2</td><td>11</td><td>10000</td><td>42，每时 10 海里</td></tr>
<tr><td>远洋</td><td>1028</td><td>1（土耳其建造，未交货）</td><td colspan="2">—</td><td>8000</td><td>33，每时 10 海里</td></tr>
<tr><td>总计</td><td>—</td><td>60</td><td>74</td><td>99</td><td>—</td><td></td></tr>
</table>

躲避一边航行。我们最初计划只在英国东部沿海一带使用护航舰队，但是后来“雅典娜”号被击沉了，就不需要这项计划了。所以，我们将护航办法搬用到北大西洋。

我们已经准备好了护航舰队的组建，并且请船主们到一起商讨相关的防御问题。很多船主不熟悉的意外都可能在战争中被他们遇到，于是已经向他们发出训令，教会他们如何应对这些可能发生的事故。为了让他们参加护航舰队，一些特殊信号和装备也提供给他们了。商船的船员们带着坚定的信念和决心，应对不可预知的前途。他们想要武装，仅承担分配给他们的任务并非他们想要的。商船为了自卫而使用大炮，是国际法允许的行为。海军部的计划中有一项非常重要的内容就是训练水手，并且将远洋商船武装起来，这样他们才能在遇到危险时自卫。如果不在海面上用炮火攻击，只让潜艇在水下发起攻击，这样做只能是浪费了鱼雷，根本没有什么好的结果，还会给船队制造更多的逃跑机会。我们保存了上次大战中用于防御潜艇的大炮，这种做法的确是有长远想法的表现。尽管如此，防空武器的极度匮乏仍然是一个事实。商船有几个月损失惨重，直至几个月以后才有充足的防御空袭的武器装备分配给它们。我们已经实现了在战争初期的三个月内保证一千艘船都能至少各有一门反潜艇大炮保卫的目标。

保卫自己的航运只是我们的目标之一。我们要将德国的经济输入断绝，因此就需要驱逐他们的海上贸易。封锁政策被我们严格地执行着。我们成立了一个负责政策指导的经济作战部，具体的执行工作由海军部负责。和 1914 年一样，几乎不能在公海上看到的德国的航运。德国的船只要么在中立国的港口内躲了起来，要么在海上被击沉。不过，盟国在 1939 年年底仍然俘获了德国十五艘船，总共有七万五千吨重，这些船最后都被盟军使用了。不过德国的“不来梅”号是个例外。英国潜艇“萨蒙鱼”严格地遵守国际法，没有丝毫逾越，这才让德国的大邮船“不来梅”号在苏联摩尔曼斯克海港躲避之后，安然地回到了德国。

*　*　*

9月4日晚上，海军部的第一次会议召开，这次会议讨论了一些重要的内容。在下半夜上床睡觉以前，我觉得为了方便各部门传阅和执行，我有必要将会议的结论用自己的话记下来。

1939年9月5日

(1) 现在处于战争的初期阶段，日本还没有表态，意大利持观望态度，目前还是中立国。这个时期敌人的主要攻击目标似乎是大西洋到英国的海上交通路口。

(2) 我们正在建立护航制度。本文所提到的护航制度不包括在海上从事军事目的的巡洋舰或重型军舰，而是专指反潜艇护航。

(3) 为了尽可能地确保有十二艘护航的船只，第一海务大臣想到了一个方案，抽调所有在东方和地中海地区的驱逐舰和护送舰，将他们调遣到英国西面的海洋入口处。尽量在一个月内让这些船只发挥作用，在有足够的装有潜艇探测器的拖网船能支援以前，这些船只将一直使用。我需要一份报告，这份报告要说明10月份可能交付使用的拖网船的数量。最初交付使用的拖网船只要安装深水炸弹即可，暂时不要将大炮安装上。安装大炮的计划要在压力不大的时候才能进行。

(4) 贸易司司长需要每天做出一份报告，报告要说明每天靠近英伦三岛的船只的内向航行。为了便于工作，可以增加一间办公室或者增加办公人员。准备一张大尺寸的航线图是十分必要的，距离英国海岸两天，如果有可能，最好是三天航程以内的一切船只都应该在每天早上标记在地图上。我们要对每一艘船都进行监督和管理。我们要有预见性地规定，以便专门管理每一艘我们有能力管理的船只。我们要在一天内实施这个计划，不足之处可以在以后提出建议加以补充。此外，要以报告的形式说明和贸易部或者其他部门的联系，这是一份非常必要的工作。

(5) 明天，贸易司应该制订一项计划，如果有包括比斯开湾在内的由大西洋驶来的船只靠岸，那么应该派出海军工作人员慰问这些船主或船长。包括曲折航行在内的航行记录应该被审查，这项工作可以以贸易司司长的名义进行。海军部的工作人员应该指出这些船只的哪些行为与海军部的规定不相符或者背离，要对那些严重违背规定的行为加以处分，如果情节非常严重，也可以撤职，达到警告他人的效果。船长们只能服从命令，责任由海军部承担。同时还要制定详细的条例和规章制度，说明这项工作的人事安排、具体执行和处罚办法。

(6) 在现阶段，绕道好望角仍然是商船最好的航线选择。但这并不适用于运输军队的船只。护航队允许任何方便的商船参加。但护航舰队的目的不是贸易保护，而是为了配合海军作战，所以护航舰队可能只是一个月出航一次，或者三个星期出航一次。

(7) 目前，也就是开战后的六周或者八周内，因为上文列举的各种原因，红海海域禁止出现任何船只，当然海军作战的船只和以埃及沿岸为终点的船只除外。

(8) 时局令人非常不愉快，如果想缓解这种局面，只能等到装有潜艇探测器的拖网船交货以后。意大利的态度也是一项重要因素。意大利现在还处于踌躇不定的状态，虽然我们一再要求政府尽快与之交涉，争取让结果对我们更加有利，但仍然不能确定它在六个星期以后能否明确表态。另外，防守是地中海地区重型舰应该采取的最好策略，这样它们在意大利沿岸航行时，就不需要驱逐舰的保护了。

(9) 海军部可能将要面临一种特别严重的局面，德国有五艘或者七艘重型军舰，只要其中有一艘发动突袭，我们就需要制定应对的计划。此时商船将面临非常严重的海上袭击，为商船护航所需要的舰只是海军部根本无法提供的。假如真的有海上袭击，商船在形势不明朗的情况下最好回避，进行海战需要主力舰队上场，进攻敌军舰队的搜索舰队也应该由主力舰队组织。

这几条需要海军大臣向海军部各级官员传达，请大家认真考虑，并提出批评和纠正的意见。另外请大家根据以上列举的要求，提出行动方案。

现在要马上组织海外护航舰队。有三条航线可以在9月8日通航，这三条航线是：由利物浦通向西方海洋的航线、由泰晤士河通向西方海洋的航线、泰晤士河与福思河之间的航线。按照计划，我们已经向这些港口和国内外其他港口派遣了护航队的人员。现在要取消那些单独出口的航线；所有没有编入舰队的在英吉利海峡和爱尔兰海开往外国的船只，只能到其他的两个港口去：普利茅斯和米尔福德。我们要加快速度实施海外返国护航队组织的各阶段计划。9月14日从弗里敦出发和9月16日从由诺瓦斯科夏的哈利法克斯港出发的两艘船是最早的一批。一般的远洋护航队在月底前就会出发，泰晤士河和利物浦是出航船队的始发港，哈利法克斯、直布罗陀和弗里敦是返回轮船的出发港。

英国是一个岛国，为了壮大作战力量，我们对粮食供给的需求是十分急切的。而这种急切的需求又因为南爱尔兰港突然无法使用而变得更加急切。我们只拥有数量不多的驱逐舰，它们的续航能力也因为这一点而被弱化。

第一海务大臣和其他人员　　　　1939年9月5日

我需要一份描述因为爱尔兰自由邦中立而给我们带来影响的报告，这份工作交由第一海务大臣及相关人员负责。报告中需要考虑以下问题：(1) 西爱尔兰有一些不满分子在搞独立，德国的潜艇是否会有这些人的接应？我需要情报部门的看法。如果伦敦能被他们的炸弹轰炸[①]，我们要紧紧地盯着，德国潜艇是否会从他们那里得到燃料供应。

(2) 有一个问题是我们必须注意的：我们驱逐舰的航程可能因为无法使用贝雷黑文港以及南爱尔兰的反潜艇根据地而增加。此外，如果拥有这种优势条件能给我们带来哪些好处，这一点也需要考虑。

没有一个令人高兴的结果展现在我们面前，这个问题海军部必须认识到。一些政治争端是因为爱尔兰中立而引起的，这种情况是以前从未出现过的，海军大臣也无法打包票，说他可以解决这个问题。尽管如此，我们仍然应该将可能出现的各种局面列出来，并且进一步思考。

* * *

建立了护航制度后，为舰队选择一个安全的根据地就成为海军需要做的第二件大事。我们在 9 月 5 日下午 10 点开了一个很长的会议讨论这个问题。我的很多记忆在这次会议上被唤起。我们的封锁任务可以在斯卡帕湾进行，因为在对德国的战争中，这里是北海的出口，如果英国控制了这里，这里就成了一个军事据点。在上次世界大战的最后两年里，我们海军才开始拥有强大的优势可以南移到罗赛斯湾，因为那里的一个优等造船厂可以被我们的舰队利用。斯卡帕湾地理位置优越，德国的空军基地距离它较远，因此它已经被纳入到海军部的作战计划中了，将要成为海军的军事基地。

在 1914 年的秋天，一种焦躁和惶恐的气氛弥漫在我们的舰队中。“港口停留着德国来的潜艇”这句话被众人传得满天飞。斯卡帕大湖底部地形复杂，水流非常快，因此一艘潜艇能在水下穿过并到达斯卡帕

① 爱尔兰独立分子轰炸伦敦的行为与二战无关。——译注

湾是一件令人匪夷所思的事情，海军部根本没有人相信。那里有一种天然的屏障，那就是彭特兰海口的潮水，速度可达到每小时八到十海里。那时一百艘舰只组成的大舰队，忽然蔓延着一种惶恐的情绪，甚至传出了两三次警报，尤其在 1914 年 10 月 17 日那一天，竟然传出有一艘潜艇停在停泊所内的传闻。于是，驱逐舰开始对海面展开搜索，各种炮火向外发出，庞大的舰队向海外驶去，每个人都感到愤怒和慌乱。海军部的判断没有错，没有一艘德国潜艇在上次大战中冲破这道天险。后来有一艘德国潜艇想要闯入这片海域，那时已经到了 1918 年，大战就要结束了，他们抱着破釜沉舟的态度，但是行动依然没有成功。虽然他们的企图失败了，但我们当时做了很多工作封锁出入口，为了能让舰队的情绪稳定下来作了最大的努力，这段记忆让我感觉一点都不愉快，而且至今没有忘记。

已经到了 1939 年了，我们要想到两种可能的危险：(1）是否会有潜艇潜进来，这个问题以前就存在；(2）空袭，这是一种新出现的危险。如今战争已经开始使用现代化的袭击方式了，但我在这次会议上并没有发现我们已经为了防御而采取了预防措施。我对这点感到很吃惊。虽然新型的反潜艇水栅已经安装在三个主要的入口处了，但这和铁丝网差不多。斯卡帕湾东面的入口狭窄而曲折，那里的防御措施无法让人感到安全，只有上次大战遗留的几艘封港船的残骸作为防御工事，现在也只是增加了两三艘封港船而已。

我们以前总认为斯卡帕湾那里水流湍急，潜艇肯定会被阻止在外，但现在的潜艇技术发生了变化，无论是潜艇的体积、速度，还是马力都比以前先进了很多，我们已经不能指望自然条件可以阻止潜艇进入了。我在海军部的第二天晚上又召开了一次会议，这次会议中我下达了很多增强防御的命令，包括增加船只堵塞和增加铁丝网设防。

我们在过去并没有注意空袭可能产生的危险。几乎没有防空设施设在斯卡帕湾，除了有两个高射炮中队在保护霍伊岛的海军油库和驱逐舰的停泊处。当有舰队停留时，军用飞机可以使用柯克沃尔附近的一个机场，但是那里没有空军防御设施。虽然那里沿岸的雷达站可以使用，但效果仍然不够。我已经核准了在威克驻扎两个皇家空军战斗机中队的计划，但要在1940年以后才能实施。一个可以立刻实施的计划才是我所需要的，但不管提多少要求都没用，因为敌人可能空袭的地方非常多，甚至伦敦也未必能逃脱，但是我们的防空能力有限，想不到更多的办法防御。此外，虽然一些防空设备安装在五六艘巨舰上了，但是仍然需要防空力量部署在它们身上。为了让万事顺利，两个海军战斗机中队需要去保护停在斯卡帕湾的舰队。

尽快部署炮队才是最重要的事情，我们能采用的方法有限，那就是1914年秋天采用的“捉迷藏”，当时也是被迫采用这种方式的。在苏格兰的西海岸，因为有大陆包围的地形，我们的舰队可以在那里停泊。只要我们采取一定的措施，这些地方并不容易遭到潜艇的袭击，我们可采取的措施有按照要求将铁丝网安上、加强巡逻等。躲避是在上次世界大战中探索出来的一条有用的安全措施。但在那时我们非常容易感到恐惧，甚至看到一架可能有叛徒为其提供燃料、在空中带着好奇而随处飞行的飞机都会恐慌。如今飞机的航程增加了，侦察机可以随时看到英伦三岛的全貌，所以我们没有有效的隐蔽方法面对潜艇的大规模袭击和空袭。但是，我们没有太多需要保护的舰只，它们可以通过经常移动的方式迷惑敌人。虽然用这种方法可能需要承担一定的风险，但是我们没有更可靠的方法可以使用，只能默默接受这种风险了。

* * *

我觉得对于斯卡帕湾的视察应该尽早进行，这是我的责任。我上一次见到总司令福布斯爵士是在1938年6月，那时候，我到波特兰港反潜艇学校参观视察，当时有查特菲尔德勋爵陪同。因此我请了几天不用参加每天例行内阁会议的假。在9月14日晚上，我带着几个随从

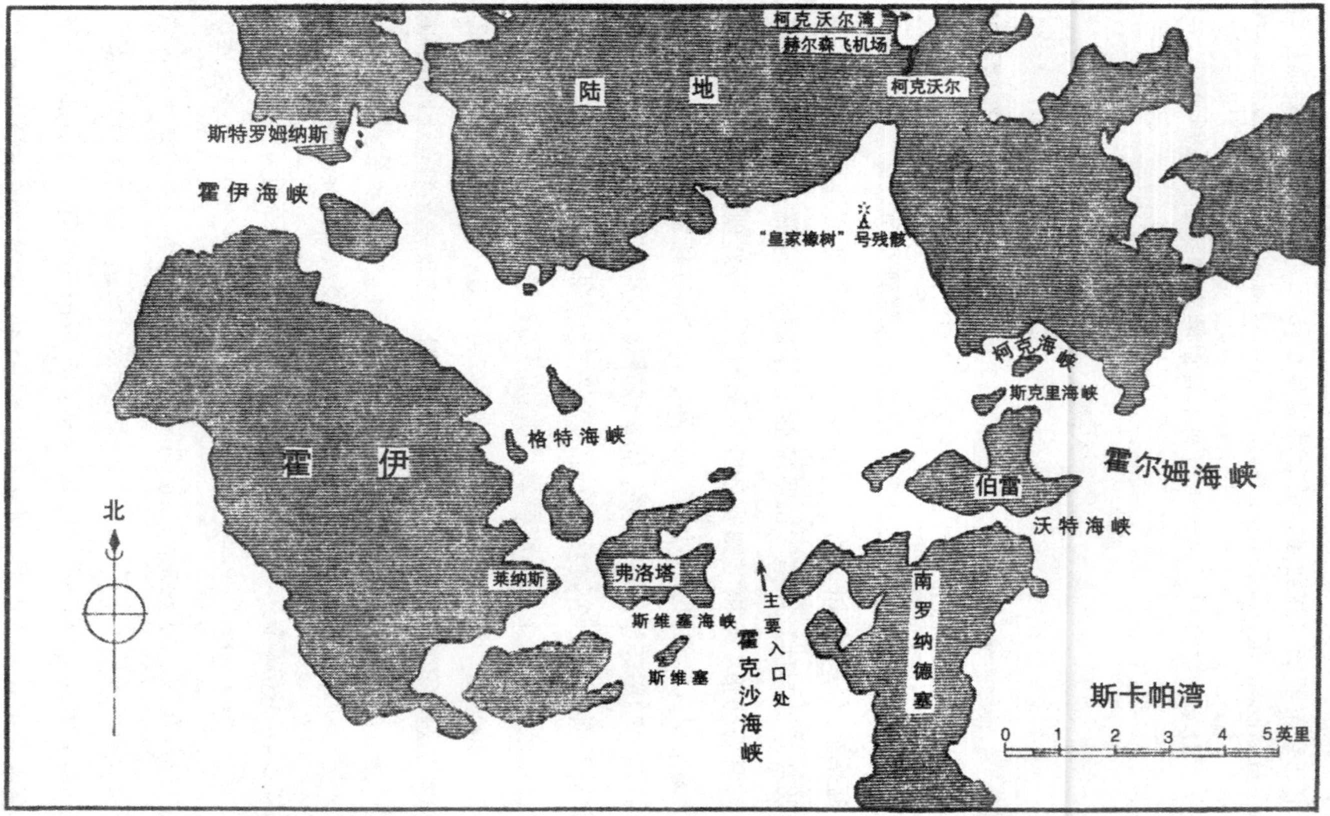
柯克沃尔湾
赫尔森飞机场
陆 地
柯克沃尔
斯特罗姆纳斯
霍伊海峡
"皇家橡树"号残骸
柯克海峡
斯克里海峡
格特海峡
霍 伊
霍尔姆海峡
伯雷
沃特海峡
北
莱纳斯
弗洛塔
主要入口处
南罗纳德塞
斯维塞海峡
霍克沙海峡
斯维塞
斯卡帕湾
0 1 2 3 4 5英里

斯卡帕湾　　（照原图译制）

去了威克。后来，检查水栅、铁丝网和港口入口处占用了我两天假期的大部分时间。这些设备现在处于完好状态，和上次大战时一样，而且还增加和改进了一些正在安装和即将安装的设备。在“纳尔逊”号旗舰上，我和总司令以及他的高级军官们一直在讨论问题，包括斯卡帕湾和整个海军部的重要问题。9月17日，我和海军上将乘坐“纳尔逊”号到了尤湾，那里是舰队其他舰只的隐藏地。在我们过了港口进入大海后，非常惊奇地发现没有驱逐舰队护送这艘巨舰。我对他们说：“我原本以为，哪怕只是一艘战列舰，如果它要进入大海，护送的队伍也应该有两艘驱逐舰才是。”不过海军上将这样回复我：“我们也希望是这样。但我们没有足够的驱逐舰，根本做不到这一点。这周围有很多巡逻艇，用不了几个小时，我们就可以进入明奇海峡了。”

这一天过得非常愉快，我感觉很顺利，这和其他日子差不多。当天晚上，我们在尤湾内停留，从英国本土过来的四五艘舰队和我们聚在了一起。有几层铁丝网封锁着进入海湾的狭小入口，我们可以看见那些来来往往的巡逻艇和哨船，他们都装有潜艇探测器和深水炸弹。在我们的四周，矗立着紫色的山峰，这些都是苏格兰壮丽的景色。我想起了二十五年前的那个9月，就是在这个海湾，我访问了约翰·杰利科爵士和他的舰长们，就像今天这样，停泊在港湾内的战舰排成一长列，虽然不知道自己的命运，却只能任其摆布。很多当年的舰长和海军上将早已退休或者不在人世。现在，我再次参观访问这些战舰，当年比较年轻的海军上尉和准尉已经是比较高级的军官了，他们正负责向我介绍。在上次大战中，很多高级军官都是我认识的，因为我在海军部工作了三年，而且他们的任命都是我核准的。但现在都是一些新人物展现在我的面前。没有变的是海军的纪律依然严肃，海军的风貌、行为举止和各种仪式仍然照旧，但我知道已经是又一代人穿着海军军服上任了。没有一艘战舰是新的，因为它们大部分建造于我上任的那段时间里。我感觉像回到了上一世，这种经历真是奇妙。似乎这么多年以来我经历了各种位置，但只有我仍然活着。其实不是这样的，灾难也还活着。因为有了力量更为强大的潜艇在，我们需要面对更为严重的海面下的危险；无论躲藏在哪里，都能从空中被发现，而且我们受到的袭击可能更为剧烈，甚至是毁灭性的。

我在 18 日早上视察了两艘军舰。在这次参观中，总司令所说的话我绝对信任，所以我离开尤湾，乘汽车去因弗内斯，那里有火车等着我们，我们就在那里坐火车回去。阳光很强烈，在回去的路上我们看见一条小溪亮闪闪地流着，就在溪边进行了一场野餐。我的大脑中想起来很多过去的事，这让我可以打发时间。

让我们凭着上帝的面子坐在地上，
一同谈论帝王们凄惨的死亡故事。

有谁曾在这样短的时间内经历两次令人恐惧的事故？我虽然处于高位，但却需要面临危险和承担责任，谁有过这样的经历呢？当个人丧失权威时，如果海军部有大的事故发生或者有重要的军舰沉没，不知道等待海军大臣的是什么处置方式。除了我以外，又有谁有过这样的感受呢？假如往事再一次上演，撤职是不是我最终的结果？我是不是要再为之痛苦一次？费希尔、威尔逊、巴登伯格、杰利科、贝蒂、帕克南、斯特迪他们都已经离世了！

我感觉我很孤独，
脱离了我的群体，
踌躇地在宴会厅，
灭了火又关了灯，
枯萎凋谢的花环。
早已经曲终人散，
他一个人还在那。

这次的痛苦更加让人不堪忍受，它是最大的痛苦，我们又要不得不面对它了，这到底是为什么呢？波兰的处境非常不妙，法国已经没有了曾经的战斗激情。曾经的俄国是巨人，是同盟国，此刻却要保持中立，说不定将来还是我们的敌人。我们的朋友不可能是意大利，我们的盟友也不可能包括日本。那么美国呢？它会参战吗？现在的英国虽然没有被侵占，仍然团结对外，但是缺乏对战争的准备，还不是开战的时机。尽管制海权掌握在我们的手中，但飞机在战争中是一种起决定性作用的武器，而我们的空中实力还非常落后。可见我们要面临多么黑暗的前途。

我们要在因弗内斯乘火车去伦敦，这个下午和晚上都是在火车上度过的。第二天早上，我们在尤斯顿下车了，让我惊奇的是，站在站台上的人是第一海务大臣。我看见海军上校庞德带着一副非常严肃的神情站在那里。“长官，我要将一个非常不好的消息告诉你，敌人击沉了我们的‘勇敢’号，事情发生在昨天晚上，地点是布里斯托海峡。”我们最老的航空母舰中有一艘就是“勇敢”号，这艘航空母舰在当时非常重要。他亲自来告诉我这个消息，我很感激。我对他说：“只要在战争中，就不可避免地发生不幸，我以前经常看见这些事。”然后，我准备回去洗个澡，还有一天的工作等着我去做呢。

在战争爆发两三个星期后，我们才能完成反潜艇辅助小舰队的建设。这期间有些没有武装、没有组织、没有护航的船只将要进入港口，因此我们冒险让航空母舰在反潜艇舰队没有建成之前承担护卫任务。有四艘驱逐舰保护“勇敢”号，它们都要承担护航任务。17 日晚上，一艘商船受到潜艇的袭击，两艘护卫舰前去搜索这艘潜艇。在黄昏时，“勇敢”号转向迎着风的一面，希望我们的飞机降落。“勇敢”号遇见德国潜艇的概率只有百分之一，这种事情并不在我们的预料之内，但这百分之一却发生了。“勇敢”号上有一千二百六十名海员，其中有五百名淹死了，舰长马凯格·琼斯也未能幸免。就在三天以前，我们的另一艘航母也遭到了潜艇的袭击，情况与之类似，很幸运的是它没有被鱼雷击中，而且护卫航母的驱逐舰将潜艇击沉了，这艘航母后来成为英国国王陛下的“皇家方舟”号。

* * *

如何有效地应对海面上的袭击舰，是我们海军面临的主要问题之一，就像1914年那样，袭击舰必然将在不久以后出现。

9月12日，我发出了一个简短的摘要：

海军大臣致第一海务大臣　　　　1939年9月12日

巡洋舰政策

过去我们防止贸易被袭击而采用的方式是使用巡洋舰。对巡洋舰的需求是越多越好，因为我们需要控制大面积的海域。不过小型巡洋舰也可搜索敌人的巡洋舰和袭击舰。例如，我们曾经用二十多艘军舰捕获“埃姆登”号。但如果我们用长远的眼光来发展巡洋舰，就非常有必要考虑新的搜索舰队了。假设一只巡洋舰分队由四艘军舰组成，它们的搜寻范围是八十英里，那么在有航空母舰护送的情况下，巡洋舰可以搜寻三百英里的海面，加上舰只移动的搜寻范围，这个数字可以达到四百英里。另外，我们要将袭击舰看成是一种强大的军舰，如果有可能，它们能与地方军舰单打独斗。想要将海上强大的袭击舰清除，仅凭增加小型巡洋舰是不够的，它们的力量过于弱小，在实际作战中，只能处处受制于敌人。袭击舰就不同了，即使一群巡洋舰将其包围，袭击舰也可能将其中实力比较弱的一只击败而冲出重围。

搜索、捕获、袭击是每一艘搜索舰队都应该具有的能力。我们对万吨级的巡洋舰需求极大，甚至可以将两只巡洋舰组成一个小组，只有这样才能达到这个目的。这些舰队的排水量不能太大，并且需要小型航空母舰护卫，航空母舰上可以装载十二至二十四架飞机。一个完美的搜索舰队应该包括以下舰艇：巡洋舰三艘（其中一艘能给敌人以致命打击、两艘力量略微薄弱）、航空母舰一艘、远洋驱逐舰四艘、特别建造的快速油艇两三艘。这种舰队在海上巡逻时有诸多好处，例如：如果发现敌军袭击舰单独航行，绝对可以击毁它；可以在广阔的海域内进行搜索；可以防止潜艇的袭击等。

如何组建一支有效的搜索舰队已经在这篇简短的摘要中论述了，这支搜索舰队的目的是：在广阔的海域内进行搜索，如果在搜索范围内遇到与自身实力相当的袭击舰，能够有效地制服它。我们要在有限的能力内将这种政策推广。我在下面的章节中还会继续讨论这个问题。这种做法对海战技术有重大贡献，并且能在后来加以推广，美国的特遣舰队制度就来源于此。

* * *

很快就要到月底了，这个月发生了许多事，我认为应该让下院全面了解这些事情的原因和经过。

海军大臣致首相　　　　1939 年 9 月 24 日

您在演说中说到了海军的大体形式和反潜艇战的内容，我是不是应该向下议院做出更为详尽的报告？我可以用二十五或者三十分钟做一个简短的发言。我觉得这样做是有用的。

那天我在私下里接见六十名记者，不管怎么说，在我把我知道的情况讲给他们以后，他们都松了一口气。如果您觉得这样做没有问题，我可以做这样的演讲。关于更为详尽的报告，我们以后再讨论。因为我们要在星期三讨论预算案，所以我认为在星期四提出这个报告最合适。

张伯伦很高兴地赞同了。26日，他在下院进行了一场演说，他通知下院我有一份海上战争的报告要在他演讲后进行。我入阁以后的第一次发言就是这次报告，当然不包括回应他人的质疑。1917年是上次世界大战中我们潜艇损失最多的一年，目前战争已经进行了一星期，我们损失的潜艇吨位数只有1917年4月中一个星期的一半，这是一个好消息，我在报告中有所提及。我们取得的成就还包括以下几个方面：第一，护航制度在这次大战初次使用；第二，我们的商船正在进行伪装；第三，德国的潜艇遭到了我们的反攻。“我们第一个星期取得了击沉总吨位数达到六万五千吨的潜艇的成绩；第二星期击沉了四万六千吨；在第三个星期击沉了两万一千吨。但我们在过去的六天中只有九千吨的损失。”[①]我从过去痛苦的经历中总结出一条经验教训，在发言中一定不能乐观地预测，但可以低估。我说道：“在看到这些数字后，我们可能不会感觉太悲观和恐惧，虽然这些数字可以让我们心里好受些，但我们绝不能太倚重，战争随时都可能发生对我们不利的局面。”

（我接着说道）我们的贸易系统非常庞大，已经遍布整个世

① 英国商船1939年9月实际损失的数据（括弧中的数字表明船数）。

	潜艇（总吨位）	其他原因（总吨位）
第一个星期（9月3—9日）	64，595（11）	
第二个星期（9月10—16日）	53，561（11）	11，437（2）（水雷）
第三个星期（9月17—23日）	12，750（3）	
第四个星期（9月24—30日）	4，646（1）	5，051（1）（海上袭击舰）
总计	135，552（26）	16，488（3）
		152，040（29）

中立国和同盟国共损失了15艘船只，吨位数共计33527吨。——原注

界了，虽然有所减少，但并没有受到太大的阻碍。我们运送军队的船队数量很多，都已经在有护卫的情况下安全地抵达目的地了。我们已经清理了敌人在海面上的船只和贸易。有一部分德国船只躲在他们自己的港口内不出来，有的则被中立国扣押了，这部分船只的吨位数已经达到了两百万吨……在战争开始的前两个星期内，我们自己的商船有损失，但我们也将德国的商船缴获、占有了一部分，改装以后可以供我们自己使用。后者要比前者多六万七千吨……此刻我仍然要和大家说，大家不能太乐观。就今天下午而言，没宣战以前、没有被潜艇骚扰以前，我们获得的国内供应品也没有现在多。我可以非常肯定地说，按照这个进度，要等很长时间，我们才可能被饿到投降。

德国潜艇的指挥官将人道表现得淋漓尽致，我们曾经收到过他们的通知，他们曾帮助我们的海员去港口。有一名潜艇指挥官给我发了一封电讯，告诉我他们击沉了英国的船只，将具体地点告诉了我，还让我们安排营救工作。“德国潜艇”是他在电报上的署名。我当时还在犹豫怎么给他回电呢。但是现在不用担心了，我们已经将他抓住了，而且给了他所有良好的待遇。

宣战时德国潜艇总数的十分之一在战争开始的前两个星期被击沉，差不多有六七艘。①也可能是德国经常活动的潜艇数量的四分之一或者三分之一。我们搜索舰队的能力正在逐步增强，我们的潜艇攻击才刚刚开始。我希望搜索舰队的能力达到开战时的三倍，差不多在10月底就可以实现。

下院对这场只有二十五分钟的发言非常满意。我们的贸易受到了得多潜艇的攻击，但这种攻击是失败的。未来才是我担忧的问题，我们现在要做的是在资源许可的范围内，以最大的规模和最快的速度为

---

① 实际上，1939年9月，只有2艘德国潜艇被击沉。——译者注

1941 年的战争做准备。

*　　*　　*

我们对开战以来到 9 月底海战的结果非常满意。我所工作的部门是个重要部门，也是我熟悉和喜爱的部门，我认为我能胜任这个部门的工作。我正在了解海军部现阶段的工作内容和接下来的工作计划。所有的内容都是我知道的。所有的海港都已经被我看了个遍，所有的司令员也已经与我见过面了。海军部特准状上关于海军大臣工作职责的描述是“对国王和议会负责一切海军部事宜”。我深深地感觉到我应该用实际行动履行职责，而不只是形式上这样做。

总的来说，海军部 9 月份的工作不但顺利而且收获颇丰。这个时间段是从和平期向战争期的一个转折，事关重大而且危险性极高，不过我们已经顺利渡过了。我们的贸易遍及世界，但却突然受到了违反国际法的潜艇袭击，必然在几个星期内会受到损失。但是我们已经开始了护航制度，每天离开港口的商船有几十艘，大炮安装在这些商船的船尾，有些时候还可以进行高角射击。与此同时我们还派出了炮手，虽然数量不多，但都是经过训练的。在战争爆发以前，海军部已经准备好了拖网船和小艇，这些拖网船都配备潜艇探测器，小艇都配备深水炸弹。每天都有新的船只和舰艇服役，这个数字在不断增加，水手都是经过训练后上岗的。我们相信我们已经粉碎了潜艇对英国贸易发动的首战。我们已经彻底并且能有效地控制德国潜艇的威胁了。虽然德国建造了上百艘潜艇，但他们的潜艇仍然在造船架上建造，这是不可辩驳的事实，他们的潜艇要分阶段完成。我猜想，潜艇战一定会在一年或者最多一年半以内爆发。到了那个时候，我希望我们已经做好应对德国潜艇攻击的准备，已经建造好大量新的小舰队和反潜艇船只，希望我们能给德国的潜艇以沉重的打击。我们非常缺乏高射炮，尤其是三十七英寸口径的高射炮，这真是一件憾事，想要这个问题得到缓解，恐怕还要再等几个月。为了保卫海军海港，我们已经在现有资源许可的情况下，采取了各种措施。此外，海洋虽然已经被我们的舰队控制了，但“捉迷藏”策略仍然需要继续采用。

*　*　*

从广义的海军作战角度考虑问题，我们的地位没有受到敌军的威胁。地中海是个重要的交通要道，在这条交通线路中断后，我们的船只很快又可以从这里穿过了。另外，顺利进行的还有输送远征军前往法国的工作。有一支舰队在北方，如果有少量的敌军重型军舰通过，它们可以随时阻击。我们像上次世界大战那样对德国进行封锁。苏格兰和冰岛之间的防线是北方的巡逻线。在战争开始一个月后，一共有将近三十万吨运往德国的货物被截获，而敌人在海上的活动让我们损失了十四万吨货物。我们的巡洋舰正在保护我们自己的船只，使它们免受德国的袭击，同时在海外搜捕德国的船只。所以德国已经将航运停止了。在9月底，有三百二十五艘（近七十五万吨）德国的船只不能活动，只能停在外国的港口。所以，并没有多少被我们捕获。

盟国也做出了一定的贡献。控制地中海的工作十分重要，法国承担了一部分。我们在它的领海和比斯开湾的反潜艇战中得到了法国的帮助。达喀尔的海军力量在中大西洋比较强大，盟国已经将这支力量纳入对付海上袭击舰的计划之内了。

波兰海军虽然比较年轻，但仍然表现不俗。在战争初期，有三艘驱逐舰和两艘潜艇逃出了波兰，在波罗的海与德国的海军对抗，最终抵达了英国，这两艘潜艇分别是“威尔克”号和“奥泽尔”号。“奥泽尔”号潜艇在逃亡中有各种经历，堪称一部史诗。当德国入侵波兰时，它从格丁尼亚港出发，经过了波罗的海，这是它最初的路线。塔林是一个中立港，在9月15日，“奥泽尔”号来到了这里，艇长在逃亡途中患病了，“奥泽尔”来此的目的就是将艇长送上岸。爱沙尼亚当局有扣押这艘潜艇的打算，他们派了一名士兵在艇上守卫，航海图和大炮的尾栓也被他们拿走。但是指挥官没有因此而泄气，他将这名士兵制伏了，并且开着潜艇离开了港口。海面和空中巡逻队的追捕在接下来的几个星期一直没有停止。虽然它没有航海图，但还是从波罗的海进入了北海。北海中的无线电讯非常微弱，但英国电台收到了它的假定位置的通知。英国的一艘驱逐舰在10月14日找到了它，现在它被送到了安全的地方。

* * *

罗斯福总统在9月份给我写了一封私信，这让我感觉非常兴奋。我和他在上次大战中的一次晚宴上见过一次面，我记得地点是格雷饭店。我对他印象深刻，他是一个年轻而又俊雅的人。我们当时只是打了个招呼，并没有进行深入的谈话。

罗斯福总统致丘吉尔先生　　　　1939年9月11日

听到您重新执掌海军部的大权，我感到非常愉快，因为我在上次大战中承担类似的职责，这一点和您非常相像。我知道问题的本质没有什么变化，虽然因为有新的因素加入，问题似乎变得更加复杂了。我想告诉您和首相先生，如果你们想告诉我什么事，请直接联系我，我随时欢迎。您可以给我写信，使用英国外交部的邮政或者美国外交部的邮政都可以。

我很高兴在您写完了《马尔巴罗传》这本书以后，这些烦恼的事才发生。我已经阅读完了这本书，而且觉得很有意思。

我的回信很快,用了“海军人员”做署名。从此我们开始常年通信，直到五年后他去世了才终止。这期间我们写了一千多封信，我认为这些信都是很有意义的。

第三章　波兰的覆灭

德国的侵略计划——波兰的部署不完备——坦克与炮队的劣势——被毁灭的波兰空军——第一星期——第二星期——英勇反攻的波兰——歼灭战——苏联出兵——华沙电台无声了——现代闪电战——9 月 21 日我提出了备忘录——目前我们面临的危险——10 月 1 日我的广播演说

德国开始实施希特勒的计划了，从三个方向对波兰实行了围攻。我们坐在内阁会议的桌子前，看到德国像机器一样在很短的时间内将波兰这个弱小的国家摧毁，显然德国早就想这样做了。德国派出了五十六个师进攻波兰，其中装甲师和摩托化师占了九个。从东普鲁士向南进攻华沙和比亚威斯托克的是第三集团军（八个师）。第四集团军（十二个师）从波美拉尼亚出发，他们要将但泽走廊的波兰军队消灭，然后从维斯杜拉河两岸向东南进军，最后直逼华沙。直接进攻华沙是第十集团军（十七个师）的任务，他们是主力进攻部队。第八集团军（七个师）的任务是在左边掩护主力部队，他们位于后备部队右翼的南边。德国的后备部队防守面对波森凸出点的边境。第十四集团（十四个师）处在更加偏向南方的位置，他们有两项任务，首要任务是占领克拉科夫以西的重要工业区；如果主力部队攻击的顺利，他们就进行第二项任务，攻打波兰东南部的伦贝格（利沃夫）。

将波兰边境的军队肃清是德军的第一步，接下来波兰就会被德国包围起来，这个包围圈就像是一个钳子，钳子的一边是从北边和西南对华沙的攻势，钳子另一边的进攻由第三集团军和第十四集团军组成，它们分别从布列斯特－利托夫斯克和伦贝格过来，这个包围圈的范围更为广大。因此，即使波兰的军队从钳口逃脱出来，也无法进入罗马尼亚，因为路线已经被德国切断了。波兰的上空有一千五百多架德国的飞机轰炸着。打压波兰空军是德国飞机的首要任务，与战场上的陆军相互配合是第二项任务，波兰的公路、铁路和军事设施也是其袭击的对象。可见将战争带来的恐惧感扩散开就是德军想要的结果。

波兰根本无法与德国对抗，除了军队的人数和装备不如德国外，波兰的部署也存在很大的问题。在波兰的边境，囤积着波兰所有的军队，因此根本没有集中的后备部队支援。德国野心勃勃，但波兰却是自负和骄傲的。波兰周围集中的敌军不少，但波兰没有在恰当的时机动员可以与之对抗的部队，因为他们害怕被人指责为挑衅生事。波兰现役部队的三分之二即当时只有三十个师，是已经做好或者正在做准备对

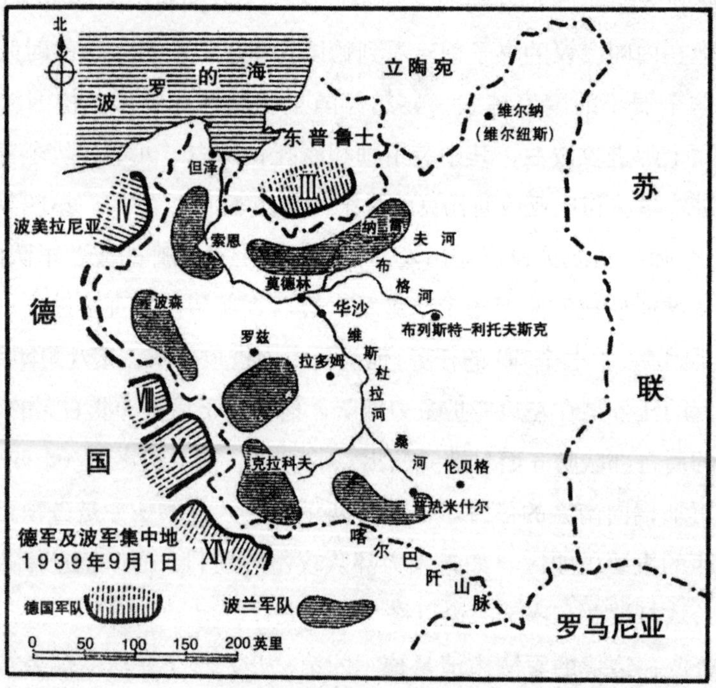

1939 年 9 月 1 日德军及波兰军集中地　（照原图译制）

抗德国突袭的军队。德国的进攻非常激烈，时局变化迅速，当波兰的前线被德军突破时，波兰其他的军队根本无法前去支援，只能在最后时刻崩溃了。波兰的军队有三十个师，然而德军的人数是他们的两倍，德军的包围圈呈半圆形，波兰军队只能被困在里面，根本没有援军支援。德军不仅占据了人数上的优势，还占据了武器装备上的优势，德军的炮火要比波兰强得多。德军有九个师组成装甲部队，而波兰却只有一个装甲旅与之对战。德国出战的是成群结队的坦克和装甲车，波兰出战的却是十二个骑兵旅。不管波兰的骑兵旅在战斗中多么团结英勇，但是大刀长矛怎么是装甲部队的对手呢？波兰的飞机可能有九百架，而且有一半是新式的，但德国在它们还没有起飞时就将其轰炸掉了。

按照希特勒制定的计划，德国开战的日期是 9 月 1 日，波兰机场上的飞机首当其冲地遭受了德军的空袭。实际上，德军在两天之内就将波兰的空军摧毁了，一周以后，波兰的内部已经被德军侵占了。波兰军队的抵抗无用，虽然他们已经尽力了。波森两边的军队位于德国的包围圈以外，除了这里的军队，边境上所有的波兰军队都在败退。德军第十集团军将波兰囤积在罗兹的部队截断。一支向西北方向撤退，一支向东撤退到拉多姆。这就出现了一个突破口，给德军以直袭华沙的机会。

德国的第四集团军在更为靠北的位置，他们已经穿过了维斯杜拉河，沿着河流的方向直逼华沙。能够阻止德国第三集团军进攻的只有波兰北部的军队。但好景不长，德军很快就将其包围了。他们只得退守纳雷夫河。在这里有预先准备好的一条防线，是唯一一条比较坚固的防线，他们只能在这里进行防守。闪电战已经进行了一星期，这就是结果。

激烈的战争贯穿着整个第二个星期。波兰名义上有两百万军队，但已经不可能再组织起来御敌了。德国的第十四集团军在南方，这支部队正向桑河逼近。波兰曾经有四个师退到了拉多姆，他们在敌军第十四集团军的北面，已经被围剿了。在华沙的郊外，有两个来自德军第十集团军的装甲师袭来，因为没有步兵在这支部队后面，所以在华沙居民不顾生死的抵抗面前，他们毫无招架之力。德国的第三集团军在华沙的东北，从东面包围了华沙。布列斯特－利托夫斯克再过一百英里就是前线，他们的左翼纵队已经到达了那里。

华沙受到了钳形的包围攻势，波兰军队进行了殊死搏斗，但却被消灭了。德国猛烈的进攻，让波兰一部分军队从索恩和罗兹撤退，这部分军队与波森附近的波兰军队会合，加起来有十二个师。德国的第八集团军力量比较薄弱，为第十集团军打掩护，他们突破了这只波兰军队的南翼，直逼华沙。库特尔齐亚将军是波兰在波森的集团军的司令，在已经被包围的情况下，他毅然下令向德国主力部队的侧翼发起进攻。这次反攻称之为“布祖腊河之役”，是一次英勇的反攻，德国的第八集团军和第十集团军的一部分被牵制住，进攻华沙这一目标不得不被德军放弃，北方第四集团军的一个兵团也被吸引而来。波森兵团奋战了十天，在9月19日全部牺牲。面临着强大的敌人，面临着几乎无法抵制的空袭，波森军团坚持了十天的战斗实属不易，这次战斗必然名垂青史。

此时，德国钳形的攻势有了会师并合闭的趋势。9月12日，第十四集团军从伦贝格的外围向北方发动进攻。第三集团军已经越过了布列斯特－利托夫斯克，它们和第十四集团军在17日会合。合围攻势已经完成，即使是冒险，也没有一丝逃脱的机会了。到了9月20日，德国向外宣称，维斯杜拉河之战是一次伟大的歼灭战，属于历史上最大的歼灭战之一。

已经到了苏联动手的时候。苏联就要体现出他们的“民主”了。波兰东部的边境几乎没有任何防备。9月17日，苏联大批部队越过波兰的边境。这个前线非常空旷，方便声势浩大的苏联军队向西推进。9月18日，维尔纳（维尔纽斯）被苏联占领。德国的军队在布列斯特－利托夫斯克，正好与苏联军队会师，他们是合作者，在上次世界大战中，俄国的布尔什维克就与德皇达成协议，尽管德国提出的和谈条件是严酷的，但是俄国却将与西方国家签订的协议束之高阁，屈辱地同意了德国的条件。现在的俄国共产党人当政，竟然在布列斯特—利托夫斯克与德国的希特勒达成协议。波兰被打败和灭亡的过程非常快。不过由于民众的爱国情绪高涨，华沙和莫德林还没有投降。虽然我们赞美他们的抵抗伟大而壮烈，但他们所做的事却是没有希望的。空袭已经到了疯狂的地步，并且持续了很多天；西线看似平静，但很快就有派遣过来的重炮队沿着东西走向的公路，进行猛烈的炮击：这些都使得波兰的国歌已经再也无法从华沙的电台播出了。这个城市已经成为了一片废墟，只能看着希特勒一步步进去。莫德林是一个要塞，位于维斯杜拉河下游二十英里处。索恩兵团的残部曾经在这里停留，并且一直苦苦鏖战到28日。所以，所有的事情都在这一个月内结束了。波兰拥有三千五百万人口，他们在一个月内就被征服了，成为了阶下囚，

内圈钳形攻势合围，9月13日　　（照原图译制）

还要面临被奴役和灭种的危险。

一个完整的闪电战样本已经展现在我们面前了。德国的空军与陆军配合严密，他们进行疯狂的轰炸，所有的交通线路和可以成为目标的城镇都没有幸免。第五纵队身手了得，间谍和伞兵部队十分常见。这些都已经展现在我们面前了。德国的装甲部队强大而又难以抵挡，我们已经看见大批的装甲部队勇猛地向前冲了，这才是更为重要的。我相信波兰绝对不是最后一个尝尽这种苦难的民族。

* * *

在到达苏联与希特勒媾和的界线以前，苏联的军队还在向前逼近。苏联和德国瓜分波兰的协议在29日签订。两国之间的仇恨是不能忽略，更不能消除的，这一点我非常相信。我认为苏联在局势有变动的情况

外圈钳形攻势合围，苏联进攻，9月17日　　（照原图译制）

下，肯定会向我们的阵营靠拢。所以，我虽然气愤苏联残酷无情的做法，虽然内阁成员对苏联的做法产生了激烈的情绪，但我还是将冷静保持到底。我从来没有幻想过苏联不这样做。我知道利益才是他们顾及的东西，道德已经被他们忽略。不过，他们没有义务对我们负责。而且，战争关系到生死存亡的问题，我们的目标是打败敌人，因此我们的怒火必须要遏制。我打算好好地解释他们的这项可耻行径。所以，我用平静的口气在 9 月 25 日的致战时内阁一文中这样说：

苏联最近与德国进行了媾和，这是一种严重不守信用的、可耻的行为。虽然我们想痛斥他们，但伏罗希洛夫元帅曾经提出的军事要求是合理的，他提出占领维尔纳（维尔纽斯）和伦贝格是苏联与波兰联合的条件。然而波兰拒绝了。虽然现在看来，波兰没有充分的理由拒绝，但在当时看起来却十分正常。如果波兰当时同意了，那么苏联将要以朋友的身份占领这些地方，虽然这种友谊中含有猜忌的成分，是一种不可靠的友谊。但是现在苏联不但占领了这些地方，而且还是以敌人的身份。这种差别没有我们想象的那么大。苏联出动了大军，他们从前线向各个方向进攻的能力已经被证明了。苏联与德国对峙在边界线上，德国绝不可能不防守在这个东部战线，所以必须要留下一支数量较多的守军。按照我所了解的资料，这里可能存在一个东部战线，因为根据甘默林的估计，至少有二十个，甚至二十五个或更多的师会留在这里。

我们很可能建立起一个东南战线，这条战线对苏联、英国、法国都有利。波兰到罗马尼亚的通道已经被苏联这只北极熊用它硕大的左掌堵住了。苏联与巴尔干的斯拉夫民族之间的利害关系历史久远。如果黑海地区被德国人占领，苏联将受到很大的威胁。反之，同样的情况也适用于土耳其。这两个国家为了不让这种局面发生，只有通过共同努力的方式来阻止。我们的心愿也因此而得到满足，而且这绝对不会与我们对土耳其的政策相冲突。罗马尼亚的比萨拉比亚地区很可能被苏联强占。因为遏制德国向东南欧发展才是我们的主要利益，所以我们的主要利益并不会被侵犯。协约国在上次世界大战中胜利了，罗马尼亚可能遭受的完全失败也因此而避免，可以说罗马尼亚已经从中获利不少。如果只是比萨拉比亚及多布鲁加的南部地区在这次大战结束以后失去了，那么罗马尼亚还不算倒霉。出于为巴尔干集团整体利益的考虑，将多布鲁加割让给保加利亚是一种非常不错的选择，罗马尼亚应该很高兴才对。从目前的局势看，巴尔干半岛，尤其是南斯拉夫，应该是从苏联的行为中受益了。所以，除了建立一个东部战线，建立一个东南战线也是非常有可能的。这样将形成一个从里加湾直到亚得里亚海之滨的新月形（当然从亚得里亚海延伸到勃伦纳甚至阿尔卑斯山脉也是有可能的）。

纳粹德国是我们共同的敌人，如果能和这些国家一起将其打败，我们自然非常高兴。随着时局的发展，可以发现这种可能性是存在的。如果德国经过匈牙利攻打罗马尼亚，或者想要攻打南斯拉夫，那么这种可能性很快就要转化为现实了。建立和加强这个战线，是我们现在要实施的一项政策。我们的任务是，无论敌人袭击了这条战线的哪一部分，所有成员都要共同对敌。这种政策是绝对正确的，也正好应验了外交大臣在没过多长时间后做出的预计，与苏联建立起联盟关系就是这项政策的内容。此外，首相宣布的下列政策也因为这种政策的要求而必须执行：不管面对什么样的特殊领土问题，我们都不承诺解决；消灭纳粹德国需要集中英法两国的全部力量，我们的目的是在今后很长一段时间内，西方民主国家不会再次出现一个“恐怖的德国”。对于法国人来说，最后一条最有吸引力，首相的话已经非常明确了，那就是：“德国对欧洲的侵略让欧洲感到这种恐惧反复而又持久，我们的总目的就是解救欧洲，让自由和独立仍然被欧洲各国所坚持。”我认为应该大力宣传这句话。

以这种目的作为依据，就非常容易思考在与土耳其谈判中应该处理的各项问题了。当时有一种谣言：希特勒用二十八个师急切地进攻罗马尼亚。我认为我们在处理这个问题的时候不应该像他那样着急。现在可以发现，希特勒已经不在东线活动了，因为他受到了警告。但是他仍然可以随时再次将威胁手段用在我们身上。缔结土耳其条约对我们来说非常重要，因为有一个生死攸关的问题，那就是让巴尔干的所有国家和东部战线一致对付德国。

如果希特勒的东部战线受阻是战局发展的结果（目前还不能确定这一定发生），那么希特勒面临的选择有三种：

(1) 集中主力穿过比利时向西线发起进攻，顺道将荷兰一并占领；

(2) 发起空袭，目标是英国的工厂和海军基地，也有可能是法国的飞机制造厂；

(3) 首相已经提到了，采取“和平进攻”的方式。

在我看来，第 (1) 点可能发生的条件是：德国至少安排三十个师，囤积在比利时和卢森堡的边界。第 (2) 点是非常有可能实施的，但他的那些将军们看起来还有些权威，应该不会同意他这样做。因为一旦发起空袭，大屠杀就无法避免，德国将与英国成为不共戴天的仇人，美国也有可能加入这场战争。现在分析第 (3) 点，如果第 (2) 点不是他们的选择，我们可能采取这样的对策：为了让他们过一个难熬的冬天，想尽一切办法使他们不能摆脱困境。另外，我们需要组建一个同盟，我们武装自己的进程必须要加快。1914 年的秋天，俄国正在坦嫩堡一败再败，德国已经占领了大部分法国领土，所以，相比之下，现在的前景看起来要好得多。

不过我们不能排除第 (2) 点可能性，这一点让人深感不安。

我在 10 月 1 日的广播中又说：

两个大国再次对波兰进行了侵略。波兰曾经被这两个大国和其他大国奴役的时间总共有一百五十年，尽管如此，波兰的民族精神仍然没有磨灭。波兰的灵魂不可摧毁，就像岩石一样，虽然大浪可以一时将它淹没，但总有一天它会露出水面，岩石的性质始终没有变，这一点在华沙的英勇反抗中充分体现出来了。

苏联的政策是利己主义的，看起来非常冷酷。我们本来可以希望苏联不以侵略者的身份，而是以一个友好的同盟的身份，在现在的前线上镇守。当然，为了将纳粹德国的威胁粉碎，为了自己国家的安全，苏联才有可能将军队送到前线上。不管怎么样，东部防线已经建立起来了，在这条防线上，德国不敢轻易犯进……

苏联将采取什么样的行动，是我不能预料的。这个谜中谜非常神秘，但苏联的国家利益就是解开谜底的秘诀。苏联的国家利益决不允许德国将势力建立在黑海沿岸，也不允许德国奴役巴尔干国家和斯拉夫民族。如果德国这样做，就一定与苏联历史性的生存利益相冲突。

我的言论得到了首相的赞同。他在一封写给他妹妹的信中这样说道："我刚刚听了一下，温斯顿的广播演说非常精彩。我们有着完全相同的想法。我们相信苏联采取行动一定永远以其本国的利益为依据。有一种想法是，战争的胜利属于德国或者欧洲接下来被德国统治，这可能符合苏联的利益，这种想法是决不能相信的。"

第四章　战时内阁的问题

每日例会——建立一支拥有五十五个师的英国军队——重炮——9月10日致首相的信——9月10日给军需大臣的信及回信——需要组建海运部——9月15日致首相的信——9月16日首相的回信——与军火和人力有关的其他信件——9月24日我给财政大臣的信——节约运动——对海军攻势的一种探索——波罗的海——“凯瑟琳女皇”计划——强行将进入波罗的海的航道打通的计划——有关技术和战术的各种问题——战利品——第一海务大臣的意见——任命科克勋爵——计划进展——空军的否决——新的造舰计划——巡洋舰——驱逐舰——数量和体积——短期与长期的政策——加速计划的实施——需要防空战斗舰分队——被浪费的“皇家君主”号级的军舰——我自己的统计处成立了

9月4日召开了第一次会议，战时内阁阁员及其他阁员、海陆空三军参谋长和一些秘书都参加了。从此以后，我们每天都开一次或者两次会议。我里面穿了一件亚麻布的衬衫，外面套上黑色羊驼毛上衣，天气真热，我记不得比这更热的时候了。这种天气正适合希特勒进军波兰。波兰竟然指望几条在任何地方都能到达对岸的大河进行防御，而且坦克和各种车辆都可以从波兰坚硬的地面上通过。艾恩赛德将军是帝国的总参谋长，他每天早上都要在地图前面做报告，那些报告非常长，还附带着评价。没过多长时间，我们就知道德国一定会迅速粉碎波兰的抵御。每天早上，内阁都要听取我对海军部情况的报告，报告内容包括被德国潜艇击沉的英国商船的名单。空军部认为不能对德国的军事目标进行轰炸是一件非常遗憾的事。英国远征军有四个师，已经开始向法国移动。此外，国内防务问题也是要处理的工作，还要花很长时间讨论外交问题，尤其是苏联和意大利持有什么样的态度，以及对巴尔干半岛采取何种对策。

设立地面委员会是非常重要的环节。主席是掌玺大臣塞缪尔·霍尔爵士，向内阁提出建立军队的规模和组织的意见是他们的主要工作任务。这个小型机构的委员也包括我，我们需要在内政部开会。这天下午非常闷热，将领们发表完他们的意见以后，我们就达成了一致，即需要建立一支包括五十五个师的军队，由于各种供应战争的军需用品需要生产，因此还需要建立军火制造厂和其他各种工厂。我们当时希望三分之二的计划能在一年半以后完成，希望那时候已经将一支规模较大的军队派往法国了，或者至少已经能适应作战。塞缪尔·霍尔爵士在这方面很有见识，他一直在积极行动，我对他的支持始终不变。另外，空军部有这样一种担忧，我们的人力和技术工人可能被这支庞大的军队占用很大一部分。那么他们想在两三年内建立起一支空军，而且是一支强有力的、优势明显的空军，这个计划就很可能会受到建立陆军的影响。金斯利·伍德爵士的论证对首相的影响很大，毕竟我们需要很多条件才能建立起这种规模巨大的军队，首相的犹豫是在所难免的。战时内阁因为这个问题发生了分歧，最终的决定是在一星期以后做出的。地面委员会提出的建立一支包括五十五个师的军队的意见被采纳了，更准确地说，应该是认可了这个目标。

我认为海军部的需求应该服从全局计划，作为战时内阁的成员，就应该从大局着想。我一直用书信的方式给首相提意见，因为我不希望我们的争执发生在内阁会议上。我希望我和首相能够立场一致，希望我们能建立起这种基础。我有一些曾经在这个领域中切身体会到的经验，希望能为他所用。首相给了我很多友好的鼓励，所以有问题时，我经常给他写信。很多时候，我们都能有一致的想法。虽然在刚开始时，他给我一种他在防备我的印象，但是随着时间一点点地过去，他逐渐增加了对我的信任和善意，这一点让我非常高兴。他的传记作者也证明了这一点。另外我还给其他人写了信，包括战时内阁的其他成员、在其他方面与我有联系的大臣。战时内阁的工作受到了一定程度的影响，因为它单独开会的次数不多，而且一般来说，秘书和军事专家也要出席。战时内阁成员的目标一致，大家团结互助，自由发言，没有限定讨论的形式，不需记录，因此这个机构是十分有效率的。这是战时内阁的优点。所有的事务都在正式会议上处理，并且需要记录以作为行动的指导，战时内阁的非正式会议起着配合正式会议的作用。在一些困难事务的处理方面，这两种程序我们都离不开。

在上次世界大战期间，我担任军需大臣一职。很多重炮都是那个时候制造的，我非常关心它们现在的下落。我们得用十八个月的时间才能制成这种武器。不管是出于进攻还是防守的目的，如果大量的重炮能被军队所用，军队将从中受益很多。我记得在 1915 年，一场争执发生在陆军部与劳合 · 乔治之间。当时需要建立一个重炮队，还要求这个炮队要有很大的优势，因此当时有很多政治骚动被引发，我记得他的见解是正确的，而且被后来发生的事情证明了。八个月以后，也就是 1940 年，陆地战的重要性得以证实。这与 1914 至 1918 年间的陆地战有着完全不同的性质。但是，在防御本土方面，这些大炮能满足很大的需求，这一点可以在以后被验证。此时，我才想起来有一个宝库埋藏着这么多宝贝。如果我把这件事忘记，那实在是太笨了。

我给首相写了一封信，目的是解决这个问题和其他一些问题：

海军大臣致首相　　1939 年 9 月 10 日

我希望您不要介意我私下里向您提出的这几点意见：

(1) 我还是认为，我们不应该首先发起轰炸。但是由于我们需要援助和鼓励法国军队，所以临近法国军队作战区的地方除外。

我认为将比较人道的观念使用在战争中比较符合我们的利益。当然我们不能避免激烈的作战方法，进行残酷的战争，但我认为我们要等着德国先这样做，我们才能跟着做。伦敦和其他城市的居民可以隐蔽的地方随着时间的推移而逐渐增多。如果再过两个星期，我们一定拥有比现在更多的、更安全的躲避场所。

(2) 有人批评了我们的小型远征军，认为坦克和训练有素的堑壕炮支队是他们所缺乏的，尤其是重炮队，更为短缺。这种批评您应该已经知道了。如果我们的重炮队确实十分缺乏，那么这就是一种正确的批评……1919 年战争结束以后，我担任过陆军大臣，我当时下了一项命令，将大量的重炮涂上油以后稳妥地收了起来。我还记得在 1918 年，总司令提出一项要求，建造十二英寸口径的榴弹炮两尊，目的是支援 1919 年进入德国的军队，我当时答应了他的要求。这两尊榴弹炮在当时属于上好的武器，直到现在都没有用过。我们不能随意地将它们丢掉……我认为有两件事比较重要，一是看看我们的仓库中有什么东西；二是立刻修理这些东西，而且新式炮弹也需要着手制造。海军部可能还需要使用这种笨重的武器，因为海军能够驾驭一切笨重的东西……

(3) 我打算重新修订海军新造舰计划，我想这个修订原则应该是您想知道的。我的计划是，停止所有造舰工作，当然最初的三四艘新造的战列舰除外。如果正在建造的战舰不能在 1943 年以前服役,那就都应该暂时叫停。六个月以后可以重新考虑这个决定。只有这样，我们才有能力支援陆军。此外，建造小型反潜艇舰队的工作应该大力提倡。这种舰只的数量非常重要。在 1940 年年内，许多舰艇都可以建造完成。但如果有两三百艘潜艇在 1940 年夏天袭击我们，那么我们的舰艇数量是绝对不够的……

(4) 我可以提供给您一些军队供给以及军队与空军关系的经验,这些经验都不是老师教给我的,而是我用了很大代价学习到的。军需大臣制订计划的根据是五十五个师，空军和海军都不可能因为这个计划而受到损失，原因有两点：

①技术工人不需要用几个月的时间去处理地基和建筑工厂的准备工作；普通的建筑工人就可以完成挖掘地基、铺上混凝土、砌砖墙、抹泥灰、铺设阴沟等工作；

②如果您因为其他原因而使建立一支有五十五个师的军队这项计划不能在两年内实现，您要考虑，军队的规模是不可能发生改变的，您只能延长至三年或者更长。另外，如果一项庞大的计划没有被军需大臣在最开始的时候考虑到，那么总有一天我们要因为现有的工厂不得不扩大规模而烦心。将一项庞大的计划考虑在内是最好的方法，为了保证空军和陆军的需要能够得到满足，您可以使用灵活改变时间的方式来应对。对于一个已经建好的工厂，如果我们暂时不需要它，就可以搁置不用。但如果我们没有工厂，又想实施下一步计划，那就完全没有办法了。工厂的效果只有在它们开工以后才能被感受到。

(5) 直到今天中午，潜艇袭击船舶的新报告还没有交上来。也就是说，我们没有损失的状态已经持续了三十六个小时。可能我们等着潜艇袭击，但潜艇都去过周末了。我相信，形势一定会变好的。

我给伯金博士也写了一封信：

海军大臣致军需大臣　　1939 年 9 月 10 日

1919 年，我还在陆军部，我记得我当时曾经明确地命令，将油涂在重炮上，并将重炮封存起来。当时有很多重炮都是这样处理的。现在貌似已经到了寻找这些重炮的时候了。我认为，盘点我们拥有的物资并进行一定的修理和制造重炮弹是你现在首先应该做的事。海军部可以在重炮弹方面帮上忙。如果您需要我，请随时告知。

我很满意他的回信：

军需大臣致海军大臣　　1939 年 9 月 11 日

1938 年 9 月开始发生了危机，从那以后，您信中提到的超级重炮一直是陆军部关注的对象，我们准备利用这些重炮。我们在 1 月份就已经开始修理九点二英寸口径的大炮和十二英寸口径的榴弹炮的炮身和炮座。

它们都是 1919 年封存的，封存工作非常仔细，总体上都被保存得很好。不过有一些配件已经损坏了，我们必须要使用新的，今年就会进行这项工作。一部分重炮可以在本月就修理好。我当然会优先处理这项工作……

我非常感谢您的来信。您一定非常高兴，我们已经完成了您建议的很多工作。

*　*　*

海军大臣致首相　　1939 年 9 月 11 日

所有人都认为需要建立海运部。在今天我和船主们的会议上，船舶会长提到，他极力支持建立一个海运部。贸易大臣为了让自己的任务轻一些，想和我联名提出申请。我猜测这种要求在议会中也会被强烈地提出。我本身也认同这个非常有用的方案，以下三方面都是它的作用：

(1) 如果海运能按照内阁在战争时期的政策和战争的紧迫形势进行管理，那么效率将会大大提高，同时还能节省一些资源。

(2) 大规模的造船计划将得以展开。潜艇袭击可能在 1940 年夏季发生，我们很多吨位的船只将受到损失，因此我们必须提前预防，开始大规模造船计划。混凝土船只建造的研究也应该提上日程，万一以后出现钢铁缺乏的情况，我们的钢铁需求量也可以减少一些。

（3）商船船员可以得到我们的慰问、关照和激励。鱼雷轰炸以后，得救的船员仍然需要出海工作。商船船员在战争中非常重要，而且是一个对我们非常有用的助力。

建立海运部可能需要从贸易部抽出一些机构，这项工作需要两三个星期才能完成，我想贸易大臣已经将这些告诉您了。我认为存在这个过渡期是非常必要的。在选定和公布新的大臣人选以后，他需要组建自己的工作团队，贸易部的一些机构也需要逐步接管。此外，组建海运部的工作应该早一些，应该在议会和航运界向政府施加压力以前，在现行的制度在还没有被人们批评的时候就开始。我认为这一点也是非常重要的。

* * *

讨论了一个月以后，海运部成立了。10月13日公布了这个消息。吉尔摩爵士被张伯伦先生认定为首任部长。有一种批评的声音说这是一种不恰当的选择。吉尔摩爵士是个苏格兰人，非常和蔼，也是议员中非常出名的一个。他曾经是鲍德温先生和张伯伦先生政府的阁员。他身体不太好，而且越来越衰弱，任职以后没几个月就与世长辞了。继任者是罗纳德·克罗斯先生。

海军大臣致首相　　　　　　　　　　　　1939年9月15日

我现在因为有事情要出去，下星期一才能回来。我把我对时局的看法写给您，希望能给您提供参考。

我觉得德国不可能在这个季节或再晚一点的时候，发动西线的攻势……进攻波兰、匈牙利、罗马尼亚直至黑海才应该是他真实的计划。希特勒可能与苏联达成了协议，波兰的一部分领土可能要划分给苏联，同时苏联还可能收复比萨拉比亚……

在冬天的时候，如果希特勒与东部地区的邻居交善，他的供给就会比较充足。这种做法是明智的，因为这样就可以使他的人民看到不断胜利的假象，可能还会对我们的封锁削弱了这一点深信不疑。德国从东线得到一些好处是非常容易的，所以西线的战争是不会被发动的，至少要等到东部的利益被它侵占完毕以后才可能发动。虽然存在这种考虑，但我仍然认为要在西线做好自卫的准备。我们应该想办法让比利时和法国的军队同英国军队一起采取防御措施。另外，法国的一部分边境在比利时后面，这是需要昼夜赶工、充分利用所有可能的资源修建防御工事的地方。这个防御体系是纵深的，防御坦克的障碍物尤为重要，例如：要将铁轨竖起来，要开挖比较深的沟壕，要将混凝土桩竖起来。在一些地方可以准备洪水，以备淹死敌人，或者埋设地雷，等等。从波兰的战争中可以发现，德国三四个装甲师可以将非常强大的威力发挥出来。我们一定要设置障碍物阻挡这种攻势。此外还需要强大的炮队防卫和能够冷静对敌的部队。如果不设置障碍物，那么我们很难有效抵挡装甲车的进攻。

我们在 1919 年铸造了大量的大炮，它们后来都被我贮藏起来了。我很高兴这些大炮现在可以派上用场。这其中包括十二英寸口径的大炮三十二门、九英寸口径的大炮一百四十五门、六英寸口径的榴弹炮二百多门，另外还有很多八英寸口径的大炮和其他军火。实际上，这些已经可以满足我们小远征军的需求了，而且满足一支规模巨大的军队的需求也足够了。我们应该尽快将一部分重炮运往前线，这样做的好处是，无论我们的军队缺少哪种军火，但至少不会缺少重炮……

我希望您能慎重考虑我说的这些内容。我这样做的目的是在帮助您履行责任的同时，也履行自己的责任。

首相在16日给了我回信，他说：

我已经阅读了您的来信，并对其中的内容进行了考虑。因为我们每天都见面，而且我感觉我们有非常一致的看法，所以我一直没有给您回信。……从波兰的战争中，我们可以得到一些空军力量方面的经验。如果控制权掌握在空军手中，那么空军就可以摧毁所有的地面活动……所以，我想我们应该优先考虑增加空军力量的计划。另外，我认为扩充空军后剩余的资源，可用于建设地面军队，地面军队能分配到的资源由空军决定。不过，最后的决定还没有下来，要等到地面委员会将报告提交上来以后才能定。

海军大臣致首相　　　　　　　　　　　　1939年9月18日

我非常赞同您优先考虑空军需求的想法，我还认为想要取得胜利就必须这样做。与此同时，我正在研究空军部的报告，我认为他们提出了一些比较高的要求，但却不一定是有用的，没有必要一一满足。我们为了作战而需要做出的其他努力可能因为优先满足空军的需求而受到影响。针对这个报告，我正在准备提出意见。我现在需要向您说一组让我感到震惊的数字。

我们的航空业现有三十六万人，每个月可以生产一千架飞机。但报告中说，每个月使用一百零五万人才能生产两千架飞机，这不符合常情。在大规模生产以后，人力资源的投入应该随着产量的增加而减少。我不相信，德国为了每个月生产两千架飞机而投入一百万人力。但每个月生产两千架飞机这个目标是我能接受的。我不能接受报告中所说的用投入这么大的人力物力达到这个目标。

分工作战的想法，即我们负责海上作战和空中作战，而牺牲最多的陆上作战由法国承担，我相信法国人不会同意。虽然我们很喜欢这种分工，但我不赞同我们只进行海上和空中作战的设想。因此，尽快组建一支由五十或者五十五个师组成的军队是我迫切希望做到的事。

不管给哪个部门优先权，我们都要冒着很大的风险。在上次世界大战中，尤其是在我们的海军力量非常强大，并且有美国海军参战的最后一年，海军部就利用了这种特权，当时的海军部是利己而又强横的，后果非常严重。对于现在来说，我在极力避免再次发生这样的事，这是出于对我们共同利益的考虑。

关于炸药和钢铁的供应以及建设制造炮弹、枪炮和充填火药等工厂的计划等内容，我已经在给您的第一封信中说过了。虽然我们建设这些工厂需要使用劳动力，但飞机工业使用的劳动力完全与之不同，所以我们不必担心有冲突。巧妙的配合是这个问题的关键。此外，我们还需要调整与机械车辆供应的矛盾。我们最好先建设好陆军军火工厂，然后根据战争的需要和资源许可的情况，适时让它们开工。时间是一项可以调整的因素。如果我们不把工厂建设好，到时候就没得选择了。

关于我们想要建设拥有五十或者五十五个师的军队这件事，我觉得最好告诉法国。但我们可以灵活一些，为此我们需要的时间是二十四个月，或者三十个月甚至四十个月。

在上次世界大战结束时，我们有九十多个师在世界的各个战场上,我们每个月可以生产两千架飞机。海军的需要能够得到满足，而且海军当时的能力已经大大超过了我们的需要，甚至已经超出我们现在的计划了。所以，我认为每个月生产两千架飞机与建立五十或者五十五个师这两个目标并不冲突，虽然现代的飞机工业和现代化的军队要比以前复杂,比以前的要求高,但只要配合得当，这两个目标一定都能完成。

海军大臣致首相　　1939年9月21日

我想您可以考虑这样一件事，在没有秘书和军事专家参加的情况下，内阁成员们偶尔开一次会。虽然我们的重要问题可以在正式的会议中得到充分的讨论，但我并不满意这个结果。我觉得如果我们负责处理作战相关事宜的阁员们经常以一个整体的身份举行会议，那也是符合民众的利益的。三军参谋长现在要负责本来不属于他们职务范围内的任务。我们已经采用了他们提出的有意义的、有创见性的报告。我的这个想法可能有些大胆，但我仍然向您提出来，对于一般的局势，我们应该单独讨论。有的时候，我觉得我们没有把问题的本质看清楚。

我并没有向其他同僚们提过这一点，也不知道他们是怎样想的。为了履行我的职责，我才向您提出这个意见。

* * *

9月24日，我给财政大臣写了一封信：

我以前在财政部的时候体会到了财政部的各种艰难，所以你和你要解决的问题，我总是能想起来。我猜想，广大的富有阶级可能是我们今后预算的基础，这是一件很严峻的事情。我认为你发起一个与之相配合的有力的反浪费运动是有用的。我们现在开支庞大，但收到的效果却很小，我觉得现在的“金钱价值”已经到了最小的时候了。在1918年，我们实行了很多避免浪费的限制，其中有些内容让人感觉不愉快，不过多少都对获胜起到了有利的作用。我认为你在周三将要发表的声明中可以着重强调这一点。对于哪些事应该尽量不要做，你应该极力地告诉广大民众。这样做不是为了禁止支出，当我们不能生产出更多的商品时，我们应该尽量将消耗降低，这其中也包括奢侈品。比如，各个部门都应该限制文具支出。我们可以多次利用重新粘过的信封。每一位官员都应该注意到这件小事，这样我们的几百万名官员都能想到节约。

在1918年，前线的人员反复被我唠叨着实行“节约运动”，民众也认为节约是一件光荣的事情，这已经是他们能为战争尽自己力量的一部分了。我们的英国远征军还没有开始到各个地区作战，为什么不在这个时候将这些想法告诉他们呢？

我正在想办法将海军部一些比较大的改革计划删去，我要删去在1941年以前，甚至1940年以前不能实现的计划。不过你要注意，有些本位主义者和负责防御的人总是注重长期发展计划，这只能消耗我们的能力，这一点你一定要避免，因为当这些计划进入比较成熟的时期时，决定我们命运的关键时刻早已经过去了。

我们已经严格控制各个部门的经济了，但浪费的现象仍然存在。我帮你想个办法，你和你的同僚们再看到浪费现象的时候应该用批评者的眼光看待这个问题，而不是使用拖延的方式来解决。

我们现在的时代充满着危机，各个部门的活动不应该受到妨碍，责任是他们自己的，但如果他们不知道节约，你就可以申诉他们。

希望你不要介意我在信中给你写了这么多问题。

因为战争中不能缺少节约，所以我对节约财力的重视，和我对战争的重视一样。在一些事情上，您可以选择相信我。但我的部门花钱也比较多，如果您需要审查，我一定全力配合。

* * *

不论在哪次战争中，皇家海军为了得到制海权就要付出在敌人面前将庞大的自己暴露的代价。我们的贸易和粮食供应因为敌人的私掠船、利用巡洋舰和潜艇实行海上袭击而受到了很大的损失，尤其是潜艇带来的损失最大。所以，我的主要任务是防御，这也是迫不得已的。

因为经常出现这样的事故，所以我们总是被逼迫着选择使用防御性的战略，这已经成为我们面对危险的一种习惯了。这种倾向因为现代的各种发展而增强。在两次世界大战中我担任海军部大臣期间，为了将这种防御性的思想破除，我经常想办法让我们的海军进行反击。如果下一次袭击在什么地方是敌人无法猜测到的，那么我们引导几百个商船队和几千艘商船安全驶入港口的工作将会变得更加容易。在第一次世界大战中，敌国的海军比较软弱，我希望它不要插手我们的问题，只关注它自己的问题，为了再次获得主动权，我让我们的海军进攻博尔库姆和其他费里希恩岛屿。我在 1939 年再次得到了海军部的大权，当比较急切和危险的事务处理好了以后，"护航和封锁"的政策已经不能达到我的要求了。我要让我们的海军进攻德国，为了达到这个目的，我在想各种办法。

首先被我看到的是波罗的海。如果波罗的海能被英国海军控制，那么我们能得到的好处是有决定意义的。德国入侵斯堪的纳维亚半岛的威胁被解除以后，即使斯堪的纳维亚没有成为我们这一方的力量参加战争，但实际上它已经成为我们作战力量的一部分了。如果波罗的海的制海权被英国海军控制，那么苏联将受到我们的援助。整个苏联政策与战略可能因此而发生很大的变化。一些负责人和情报人员对此没有疑问。不仅英国海军，整个英国都会因为得到了波罗的海的制海权而受益。那么这个好处能不能被我们得到呢？德国海军不会成为这场新战争的阻碍。我们非常希望有和他们交战的机会，不管时间和地点，因为我们在重型军舰方面处于优势地位。海军实力比较强的国家可以清理水雷区，而在被高效能的驱逐舰队保护的舰队面前，潜艇也是束手无策的。从目前的局势看，德国的海军没有 1914 年和 1915 年的那样强大，但是空军的力量是无法预测的，而且空军变得一天比一天重要。

如果我们在两三年前和苏俄建立起联盟关系，如果我们派一个英国战斗分舰队，苏联同时也派出军队，两方联合之后以克琅斯塔德作为基地，那么控制波罗的海就是一件非常容易的事。这个方案当时经常被我在朋友们中提起。但我不知道这个想法有多大可能被实践。这个方法的目的是抑制德国，此外，虽然我们有更容易的方法，但是没有被采用。现在已经是1939年的秋天了，苏联是一个中立国，但却是敌对的，它正在徘徊于敌对与作战之间。瑞典的几个良好的港湾可以作为英国的舰队基地。但我们不希望瑞典主动招惹德国。如果波罗的海不能被我们控制，那么瑞典的港口就不能被我们控制。同理，如果瑞典的港口不能被我们使用，那么控制波罗的海也无从谈起。在战略上，这种局面已经陷入了两难的境地。怎样打破这种僵局呢？想个解决的办法总是没错的。在后来的战争中可以看到，我经常让参谋部花费大量的时间研究各种作战计划，最后的结论是最好还是不要实施这些无法配合整体战局的作战计划了。控制波罗的海就是这些计划之一。

* * *

到达海军部的第四天，我就让参谋部对打开波罗的海通道这项行动拟定一个计划。计划处的回复非常迅速，内容是只有让意大利和日本保持中立，这个计划才能成功；如果发生了空袭，那么这个计划就不太可能实现。此外，如果想要实行这个计划，还需要进行深入的研究，假如这个计划是可行的，那么执行的日期最好应该在1940年3月以前。海军建设局长斯坦利·古多尔爵士是我的老朋友，我们是在1911—1912年间认识的，我和他就这个计划进行了深入的详谈，他很快就对这个计划非常感兴趣了。因为我想着苏联隐藏在后面，所以我用原俄国女皇凯瑟琳的名字作为这个计划的名称，即"凯瑟琳计划"。我在9月12日写了一个比较详细的备忘录，然后抄送给各个部门。①

庞德海军上将在20日给了我答复，他认为一些因素将影响这个计划是否成功，例如苏联是否成为德国的一方，瑞典和挪威是否会合作等。此外，他还说，不管派出哪一方力量进入波罗的海，我们要想

---

① 见附录（2）。——原注

取得成功，都需要与几个国家的联合军队作战。他非常赞同这个冒险的行动。海军元帅科克－奥里伯爵，是一个既有成就又有名望的将领。9月21日，庞德海军上将同意他到海军部工作，为此我们准备了办公室和部分精挑细选的参谋人员，此外我们也将讨论进攻波罗的海计划所需要的各种情报准备好了。在上次世界大战中也有过类似的先例。当时威尔逊海军上将的外号是“拖船”，费希尔勋爵完全同意我的想法，将他调回海军部负责与之相关的特殊任务。在这次世界大战中也经常有这样的事发生，我们讨论这些重大问题时，使用了友好的无拘无束的交谈方式，参谋长们并没有对此产生反感。

我和科克勋爵的想法一样，希望建造一些主力舰，这些主力舰要特别善于抵抗鱼雷和飞机的进攻。我在附录中已经说到了，我希望改造两三艘“皇家君主”号级的船只，为了能派它们去沿海和海峡中作战，要给它们安装能抵抗炸弹的坚固铁甲板和抵抗鱼雷的超级舰胴。为此我要付出牺牲一个或两个炮塔和七八海里的速度的代价。我们不仅可以将这样的船只用于波罗的海，而且在北海附近的海面攻击敌人，或者在地中海作战，都能享受到它们提供的便利条件。但这项工作不能在1940年暮春以前完成，即使我们对海军建造和船舶方面的最早设想在预期的时间内实现。所以我们的工作要以这个事实为根据进行。

科克勋爵在26日提出了他的初步计划，他的计划完全是从纯军事的角度提出来的。他认为这个计划是完全可行的，将来也一定由他来指挥。他认为为了打开这个通道，必然会受到一些损失。他要求我们多余的舰只数一定要超过德国的30%。如果我们打算在1940年发动这项行动，那么在2月中旬就应该完成舰队的集合和其他训练工作。

所以我认为在“皇家君主”号级舰只的甲板上加装铁甲板和船舷加装护壳的计划，根本没有时间完成。这又是两难境地。如果能让各项工作顺利进行，在一年以后，我们可能按照计划开始行动。但战争和生活一样，所有的事情都在发展变化。如果我们有一两年的时间，那么各项工作都能从容不迫地进行安排，更好的解决之道也能想出来。

汤姆·菲利普斯海军上将（1940 年，“威尔士亲王”号在新加坡附近海面沉没，他在这次事故中遇难了）是副参谋长，弗雷泽海军上将是海军部军需署长兼第三海务大臣，他们都支持我在这些问题上的看法。弗雷泽海军上将还建议进攻的舰队还应该包括格伦轮船公司的四艘快速商船，实际上在后来的其他事件中，这些船只也非常有用。

* * *

审查现有的建造计划和战争中扩充的建造计划是我在海军部最初处理的事务之一。无论何时，至少要有四个连续的每年造舰计划同时进行。已经有五艘战列舰在 1936 和 1937 年间着手建造了，预计它们的服役时间大约是 1940 年和 1941 年。有四艘战列舰建造计划在 1938 年和 1939 年被议会核准，不过从订造日起，等到建成还需要五六年时间。另外正处于不同建造阶段的巡洋舰还有十九艘。皇家海军有一些建筑天才，但在过去的二十年中，由于条件的限制，他们本来值得敬佩的名誉受到了束缚。被当时的条约和“君子协议”限制的就是我们现在的这些巡洋舰。在和平时期，政治局面比较困难，为了维持海军的力量，只能按照这种标准一年一年地建造船只。现在是战争阶段，我们需要在明确的战术目的的指导下建造各种船只。我希望能建造出若干艘一万四千吨级的巡洋舰，这些巡洋舰应该装有九点二英寸口径的大炮；为了能抵御八英寸口径的大炮，要装上坚固的甲板；持久的续航能力也是非常需要的；在速度上，一定要超过目前所有的“德意志”号或其他德国巡洋舰。在这以前，如果我们想要采用这样的计划，会违反限制条约。现在我们已经不受这些条件的限制了，但我们要优先处理战争时期最为急切的事务，所以仍然无法实行这种长期计划。

驱逐舰是我们力量非常薄弱的一部分，也是我们现在急切需要的舰只。驱逐舰并没有在 1938 年舰只建造计划的名单中，不过有十六艘驱逐舰于 1939 年订制了。海军绝对不能没有这种舰只，当时只有三十二艘在造船厂中，不过只有九艘能在1940年年底以前交货。建造的时间延长了两三年，这是无法避免的，因为我们想让新建造的舰只比上次建造的好一些。能让我们的舰只在大西洋上任意航行是海军部非常愿意看见的事，海军部希望舰只能容纳炮击设备，尤其是防空的现代化设备。很明显，如果舰只建造按照这种思路进行，我们就建不成驱逐舰了，而是小型巡洋舰。如果这些舰只的排水量在没有装甲的情况下接近甚至超过两千吨，同时能容纳两百名海军士兵，那么正规的巡洋舰一定会消灭它了。驱逐舰本身的用途是反潜艇，但是它的体积越来越大，这让它自身成为敌人有价值的攻击目标了。它原本应该是像猎人那样打猎的，但貌似正在成为猎物。驱逐舰的数量当然是多多益善，但我们造船厂的容量因为要改造和扩大驱逐舰的规模受到了很大的限制，所以驱逐舰的完成时间被推迟了。

现在有超过两千艘英国商船在海洋上航行。每周有几百艘远洋轮船进出英国国内的港口，有几千艘商船在英国的沿海。增加小型武装舰只的数量是必须要做的，目的是为了让护航制度更有效地实行，为了让舰只在英吉利海峡和大不列颠与爱尔兰之间的海峡进行巡逻，为了将英伦三岛的几百个海口纳入保护圈，为了让不停执行任务的鱼雷艇得到保护，为了我们遍及世界的基地有充足的供应。因此，舰只的数量和建造速度这两点非常重要。

造舰计划需要调整，使之与我们当时的需要相适应，尽可能地增加反潜艇舰艇的数量，这些都是我们的责任。为了让这个目标能够实现，我制定了两项原则：首先，我们第一年或者一年半能够建成的舰只需要使用大量的劳动力和原材料，因此我们需要完全停止或者严格推迟长期的造舰计划；新式的反潜艇舰只必须设计出来，它们应该可以在我们国家的海面附近活动，这样较大型的驱逐舰就可以抽身到远处的海洋执行任务了。

我给海军部的同僚们写了几篇小短文，专门论述这个问题：[1]

> 我们需要建造驱逐舰，因为在1940年将有更大规模的潜艇威胁袭来。驱逐舰的大小和威力不是最重要的，建造的数量和速度是必须要注意的问题。我们需要设计一种驱逐舰，其建造可以在一年内完成，而且可以立即开始建造的数量应该不少于五十艘。我知道小舰队领队舰只和能进行远洋任务的大型驱逐舰必须要达到相当的数量，虽然我能理解这一点，但我计划建造五十艘中型紧急式的驱逐舰，如果我们有了这些驱逐舰，那么所有的大型舰只都可以抽身进行远洋活动或者作战了。

长短期政策的冲突非常普遍，有时甚至非常剧烈，尤其是在战争时期。我规定停止与重要的建造计划相冲突的在1940年底不能建成的大型舰只的建造。为了增加我们的反潜艇舰队数量，我们必须尽快建成新的舰只，能在十二个月内甚至八个月内完成最好。我们恢复了驱逐快艇的称呼，用来描述这类舰只的第一种型式。我们已经在战争爆发前订造了五十八艘这样的舰只，但没有一艘的建造工作开始。在1940年，我们订造了一种与之类似的改进的舰只，名字叫做快速巡洋舰。另外我们必须要在短时间内快速改装一些各种各样的小舰艇，尤其是脱网船，大炮、深水炸弹和潜艇探测器等设备的增加也非常重要。我们必须要制造大量的海军部新设计的汽艇，用来执行沿海任务。我们发出的订单已经达到了建造的极限，这其中包括加拿大的建造规模。即使这样，我们希望完成的一切也并没有满足。在当时的形势下，各种耽搁是避免不了的，造船厂的交货与我们的预计之间有一定的差距。[1]

① 参见附录（3）。——原注

① 参见附录（4）。——原注

*　*　*

经过长期对波罗的海战略以及战列舰的改造方面的讨论，我们的意见胜出了。现在已经完成了设计工作，并且发出了订单。但人们为了阻止这项工作，找出了很多理由，其中有一部分是有道理的。如果我们的封锁线被德国的袖珍型战列舰或者有八英寸口径的巡洋舰冲破，我们护航所使用的舰只就必须是“皇家君主”号级的。还有人认为，如果我们执行这项计划，那么将阻碍其他重要的工作。人们似乎相信我提出的其他方面优先使用劳动力与装甲的理由。我有一种分舰队建设的构想，但始终没有实现，这个想法是：这支分舰队的速度在十五海里以内，但有比较厚的铁甲装在甲板上，同时拥有大量的高射炮，而且它的抵御空袭和水下袭击的能力是其他舰只所没有的。不过很遗憾我的愿望并没有实现。马耳他岛的保卫和救援在 1941 年和 1942 年变得非常急迫，我们急需对意大利的港口进行轰炸，尤其是的黎波里，那个时候我们都感到上面提到的舰只非常有用，不过却已经来不及了。

“皇家君主”号级舰只在战争中一直都是一种浪费，也让人感觉很担忧。“伊丽莎白”号是它的姊妹舰，已经经过了改装，但“皇家君主”号却不能。日本舰队在 1942 年 4 月开始侵入印度洋，我们想让“皇家君主”号作战。不过庞德海军上将、国防大臣、驻在当地的海军上将都希望使它们和敌人的距离能在最短的时间内越远越好，相隔几千英里也不算远，这在当时是他们唯一的想法了。

*　*　*

在我接任海军大臣并且成为战时内阁的阁员以后，建立一个自己的统计处就已经成为我最初的工作之一了。林德曼教授是我的亲信，也是我多年的好朋友，我请他帮我实现这个目标。我们在一起畅谈对战局的看法。我让他与六个统计专家和经济学家在海军部工作。这些专家不会关注他人，而只承认现实，这一点我非常相信。他们的工作能力很强，林德曼教授是总指挥。他们将可用的官方情报利用起来，将一个个图表和图解展示给我们看，并且给我们解说他们知道的全部战局。他们认真审核了各个部门送给战时内阁的文件，同时还研究了我希望进行的各种调查。

我们当时并没有一个全面的政府统计机构统领统计工作。每个部门发表的看法都是根据各自的数字和结论作出的。空军部的统计是一个样，陆军部的统计又是一个样。供应部和贸易部在说一件事的时候都会有不同的看法。如果内阁对某些问题发生了分歧，就会浪费大家的时间，同时还可能出现误解的局面。从一开始，我的情报来源就是可靠而稳定的，各个部分之间都有联系。虽然在最开始的时候，只有情报领域的一部分被包括进去，然而我们要面对的事实和数字是非常多的，而且一直在不断增多，对于我们形成准确的和综合性的见解，这些情报给了我们很大的帮助。

第五章　法国前线

开往法国的英国远征军——增强比利时边境的防御——侵略者处于有利地位——中立的比利时——法国与攻势——马其诺防线——具有威力的守势是公认的——法国的代替方案不受欢迎——英国参谋长委员会的估计——希特勒的错误——西方的相对军事力量——德国可能进攻的路线——英国参谋长委员会的意见及其在1939年9月18日提出的意见书——D计划由甘默林制定——第八号训令——9月17日盟国最高军事会议在巴黎开会——批准D计划——荷兰被纳入D计划

我们的远征军在战争刚刚爆发的时候就开往法国了。在上次世界大战中，我们至少花费了三年的时间做好准备工作。在这次世界大战中，陆军部为这个目的设置了一个特别的机构，这项工作在1938年春天才完成。不过这个时候有两个严重的新因素出现了。一是在1914年，现代化军队的装备和组织比较简单，但现在的情况较为复杂，每一个师的运输都是机械化的，军队中不参战的人员更多，组织结构更为庞杂。二是陆军部只能使用法国南部的港口，以圣纳泽尔为根据地，原因是敌人会空袭我们运输军队的船只和我们登陆的港口，我们对此特别害怕。这样做的结果是延长了陆军的交通线，英国军队的抵达、部署和供给也不得不延长，很多人力因此而浪费。

但在战争爆发以前，并没有决定我们的军队应该在前线的哪一部分布防，这是非常奇怪的一件事。根据当时最可靠的估计，利尔以南是一个不错的选择。这个估计在9月22日得到了证实。由英国四个师组成的两个正规军军团于10月中旬在法国和比利时的边界安营扎寨。他们从比较遥远的专供军队登陆的港口出发，经过了二百五十英里的公路和铁路运输，才到达目的地。有三个步兵旅在10月和11月先后到达，他们在1939年12月间，编成了第五师。

第四十八师于1940年1月从国内出发；第五十和第五十一师陆续在2月份出发；第四十二师和第四十四师在3月份出发。这样一共有十个师陆续到达。由于我们增加了军队的数量，所以更多的防线由我们接管。不过，无论在哪个据点，我们都没有和敌人有过任何接触。

英国远征军①到了指定的战场以后，发现在沿线一带，完整的人工防坦克战壕已经建筑好了。并且还有建造好的碉堡，碉堡很大而且醒目，差不多每隔一千码就有一个。机关枪和反坦克炮可以沿着战壕纵射。另外还有连续很长的铁丝网带。这个秋季和冬季注定成为不同寻常的季节。改善法国的建筑和防御工事并组成一条防线，使之与齐格菲防线相类似，是我们部队的主要工作。在天气寒冷的情况下我们的工作依然进展很快。从空中摄影上可以看到德国正在延长齐格菲防线，并且能看见齐格菲防线由摩泽尔河向北方延伸的速度。我们的工作和德国的工作几乎不相上下，但是他们在取得国内资源和强制征调劳动力方面比我们有优势。1940年5月，德国军队向我们发起进攻，此时我们新建筑的堡垒已经达到了四百多个，长达四十英里，而且我们挖好了防坦克战壕，建好了防护墙，安装好了铁丝网。因为交通线一直向后延伸，甚至已经到了南特，所以我们的各种需求非常大。我们已经建造好了庞大的基地设施，改造好了公路，铺设了长达一百英里的

① 9月4日，英国远征军的先头部队在法国开始登陆。第一、二集团军分别于9月19日、10月3日先后登岸。9月15日，在勒芒设置了总司令部。军队经过了瑟堡。布雷斯特和南特是车辆和供给经过地。集合地点是勒芒和拉瓦尔。——原注

铁轨。另外，我们还埋好了地下电报系统，这个系统也非常庞大。地下总指挥部的建造工作已经接近尾声，它们是给军团和军队司令官使用的。我们用了五万多吨混凝土来扩建和改进机场的跑道，扩建和改进跑道的新机场和卫星机场的数量达到了五十多个。

英国认真而努力地完成这些任务。每个旅都会被派到与敌人对峙的靠近梅斯一段的法国前线，有时候还执行一些巡逻的任务，这样做的目的是增长他们的作战经验。其他时间我们的军队都在进行训练，这一点非常必要。战争爆发的时候，我们军队的水平远远比不上二十五年前约翰·弗伦奇爵士的军队的水平。我们的军队在国内已经持续好几年没有进行较大规模的训练了。正规军少了两万人的编制，这其中包括五千名军官。“卡德韦尔计划”的内容是使用正规军保卫印度，根据这项计划，本土军队承担很大的任务，结果使本土部队的质量与军队学员差不多。1939 年 3 月，我们扩充了一倍的本土防卫队，这种做法的初衷是好的，但却是思虑不足的结果。1939 年 5 月，我们又建立了民团。很多正规军的教官被调用到这两个部队中。冬天在法国驻防的那几个月中，这些人充分发挥了他们的作用。加紧设防的主要工作收纳了各种各样的训练计划。我们的军队在这个时间可以喘一口气，并且显著提高了效率。这期间没有战斗发生，虽然军队需要做辛苦的工作，不过精神面貌变化了不少，士气也更加高涨了。

很多供给和弹药在我们前线后方交通线上的军需库中堆积着，有十大的物资存贮在塞纳河和松姆河之间。另外还有七大的额外供给存储在松姆河以北。德国突破了前线后，英国军队凭着后一项供给度过了那段艰难的日子。勒阿弗尔以北的其他港口也在逐渐开始被使用，因为现在的局势还比较安定。医院基地是迪埃普，军火运输依靠费康。最终，有十三个法国港口可以被我们利用。

*　*　*

一个国家的政府根本不受任何法律或者条约的约束，而其他国家的战争情绪和为之拟定的计划，却要在前者犯下了罪行以后才能开始，显然前者有着无法计算的优势。不得不说前者从中受益不少。但总有要算总账的那一天，除非侵略者一定会取得胜利。进攻的时间和地点任凭希特勒决定，只有遇到更强大的力量时他才能被束缚住。比利时是中立国，英法两国作为西方的民主国家，不能侵犯它的中立。我们能做的只有在比利时向我们发出求助时，迅速地给予支援。但当援助到达时，可能已经为时晚矣。如果在五年以前，那时候战争还没有爆发，在国联许可的范围内，英法两国可以根据认可的条约坚决地采取政策。比利时也可能遵守曾经的盟约，组成一条一致的战线。如果是这样，安全就更有保障了，这场即将要到来的灾难也有可能避免。

在 1914 年，我们因为那场令人恐惧的迂回战术差点灭亡，在即将到来的 1940 年，法国也在这种战术下一败再败。但如果组建好了这个同盟，那么就可以在比利时边境到海边之间形成一道屏障，就能够有效地对这种战术进行防御了。鲁尔是德国的工业中心，即使我们的同盟从比利时进攻鲁尔，这种力量就能有效地阻止德国想要进行的侵略。即使我们做最坏的打算，那种情况下比利时所遭受的命运也不会比此时即将遭受的命运更悲惨。我们回想一下当时的情况：美国采取隔岸观火的态度；拉姆齐 · 麦克唐纳给法国提出了裁军的建议；德国一再破坏“和约”中关于削减军备的条款，我们因此受了不少的屈辱；德国侵犯莱茵河时，我们屈服了；德国兼并奥地利时，我们默许了；德国想要占领布拉格，我们与它签订了同意的协议。当我想起我们曾经的所作所为，英法两国的相关负责人便都没有权利指责比利时了。我们当时不断地向德国妥协，动摇自己的立场，保持中立就成了比利时必须做出的选择。比利时只能希望当德国开始侵犯时，自己设置的防线能够在英法救援到达之前抵挡得住，同时默默地以此来进行自我安慰。

* * *

法国军民自从1870年开始就惦念着复仇，在1914年，这种想法让法国军民的进攻精神非常强烈。他们认为，理论上，为了抵抗敌军的入侵，在数量上不占优势的国家必须要全面反攻，无论是战略上还是战术上。在战争打响的时刻，法国军队在《马赛曲》的音乐下，穿着红色上衣蓝色裤子，勇敢地冲向前方。虽然德国正在入侵，但当他们遇到法国军队的时候，就会不分情况地开枪射击，使法国遭受了很大的伤亡。格朗梅松上校是主战派的创始人，他已经为他的国家和信仰牺牲在前线了。防御炮火在1914至1916年或1917年这段时间占有的优势是绝对的，这一点我已经在《世界危机》一书中论述过了。在南非战争中，我们亲眼看见少量波尔人使用自动来福枪产生了很大的威力。在空旷的田野上行进的部队遇到这种火力的进攻时，即使不被摧毁，也避免不了重大的伤亡。此外，机关枪在当时也越来越多。

接下来要说的是大规模的炮战。刚开始有几百门，后来发展到几千门，有的地方直接被大炮摧毁。不过，当英法军队遭受过牺牲以后，想要再共同进攻德国军队和他们坚固的战壕，绵延不绝的防御工事就成为英法军队的阻碍了。一线敌人可能被英法联军的排炮压制住，但炮弹却要把他们前面的土地炸得坑坑洼洼。即使英法军队能够进攻成功，也要面临一系列的阻碍，那就是他们前面的弹坑。坚守必然取胜是我们从这些艰难困苦的作战经验中得出的唯一结论。武器的威力在过去的二十五年中增强了很多。我们在后期能够清楚地发现，坚守既有有利的一面，也有不利的一面。

1914年8月的同一时间，法国正在与他们世世代代的仇敌进行你死我活的战争，但现在的法国已经不是那时候的法国了。在上次战争胜利后，法国人复仇的任务已经完成了，报仇雪恨的精神也随之不见了。那些领袖们曾经培养了法国的这种精神，但是他们现在都已经离世了。在上次世界大战中，有一百五十万的成年法国人遭到杀害。当很多法国人想到进攻的时候，1914 年最初的失败、1917 年尼韦尔将军的撤退、松姆河和帕森达勒的持久战，尤其是进攻军队因为现代化武器受到的巨大伤亡，是他们首先想到的事情。装甲车可以抵御炮火的袭击，而且能够以每天一百英里的速度向前推进，无论是在英国还是在法国，这件事的后果都是人们所不清楚的。几年以前，有位将军名叫戴高乐，他曾经针对这个问题发表了一部著作，虽然著作的内容很有启发性，但却没有引起任何反应。法国的军事思想深受权威的老元帅贝当[①]的影响，非常闭塞，不吸纳新的思想，尤其“进攻武器”被认为是奇怪的而不予接受。

如今事情已经发生了，人们开始指责过于依赖马其诺防线的政策。的确，人们的防御心理是因为这种政策而产生的。但在有几百英里的边界需要防卫的时候，为了能够将自己与敌人隔离而尽可能地使用防御工事是一种非常明智的做法，因为有了防御工事以后，军队可以驻扎不动，不但节约了兵力，敌军的进攻路线也可能被我们所掌握。如果法国在作战计划中适当地使用马其诺防线，很可能因为这种政策而受益。它应该被当成重要的出击口，而且是连续性的出击口，前线的大部分都可以被阻隔，后备部队能够更好地集中在后面，进行大规模调遣也比较方便。德国和法国在人口方面是有差别的，如果考虑到了这一点，马其诺防线政策就是一种明智之举了。但奇怪的是，这条防线并没有沿着默兹河向前延伸。如果这条防线一直延伸，那么法国就可以用这条屏障的保护，放手挥舞着锐利的宝剑冲向敌人。不过延长防线的策略在当时遭到了贝当元帅的反对，他的观点是，敌人绝对不

① 贝当，法国陆军将领、政治家，法国元帅、法国国家元首、总理。既是民族英雄，也是叛徒。1940 年 7 月后成为纳粹德国的傀儡。——译注

会从阿登地区入侵，认为这是由阿登地区的特殊地形决定的。所以，延长防线的政策被否定了。1937 年，我到梅斯视察了一次，关于马其诺防线对于进攻的意义，当时的吉罗将军曾经对我说过。不过后来并没有实施进攻策略，全国人民的警惕性和军事战略都因此而受到损害，此外，大量受到良好训练的正规军和技术人员也投入到这条防线上了。

战争中的一项革命性因素是新的空军力量。它的水平有被夸大的嫌疑，因为当时只有少量的飞机能被双方使用。很多人认为空军有利于防守，因为在敌人发动进攻的时候，空军可以破坏敌军的大量集中和输送。法国的最高司令部认为空军的危险性非常大，甚至在动员的时候都担心敌军的空军会空袭法国的铁道中心。但是当时德国的飞机数量和盟国一样不足，这种重要的任务是德国空军所不能完成的。空军领导人的想法没有错，但在战争初期这样想就太早了。空军的力量在战争后期增加了十倍甚至二十倍，那时空军的破坏性也得到了证实。

* * *

英国有人开玩笑说，陆军部的准备是在应对上次战争。其他国家也有类似的做法。例如法国就是这样。我同样认为防守的力量很大，因此一定要做好防守工作。但这时我不负责任何事情，也没有收到持续的情报，因此也做不出来新的评价。我知道法国人对上次世界大战中的大屠杀感到非常痛苦，始终不能忘记。德国赢得了时间建造齐格菲防线。如果让剩余的法国壮丁攻打铁桶一般的混凝土工事，承受炮火的袭击，那一定是一件非常恐怖的事。我在附录（10）中提到了一种长期作战的方法（代号是“耕种者第六号”）。当时我认为敌军正在采取防守策略，这项计划能够制服敌军的火力。在第二次世界大战最初几个月我的想法和其他人是一样的。我相信在弹药充足的情况下，恰当地布置反坦克的障碍物和野战炮，能够击退甚至毁坏对方的坦克，除非在黑暗中或者在大雾中才可能失败，无论这些大雾是自然形成的还是人工制造的。

万能的上帝不会让同一件事两次发生在他卑微的仆人身上，如果有件事似乎出现了第二次，那么第二次一定和第一次有所不同，绝不能把两次事件看成是一样的。一般人的生长环境都是固定的，他们的心理必然在一定的界限之内，除非有天才的指导，否则不可能突破这个界限。不过我们很快就会看到，希特勒在八个月以后发起了大规模猛攻，打破了双方静止的状态。作为前导的是大量防弹的或重型装甲的战车，所有的防御工事都被它们冲破。在战场上，大炮几乎没有任何威力，这种现象是几百年才一遇的，甚至可以说是自从火药被发明以后，首次出现。我们可以发现，随着火力的增强，少数部队就能够守住必须要防守的阵地。这样战争中的流血和牺牲大大地减少了，因为人的目标缩小了。

* * *

法德边界曾经一直延伸到低地国家，这一点备受重视，而且常常被当做实验的题材研究，其他的边界从来没有这种待遇。西欧所有的军事将领和军事学院，对这片区域进行了几个世纪的研究，包括山地和水道在内的每一个方面。在现阶段，如果德国入侵比利时，盟国决定援救时，盟国能够派兵到达的地方，或者当比利时发出求救的时候，盟国在紧密的安排下能够突然抵达并占有的防线有两条。第一条是斯凯尔特河线。法国的边境靠近这条线，在没有长途跋涉或者重大损失的情况下就可以到达。如果形势良好，它可以根据实际情况建成一道防线；最坏的结果是坚守了错误的防线，但这也没有什么弊端。第二条防线则比较宏伟。它沿着默兹河，途经纪韦、迪南和那慕尔，最后经过卢万并到达安特卫普。这条防线有一定的冒险性，如果盟国能够占领并坚守住，将会阻碍德国右翼包抄的进攻态势。如果德国的军队不占优势，那么盟国军队就可以由此进攻并控制德国生产军火的重要城市鲁尔。如果鲁尔能被占领，那么这条防线就会备受称赞了。

我们现在不能在比利时没有同意的情况下，穿过比利时进军，否则就违背了国际道义。所以，我们能行军的地方只有法德边界。如果进攻的地点选在了斯特拉斯堡的北面和南面以及横过莱茵河的正东方向，那么黑森林区就是军队必须要穿过的地方。黑森林区在当时被认为是不适合发动进攻的地方，与阿登山区类似。当时还有一种可能，那就是从斯特拉斯堡—梅斯前线向东北行军，进入帕拉廷奈特。如果采取这种进攻方式，那么就以莱茵河为其右翼，莱茵河也需要被控制住，直到北面的科布伦茨或科隆。想要进入好的作战地区就可以从这里穿过。但这种可能存在很多变数，西欧各参谋学院对这里的战争研究持续了很多年。不过齐格菲防线也在这里，许多坚固的混凝土碉堡建筑互成犄角之势，纵深的阵地由大量的铁丝网构成。这道防线在 1939 年 9 月可以称得上是固若金汤了。9 月份第三个星期的最后几天可能是法国人发动大规模进攻的最早日期。不过波兰的战役到那时已经结束了。德国西线的陆军在十月中旬达到了七十个师，法国在数量上的优势只持续了短暂的一段时间就消失了。法国的进攻如果从它的东部发起，那么他们北方的兵力就会受到削弱，但北方却比东部更为重要。法国在最开始取得了暂时的胜利，但想要东部的胜利成果保持一个月就不容易了。此外，德国对法国北方防线的进攻是法国无法阻挡的。

为什么在波兰灭亡以前一直都采取防守这种消极的应战策略？这就是答案。但似乎我们在几年以前就输掉了这场战争。假如是在 1938 年发生了战争，那个时候捷克还没有消失，我们胜利的机会可能会更大一些。如果是在1936年，那么反抗也不会特别强烈。如果是在1933年，可能不需要用流血牺牲的方式解决，日内瓦的一份协议书就非常有效。在 1939 年，甘默林将军不敢选择冒险的进攻，但我们也不能责怪他。因为不管是在哪次危机中，这样做的风险都非常大，英法政府也一直用保守的态度应对危机。

英国三军参谋长做出了这样一种估计，截止到9月18日，德国至少发动了一百六十个师的军队。其中有四十二个师在西线，十六个师在德国中部，五十八个师在东线。现在去翻看敌人的记录就可以发现这种估计是完全正确的。德国共有一百零八到一百一十七个师，这是他们的全部兵力，最成熟的五十八个师已经全部用于进攻波兰了。余下的军队水平高低不等，一共有五十或者六十个师。德国派遣了四十二个师（其中包括十四个现役师；二十五个后备师和三个后备军）到埃克斯－拉－夏佩勒至瑞士边境沿西线一带。德国的工厂还没有大规模生产坦克，他们要么没有建立装甲师，要么就是将全部的装甲师派到了波兰战场上。英国远征军的支持只是象征性的。在10月的第一个星期，只有两个师被派出去了；在第二个星期，增加了两个师。德国的力量从慕尼黑危机以后明显增加了。但在征服波兰以前，他们在西线的局势一直为他们的最高司令部所担忧。但他们还是去冒险了，虽然他们认为这种冒险是不应该的，但无奈于希特勒的各种坚决的判断、专制和权威。希特勒认为，英国不愿意参加作战，而且这种判断一共有五次被证明是正确的。

希特勒相信法国的军队已经被法国腐败的政治污染了。法国共产党的力量是希特勒所熟悉的。在他看来，只要里宾特洛甫和莫洛托夫表示妥协，莫斯科就将发动一场资本主义和帝国主义的战争，目的是为了对英国和法国的政府进行抨击。这个时候，法国军队就会因为法国共产党而受到牵制，力量会被削弱，甚至可能陷入瘫痪的境地。希特勒对英国奉行和平政策这一点深信不疑，而且他相信英国每天都走在腐败没落的路上。他的想法是，张伯伦和达拉第之所以宣战，是英国少数好战分子不断唆使的结果，否则尽量避免战争将是他们二人的必然选择。希特勒相信如果波兰灭亡了，他们会像一年以前对待捷克斯洛伐克那样，对波兰的局势采取接受的态度。如果用以前事件的结果验证希特勒的判断，那么希特勒的直觉是正确的，错误的是希特勒将领们的想法和畏惧情绪。但是希特勒忽略了这一点：一旦爆发战争，一种巨大的变化将要发生在大不列颠和英帝国。他想不到那些为争取和平而不断努力的人们，一夜之间就变得忘记了劳累，只想着努力奋战，唯一的目的就是胜利。我们岛上人民的精神和内心是希特勒所不能理解的。虽然我们的人民厌恶战争，反对扩军备战，但我们天生就认为胜利是自己的权利，每一代人都是如此。不管怎样，在战争的开始阶段，英国军队没有发挥出一点作用。他认为不想参战也是法国的态度。这的确是对的，他收到了他想要的结果，他的将领们执行了他的命令。

*　*　*

我们的军官认为，当波兰的军队彻底被德国打败以后，德国会将十五个师留在波兰境内，这些军队大部分水平不高。如果德国认为与苏联的条约不能打消它的疑虑，它可能会增加留在东线的军队，直到三十个师。因此，按照最坏的估计，德国需要从东线抽走四十个师，这样就有一百个师留在西线了。在那时法国动员的军队数量可能已经达到七十二个了，这还不包括要塞守备部队，他们的实力相当于十二个或者十四个师，另外还有四个师的英国远征军。要保证有十二个师驻守在意大利的边境，那么还剩下七十六个师用于对德作战。因此，敌军和盟军的军队数量比例是四比三，敌军更占优势。另外我们估计敌军的军队数量可能达到一百三十个，因为还有额外的后备师团会到达这里。法国需要抽调在北非的十四个师来应对这种局势，此外英国也要在后来增加军队数量。

我们的参谋长在空军方面的估计是，德国征服波兰以后，可能集中两千架以上的轰炸机到西线。然而英法两国的轰炸机总数却只有九百五十架。[①]由此可以看出，当波兰被德国征服后，德国的实力比

① 德国轰炸机的真实数量是一千五百四十六架。——原注

英国和法国联合的实力还要强大，陆军和空军都是如此。所以，根本不用考虑法国主动攻击德国的问题，那么法国有可能被德国攻击吗？

德国可能采取三种方法：第一，从瑞士发起进攻。这样做需要绕过马其诺防线的南部，因为是迂回行军，所以在战略上和地理上都有难度。第二，从法国和德国之间的边界入侵，但可能性也不高。因为我们相信，想要正面应对马其诺防线，德国的武装和准备还不够充分。第三，从比利时和荷兰进犯法国。这样做同样可以绕过马其诺防线，不需要进攻永久性的防御工事，因此避免了一部分损失。根据参谋长委员会的预测，德国必须从东线抽调二十九个师才能发动这次战争，此外还要再调动十四个师在后方，以便组成梯形队形对西线的军队给予援助。这种调动不可能在三个星期内完成，而且也没有充足的炮火供应发动这种进攻的部队。另外，如果德国有进行这种进攻的打算并做了准备，在发动进攻的两个星期以前我们就会察觉。因此，如果德国有意发动这样的进攻，那只能在今年晚一些的时候进行，但我们不能排除这种可能性。

为了阻挠德国军队从东线向西线移动，我们要对他们的交通路线和部队集中区进行空袭。 所以，我们推测，在战争的开始阶段，德国会空袭我们的飞机场和飞机工厂，以使盟国的空军力量被削弱或者被消灭。发动空战是不可避免的，但英国并不是不欢迎。德国军队向一些低地国家发动进攻，我们下一个目标是应对这些德军。我们不能在荷兰沉重地打击德军，只能在比利时境内尽最大努力阻止德军，这样才能保证盟国的利益。参谋长委员会写道：“我们知道，法国将持有这种想法：如果默兹河一带能够被比利时驻守住，那么纪韦—那慕尔一线应该由法国军队占领，在左翼配合作战的是英国远征军。我们认为最好不要采用这个计划，除非在德国进攻以前有充分的时间与比利时协商，先发制人将这一防线占领。我们强烈认为在法国边境的阵地上做好对德国作战的准备是最好的方法，除非比利时转变目前的态度，让我们可以制定出新的计划，将纪韦—那慕尔（也就是默兹河—安特

斯凯尔特河防线与默兹河—安特卫普防线图　　（照原图译制）

卫普）防线提前占领。”如果这样，我们就必须轰炸被德国占领和使用的比利时和荷兰的城镇与铁路。

我们应该记下这个问题在后来发生的变化。这个问题在9月20日被提交给战时内阁。在进行了简单的讨论后，又上交给最高军事会议。按照最高军事会议例行的程序，征求了甘默林将军的意见。甘默林将军在他的回复中说，法国代表在他们的报告中已经安排了D计划（向默兹河—安特卫普防线推进）。关于作战的内容，报告中是这样表述的：“如果比利时及时提出了请求，那么英法军队将要入境支援，但是遭遇战不在准备范围之内。斯凯尔特河防线和默兹河—那慕尔—安特卫普防线都是公认的防线。”英国参谋长委员会在法国答复的基础上，写了一份意见书给内阁，主要内容是制定一个向斯凯尔特河防线推进的替代方案，但却没有一个字提及怎样向默兹河—那慕尔—安特卫普防线推进的问题。参谋长委员会于10月4日向内阁提交第二个报告，虽然D计划的替代方案非常重要，但也没有写进去。战时内阁据此认为英国参谋长委员会的要求已经得到了满足，进一步的行动不需要采取了，或者需要重新决定。我参加了这两次内阁会议，感觉重要的问题都已经得到了妥善的解决。我们和比利时在10月份没有采取任何有效的措施，因此我们向前推进的界限被假定为斯凯尔特河防线。

甘默林将军此时正在秘密地与比利时进行谈判，确定了两个问题，一是比利时军队应该尽量将自己的实力保存下来；二是在比较靠前的那慕尔到卢万的防线上，比利时军队应该准备驻防。法国和比利时关于这几点的协议在11月初达成。从11月5日到14日，一系列会议在万森和拉费尔特举行，艾恩赛德、纽沃尔和戈特是英方的代表，他们有的参加了全部会议，有的参加了部分会议。甘默林于11月15日将第八号训令发布出去，14日签订的协议被证实。这份协议包括这部分内容：“如果条件许可”，为了支援比利时，可以向默兹河—安特卫普防线一带推进。11月17日，盟国最高军事会议在巴黎召开。哈利法克斯勋爵、查特菲尔德勋爵和金斯利·伍德爵士在张伯伦先生的带领下参加了会议。我当时的地位还不足以达到被邀请陪同首相出席会议的级别。会议的决定是：“东部防线是最远的防线，把德国军队阻拦在那里是有必要的，那么如果德国向比利时发起进攻，就应该将默兹河—安特卫普防线坚守住。”这个重要的决议被张伯伦先生和达拉第先生在这次会议上不止一次地强调，因此这个决定支配了后来的行动。实际上，这个决议是在赞成D计划，虽然向斯凯尔特河防线推进是比较谨慎的做法，但也被这个决议代替了。

不久以后，法国第七集团军的任务等相关内容也加入到了D计划。在1939年11月，就有人提出让这支集团军在盟国军队的侧翼沿海岸向前推进。后备军由吉罗将军率领，驻守在兰斯附近。当他被委任为司令官的时候，他正处于焦躁不安的状态。扩充D计划有两个目的：一是为了援助荷兰，这需要让军队从安特卫普进入荷兰；二是将荷兰的伐耳赫伦岛和贝弗兰岛的一些区域占领。如果我们将德国的军队阻截在艾伯特运河，让他们无法向前推进，那将是一个非常不错的计划。

甘默林将军希望将这个计划落实，然而乔治将军认为我们的行动内容不应该包括这一点，他更愿意让这支部队充当后备军，在战线中央的后方驻守。我们当时并不清楚这些分歧。在这种情况下，我们只能在寒冬中等待春天。再过六个月，就是德国发动进攻的时间了，这期间，在战略原则方面，英法两国的参谋部和政府没有再提出新的想法。

第六章 战斗加剧

有关和平的想法——英法没有同意——波罗的海国家被苏联吞并——我对英国军事准备的看法——与意大利在地中海方面的关系和缓——国内战线——“皇家橡树”号被击沉——第二次访问斯卡帕湾（10月31日）——决定舰队的主要根据地——海军部接待张伯伦夫妇晚餐——“拉瓦尔品第”沉没——一个错误的警报

希特勒凭着他的成功向盟国提出和平方案。很多不良的后果都是由我们的绥靖政策和希特勒掌权后我们采取的态度引起的，希特勒相信英法不是德国的对手就是其中之一。他对英法在9月3日宣战这一点感到非常不高兴，认为这是一个意外。不过他相信，那些民主国家正在衰落，在看到波兰很快就被征服以后，这些国家必然相信自己再也不能影响东欧和中欧了。此时，虽然波兰和波罗的海国家正在被苏联蚕食，但希特勒对苏联仍然比较放心。在10月份，美国商船“燧石城”号曾被德国俘获，在德国捕获船押送员的监视下，这艘船驶入了苏联的摩尔曼斯克港。此时，与英法继续作战是希特勒不想要的。他以为，他在波兰的决定一定会被英国政府愉快地接受。他相信张伯伦政府成员通过宣战证明了他们信守承诺，议会中有好战分子捣乱，如果他提出了和谈，张伯伦政府一定愿意脱离议会的困难局面。他从来没有想到，张伯伦政府以及英联邦的其他成员已经下定决心决一死战，不是你死就是我亡。

德国和苏联与爱沙尼亚、拉脱维亚和立陶宛签订了“互助协议”，这是瓜分波兰以后，两国所采取的第二个行动。在1918年和1920年的解放战争中，这几个波罗的海国家脱离了苏联，取得了自由和独立。它们通过牺牲前俄国地主利益的方式，完成了残酷的土地改革，此后，它们的农民生活方式就具有了很强的民族主义和反共主义的特点。对于强大的邻居，它们一向是害怕的，因此对于苏联的任何挑衅都努力避免，保持中立是它们所迫切希望的。不过想要实现这种想法确实是一件难事，这是由它们的地理位置决定的。里加便因此而成为搜集苏联情报的站点，也是国际反布尔什维克的中心。但这几个国家却被德国在和苏联进行交易时所放弃，苏联政府的仇恨积累了很久，它不但贪婪，而且谋划了已久，这几个国家就要成为苏联的口中之物了。沙皇帝国和彼得大帝曾经征服过这三个国家。强大的苏联军队迅速将它们占领，它们根本无法抵挡。和以往一样，苏联清算了反共反苏分子。一些民主人士是绝大多数人民的代表，他们曾经在自己的土地上过了二十年幸福自由的生活，但他们已经失踪了，他们中的一部分被流放到西伯利亚或者更远的地方。“互助”就是这样一种过程。

* * *

我们国内忙着扩充陆军和空军，同时想方设法地让海军的力量强大起来。我一如既往地向首相提意见，并且尽量对同僚们说出我的看法，希望能够被采纳。

海军大臣致首相　　　　1939年10月1日

我在这个周末针对一些重要的问题向您提意见，希望您原谅我的冒昧。

（1）敌人向我们展开了和平攻势，此时我们必须要支持法国。虽然我们目前所拥有的备战部队接近一百万，但在今后的几个月中，他们的力量是不够的。我们在努力准备作战，我们应该将这一点告诉法国。虽然目前我们的努力有着不同的形式，但仍然按照 1918 年那样的规模做准备。我们的贡献不止是重视空军，同时还在建立一支规模巨大的有五十五个师的陆军，可以在快速训练和武装以后参战，无论哪里需要，他们都可以去。

我们有四五个师的正规部队，战斗力要比其他任何部队都强大。本土防卫队只经过六个月的训练，德国的军队至少训练了两年，而且装备要比我们好，所以根本不能指望他们与德国正规军进行正面较量，以避免承担损失或者不良后果。我们也不能指望他们和法国军队共同作战，因为法国军队的大部分士兵已经服役三年了。将驻守在印度的职业军队调回，让他们成为训练本土防卫队和应征士兵的骨干，并且组成新的军队，这是我们扩大在法国的军队数量的唯一做法。在这里，我就不说得过于具体了，派遣六万本土防卫队到印度，在那里维护治安并配合训练，这是最基本的原则。与此同时，我们需要从印度调回四万或者四万五千名正规军回来，将他们派往法国南部的营地。对于训练而言，那里冬天的气候是非常适合的，而且有很多军事设备在那里。如果将来要组成八到十个优秀的战地师，他们就是核心和骨干力量。到了明年春季晚期，他们就具备了与德国正面交锋或者与法国共同作战的能力了。如果在冬天将这部队培养成功，法国一定感到非常高兴，他们会感到了受到鼓舞。

(2) 我非常关注空军部提出的关于他们战斗力的数据。他们在战争初期有一百二十个中队，然而事实上，只有九十六个中队能参加作战。人们普遍认为在动员令发出以后，人数就会增多。可现在却是严重的不增反减。出现这种局面的原因是，调走了许多中队中受过训练的空勤人员、技工或零件等去组建一支作战力量，以至于那些不完整的中队只能合并成一只数量庞大的后备军。如果冬季的这几个月没有遭到敌人大规模空袭，能够安然度过，那我们的后备力量就会有更多的新飞机和训练有素的飞行员补充进去。在减去必须要减去的数量以后，每个月至少有六个中队可以组建起来。相比于把剩余的驾驶员、飞机、零件组合在一起，组建作战中队作为储备力量随时待命，要更加高明一些。我们现在与德国的差距是惊人的。我敢保证，只要你一声令下，很快就能完成这种扩充。

（3）应该按照全国各地遭受空袭的危险程度来制定空袭预备警报计划的防御措施和经费支出，但我们此时对危险程度的看法却是错误的。我们应该制作一个表册，内容包括空袭的目标区域和飞机飞行的路线，然后以此为依据进行讨论。我们必须在这些地区内配备大量的全日工作人员。主要的目标必然要包括伦敦，而且这种情况很快就会扩展到其他城市。应该让防空人员在接到空袭警报以后，能够控制这些地区的路灯制度。一方面我们应该昼夜不停地建造防空壕或者做好加固工作，另一方面，从人民情绪方面考虑，我们应该在空袭真的开始以前一直开放剧场和电影院。我们应该立刻在农村大部分地区有限制地恢复灯光照明，对于娱乐场所，也应该对大众开放。需要报酬的防空人员不应该分配到这些地方。具体情况应在自愿的原则上，由各地方自行安排，提意见才是中央需要做的。这些地方占了我们国土的至少八分之七，防毒面具完全可以放在家里，只在目标区域有计划地随身携带。这个命令应该在下个星期就发出去，我们没有理由不这样做。

* * *

看到波兰和波罗的海国家的悲剧之后，我非常希望意大利能够加入战争，而且在想办法促成这件事。我希望两国之间能因为共同利益而建立起联系。同时，战争还在进行中，我还在忙着处理行政方面的相关问题。

海军大臣致内政大臣　　　　　　　　　　　1939年10月7日

我每天在忙于工作的时候也对国内战线感到担忧。国内大部分地区灯火管制和娱乐限制的工作已经不近人情了。您知道我对这个问题的看法。[①]那么汽油的情况如何？海军输入的供应是否充分？正从海上运来的，或者已经运到的数量，与没有遭到破坏时的运输量相比，是不是更大了呢？我听说这种限制影响到了国内的一些人和一部分企业。我们要用最合适的办法解决这个问题，主要是按标准价格的定量配给，如果想要自由购买，那就要增加重税了。国家将要因为人们的出行而获得税收收益。如果车辆的数量增多，那么就可以获得更多的登记费用，国家的商业依然可以向前发展。

我们再来思考一下粮食部门为了战争胜利而制定的定量配给方案，不管怎样，定量配给是一定需要的。然而我却听说，德国的肉类定量配给比例要比我们好得多。

在海路已经打开的情况下，我们是不是还需要这样做呢？这种严格的做法在空袭和海袭给我们带来严重灾难的情况下是必要的。但目前的形势是，海军运输工作还没有失败，也没有迹象表明它就要失败了。

另外，我们应该对中年人采取什么样的政策呢？他们有的参加了上次世界大战，战斗经验丰富，而且精力充沛。然而已经有几万这样的人被我们告知他们现在已经不被需要了，所以他们只有一条生路，那就是在当地的劳工介绍所登记，很显然这种处理方式是非常笨拙的。（如果他们愿意）我们可以将五十万四十岁以上的人吸入到国民自卫军中，我们中年纪较大的大人物也可以加入这个组织，充当领袖人物。年轻人也可以受到这五十万人的激

① 见附录（7）。——原注

励而保家卫国。如果制服不足，那就用一个臂章代替。根据你上一次和我谈话的内容，我敢保证你是赞成这样做的，因为我们有充足的来福枪。如果你赞成，那就可以实施了。

各个方面都有国内战线缺乏组织的抱怨，这已经被我听到多次了，我们是不是应该想办法补救了？

* * *

有一件非常突然的事发生在我们处理这些紧急事件的时候，这真是我们海军部的伤口。

我之前说过，德国的潜艇曾经驶入过斯卡帕湾，那是在 1914 年 10 月 17 日，我们根据这份情报发出了警报，英国舰队匆匆忙忙地向海上驶去。但后来证明这次警报是错误的。现在，已经过了 25 年，差不多在同一天，一场真实的警报出现了。1939 年 10 月 14 日晚上一点半，德国的一艘潜艇几乎所向无敌地将我们的防御工事冲破，停在湾内的“皇家橡树”号被它击沉了。在刚开始的时候，只有舰首被一串鱼雷中的一个击中了，有低微的爆炸声发出。船上的海军上将和舰长认为舰艇是安全的，因为它停在湾内。他们根本没有想到鱼雷已经击中了军舰，而以为是舰艇出了问题所以才发出了爆炸声。过了二十分钟，那艘潜艇再次将射管安装好，发射了第二批鱼雷。军舰被三四枚鱼雷击中，舰底也被炸开了，只过了十分钟，舰身便沉了下去，速度非常快，大部分工作人员都还在他们的岗位上，在舱下工作的人员几乎无一生还。

德国当时对这件事进行过报道，基本内容是：

1939 年 10 月 14 日晚上一点半，由普里恩上尉担任艇长的第四十七号潜艇用鱼雷击中了停在斯卡帕湾内的英国“皇家橡树”号军舰。潜艇司令官邓尼茨海军上将对这次作战进行严密的部署。

10 月 8 日那天天气晴朗，普里恩穿过基尔运河，向西北方向的斯卡帕湾驶去。10 月 13 日清晨四点，他停在了奥克尼群岛外海。下午七点的时候他将潜艇升到海面，海面上有清风，没有目标被发现。海岸线在一片晦暗不明中依稀可见。天空中北极有狭长的蓝色光芒闪出。潜艇向西行驶。霍尔姆海峡在斯卡帕湾东边入口处，潜艇悄悄地潜入到这里。他们没有完全塞住峡口的航道，有一条狭窄的通道在两艘沉船之间。虽然海水在打旋，但普里恩技术高超，海岸越来越近了。这个时候突然发现有人沿着海岸骑着自行车回家。海湾清楚地展现在眼前，潜艇已经通过了柯克海峡，进入了湾内。可以看见北岸有一艘战列舰的影子倒映在水面上，有一块像黑布上装饰的东西，那应该是矗立的巨大的帆柱。潜艇一点点地向它靠近，已经准备好了鱼雷射管，只听见海浪拍打海岸的轻微声音，并没有听见警报声，这时发射导管杠杆的拨动声和气压声响起，听不到其他的声音了。鱼雷发射！五秒——十秒——二十秒！随着一声巨响，高大的水柱在黑夜里激起。等待了几分钟以后，普里恩开始第二次发射。发射导管就绪！发射！舰腹被鱼雷击中，轰轰的爆炸声响起。英国军舰“皇家橡树”号沉没了，连同船上的七百八十六名官兵，以及布莱格罗夫海军少将（第二作战舰队的司令）一并沉没。第四十七号潜艇再次从缺口处悄悄地经过。过了二十四小时，开来了一艘阻截船。

这件事对于德国潜艇指挥官来说，是一项光荣的战功，而英国大众却对其反应强烈。无论是哪个负责战前准备的大臣，他的政治生涯都可能因此而受到重大的影响。由于我刚接手海军工作，所以不会在刚开始的几个月内被指责。这个事件并没有被反对党为做他们的政治资本而加以利用。不但如此，A.V. 亚历山大先生表示非常同情。我答应他们将要展开一个非常严格的调查。

10 月 16 日，首相在下院报告了德国空袭福思湾的事件。德国想

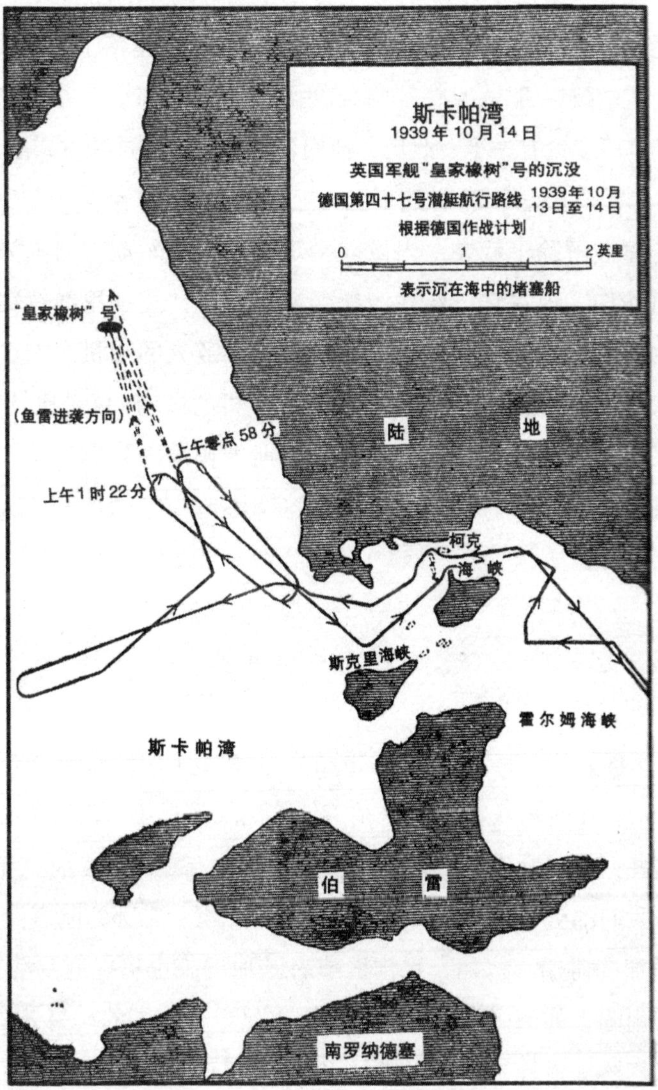

斯卡帕湾，英国军舰“皇家橡树”号的沉没　　(照原图译制)

用他们的空军打击我们的舰队，这是第一次行动。大约有十二架德国飞机，两三架为一批，袭击了我们停在福思湾的巡洋舰。受到轻度损害的舰只有“索斯安普顿”号、“爱丁堡”号两艘巡洋舰和“莫霍克”号驱逐舰。共有二十五名军官和海员死亡。我们击落了四架敌人的轰炸机，其中战斗机击落了三架，高射炮击落了一架。安全返回德国的轰炸机差不多只有一半。此后，他们不敢轻易使用这种方式进攻了。

第二天，也就是17日的早上，斯卡帕湾遭受了空袭。“艾恩公爵”号是一艘被解除了武装、当做航空母舰使用的军舰，它因为靠近爆炸点而炸伤。现在它已经在浅海的海底搁浅，在那里继续完成它在战争期间的使命。这一次我们击落了一架敌人的飞机。本土舰队并不在湾内，所以没有受到坠落并燃烧的敌机的影响，这是比较幸运的。这一系列的事件说明，我们必须改善斯卡帕湾的防御工事，否则就无法继续使用它了。想要继续享受这个港湾带来的便利，我们还要等上六个月。

* * *

海军部方面因为“皇家橡树”号的沉没和斯卡帕湾遭到袭击而震动。我在10月31日再次前往斯卡帕湾，陪同人员是第一海务大臣。为了讨论这些问题，我们举行了第二次会议，地点是海军上将福布斯的旗舰上。我们都认为应该采取措施保护斯卡帕湾。东部的航道没有设防，应该增加障碍船和水栅，水雷区或者其他设施也可以起到防护作用。除了使用强大的障碍工事，加强巡逻也是十分必要的，另外还需要足够的大炮阵地以控制各个出口。我们计划安装八十八门重型炮和四十门轻型炮，探照灯和防御气球网也需要增加，这些都是为了抵御空袭而设置的。另外，在陆地方面，应该在奥克尼群岛和威克两处布置强大的战斗机。我们希望，这些能在1940年3月完成，至少应该拥有让舰队再次返回这里的能力。在这期间，重型舰只需要安置在其他地方，而作为驱逐舰的加油基地，斯卡帕湾可以继续使用。

各方对替代地的选择意见不同，即使是专家内部，也没有取得一致意见。克莱德湾深得海军部的青睐，然而福布斯海军上将表示异议，他认为，如果选择这里作为替代地，驱逐舰将要增加一天的航程到达作战区。如此一来，增加驱逐舰的实力势在必行，同时重型舰队在执行任务时不得不分成两个舰队。罗赛斯是另一个备选地，它曾在上次世界大战后期作为我们的主要基地使用。它的地理位置是最适合的，但也更容易遭受空袭。我在回到伦敦后写的摘要中总结了这次会议的最终决定。

我和张伯伦先生越来越亲密。他与他的夫人在 11 月 13 日星期五到海军部大厦，我们一同吃了晚餐。我们夫妻在大厦的顶楼有一套舒服的房间，这天我们四个人在一张桌子上吃了饭。虽然在鲍德温先生内阁时期，我和张伯伦先生做了五年的同事，但此前这种交际从来没有发生在我们夫妇与他们夫妇之间。我很偶然地将话题转开，谈论曾经在巴哈马群岛的日子。我的客人已经深深地陷入这段回忆中了，这一点让我非常高兴。我以前从来没有见他这样过。他讲述了他在靠近拿骚的一个西印度荒岛上种植剑麻的真实故事，他在那里一共度过了六年。我以前只知道这个故事的大概。他伟大的父亲约瑟夫·张伯伦认为这是发展英国工业的好机会，同时还能让他的财产变得更多。奥斯汀·张伯伦是他的哥哥。1890 年，他被他的父亲和哥哥从伯明翰召到加拿大，长时间研究这个种植计划。距离拿骚四十英里的一个加勒比海湾中，有一个人烟稀少的荒岛。听说那是一个适合种植剑麻的地方。经过张伯伦兄弟俩仔细的勘察以后，约瑟夫·张伯伦先生在安德罗斯群岛买了一块地。为了开发土地，他投下了一笔资金。万事俱备，只需要将剑麻种植下来就好了。因为奥斯汀决心开始政治生活，打算在下院任职，所以内维尔·张伯伦接了这个艰巨的任务。

他之所以接受这份工作不仅仅是因为孝心，还有他执着的信念和想要尝试的欲望。他在这个荒岛上种植剑麻的时间长达五年。暴风雨经常袭击这个荒岛，他的生活几乎与原始人差不多，因为缺乏劳动工具，他面临着诸多困难和障碍，他要不断地进行各种斗争，唯一能称得上文明的地方就是拿骚城了。他和我说，他坚持每年在英国度过三个月的假期。他建造了趸船和一个小港口，并且让一段电车轨道和铁路的距离缩短了一些。对于被认为是能够适合土壤的施肥方法，他几乎全部都尝试了一遍，他的生活非常原始，到达了完全露天的地步。然而剑麻却始终没有长出来！至少能够拿到市场上的剑麻没有长出来。五年以后，他相信这个计划是不可能成功了。于是回家去见他父亲。他的父亲是个非常严肃的人，对这个结果非常不满意。我知道，他在家里非常受宠，但白花了五万英镑仍然被他的家庭认为是一件非常可惜的事情。

张伯伦一点点地说着这些事情，他看起来很兴奋。这是一个催人奋进的故事，我对此非常感兴趣。我在想："张伯伦这位随身带着雨伞的政治家是个稳重沉着的人，是一个顽强的人，当与希特勒在贝希特斯加登、戈德斯贝格和慕尼黑会见时，希特勒却不知道他曾经在距离英国很远的地方，从事着开拓荒原的工作。"我与内维尔·张伯伦有过二十年的共事经历，我记得这是唯一一次让我感到亲切的谈话。

我们在吃晚饭，战争在继续，期间也发生了很多事。一名军官在我们喝汤的时候来报告，他是从下面的作战室来的，他说我们击沉了德国的一艘潜艇。他在我们吃甜品的时候又来报告，又有一艘德国潜艇被我们击沉了。他第三次报告是夫人们即将离开的时候，内容是第三艘德国潜艇被击沉了。以前从来没有出现过一天三次捷报的事情。下一次发生这种事已经是一年以后了。张伯伦夫人在她要和我夫人离开的时候，带着天真的眼光对我说："你是不是故意的？"我对她保证说，如果她下次再来，还会有这样的事情发生。

*　*　*

奥克尼群岛以北的封锁线又长又弱，基本是由巡洋舰和改装的商船组成的，偶尔有战列舰充当辅助力量。德国的主力舰队很容易对这条封锁线发动突袭，尤其是实力最强大的“沙恩霍斯特”号和“格奈森诺”号战斗巡洋舰和两艘快艇。如果敌人发动这样的袭击，我们根本无力阻止，因此我们希望与他们进行一场决战，这就需要把他们负责偷袭的舰只吸引过来。

11月23日傍晚，由商船改装的“拉瓦尔品第”号巡洋舰在冰岛和法罗群岛之间巡逻，它发现一艘敌舰正在逼近。它相信，就是这艘不知名的敌舰是德国的袖珍舰“德意志”号，并将这件事向上报告了。舰长肯尼迪认为这场遭遇战几乎没有胜利的希望。他的军舰是由远洋客轮改装而成的，只有四门六英寸口径的旧炮在舷侧。而它想象中的敌人，有六门十一英寸口径的大炮，而且辅助武装非常强大。对于这种巨大的差距，他只能接受，并下定决心让自己的军舰加入战斗，直至牺牲。在两艘战舰相距一万码的时候，敌人的军舰开火了，“拉瓦尔品第”号马上发动反击。这种战斗不可能长久，胜利的一方已经非常明显。但战斗没有停止，直至“拉瓦尔品第”号的大炮全部被毁，舰艇化作了一团火焰才结束。“拉瓦尔品第”号军舰在天黑以后沉没了，舰上的二百七十名官兵和舰长英勇地牺牲了。生还的有三十八人，被德国俘虏了二十七人，剩下的十一人一直在海上飘着，过了三十六个小时，一艘英国船只将他们救了上来。

事实上，参加战斗的是“沙恩霍斯特”号和“格奈森诺”号两艘巡洋舰，“德意志”号并没有参加。两天以前，这两艘巡洋舰从德国出发，本想对我们的大西洋商船队发动袭击，然而却在路上遇到了“拉瓦尔品第”号，随之与它进行了一场战斗并击沉了它。因为害怕自己的行踪暴露，它们将原本的任务放弃了，立刻启程回德国。所以“拉瓦尔品第”号的英勇战斗取得了一定的结果。“纽卡斯尔”号巡洋舰就在附近巡逻，看到火光以后，它响应了“拉瓦尔品第”号的第一次报告。“拉瓦尔品第”号燃烧的时候，“纽卡斯尔”号和巡洋舰“德里”号到达了战斗地点，这个时候“拉瓦尔品第”号还没有沉没。它们对敌人紧追猛赶，终于在晚上六点十五分发现了两艘敌舰，此时正是迷雾和大雨天气。这两艘敌舰有一艘是战斗巡洋舰，然而由于天色灰暗，无法靠近敌人的军舰，于是它们安全地离开了。

此时，将这两艘德国军舰引来决一死战的想法成为主导思想。所有舰队都在海军总司令的命令下驶向大海。我们最后发现敌舰时，它们正在向东方撤退。这个时候我们立即组成了包括潜艇在内的强大舰队，打算将它们阻截在北海内。然而还有一种可能是我们不能忽略的，敌人可能甩掉我们的追击并且再次返回，驶向西边的大西洋。我们虽然担心自己的商队，但在这种情况下，也不得不将自己的全部力量用上了。我们组成了空中和海上的巡逻队，将北海的各个出口纳入到监视范围内。这种戒备被另一组强大巡洋舰扩展到挪威的沿海。“沃斯派特”号属于大西洋的巡洋舰队，它离开了护航舰队，到丹麦海峡执行搜索任务。当没有发现任何踪迹以后，它绕过了冰岛，继续向北海前进，与在北海执行监视任务的舰只会合。奉命驶向冰岛海面的有“胡德”号、法国的战斗巡洋舰“敦刻尔克”号，以及另外两艘法国巡洋舰。驶向同一目的地的还有从哈利法克斯港出发的“却敌”号与”狂暴”号。到 25 日，共有英国巡洋舰十四艘，连同与之配套的驱逐舰和潜艇，在有战列舰护卫的条件下，对北海海面进行仔细的搜索。但运气似乎不太好，竟然没有发现任何蛛丝马迹，没有迹象表明敌人的舰队向西方驶去。这种搜索在寒冷的气候条件下持续了七天多。

到了第五天，我们在海军部急切地等待着，希望能够有战利品带回来，这时在我们的无线电测向站有德国潜艇发报的声音传出来。根据这一点，我们断定敌人袭击了我们在北海的一艘战舰。没过多久，德国的广播电台发出一条消息，曾经击沉“皇家橡树”号的普里恩舰长，在谢特兰群岛以东击沉了一艘巡洋舰，这只被击沉的巡洋舰装有八英寸口径的大炮。我和庞德海军上将一起听到了这个消息。对于德国击沉了英国的船舰，大众的反应应该非常敏感，经过了艰苦的战斗，“拉瓦尔品第”号被敌人击沉，很多人因此丧命，这是一项重大的损失，如果我们没有报仇，海军部将受到舆论的指责。人们肯定要发问：“既然这艘军舰的实力这么弱，为什么在没有强大支援的情况下让它暴露在敌人面前？德国的巡洋舰是不是可以自由活动，我们的主力舰防守的封锁区是不是任由它们闯入？它们在袭击了我们以后是不是又安全地回去了？”

为了将这个疑团解开，我们发出了一个电讯进行调查。一个小时以后我们又聚在了一起，但还是没有收到回音。此时我们感到坐立不安。因为我和庞德海军上将之间，和汤姆·菲利浦斯海军上将之间的共事情谊，我回想起了这件事。从自己责任的角度出发，我说道：“所有的责任都由我来承担。”庞德的回复是：“不用，这个责任应该由我来承担”。我们很烦，只好紧紧地握住了对方的手。因为经历了两次世界大战，我们变得铁石心肠，但在这种痛苦的打击面前，我们仍然感到难以忍受。

八个小时过去了，这个时候证明了我们都没有错。“诺福克”号才是被袭击的军舰，但它没有受到损坏，也没遇到一艘潜艇。只是敌机将一枚炸弹投在了靠近船尾的地方。实际上，普里恩舰长没有夸张。其实是一枚鱼雷投向了“诺福克”号，但却被误认为是空中的一枚炸弹。鱼雷爆炸的位置是船尾后面，“诺福克”号差一点就被击中了。从潜望镜中只能看见涌起的水花，前面的船只却被遮挡住了。普里恩舰长预料到炮击即将来临，于是立即潜入了海底。他在半个小时以后再次浮起来，但是由于瞭望的时候视线不好，他没有看清楚，没有发现有巡洋舰经过的痕迹，于是做了上面提到的报告。听到了这个消息以后，深感痛苦的我们终于放下了心。虽然“沙恩霍斯特”号和“格奈森诺”号安全返回了波罗的海，这一点让我们很失望，但我们的失望也因这个消息而减轻了不少。现在我们知道这两艘德国军舰的动向了。它们在 11 月 26 日的早上穿过了我们靠近挪威海岸巡逻的巡洋舰封锁线。双方因为大雾天气都没有发现对方。如果当时有现代化的雷达设施，双方的接触就是不可避免的了。然而那个时期雷达并不存在。海军给人们的印象一直都不好。外行人无法理解广大的海洋，无法理解在很多地方都有海军的不断努力。战争已经过了两个月，我们受到了几次重大的损失，但我们的优秀表现似乎一次都没有。对于"海军在干什么"这个问题，我始终没有办法回答。

第七章　磁性水雷

1939 年 11 月和 12 月

与海军上将达尔朗举行会议——英国和法国海军状况——康平契先生——北部的水雷封锁线——磁性水雷——忠勇的举动——技术——排雷方式——“消磁设备”——克服并控制磁性水雷的袭击——怎样报复——在莱茵河中的漂浮水雷——“皇家海军”的作战计划

我在 11 月的最初几天到法国参加法国当局的会议，就联合作战的问题进行讨论。我和庞德海军上将乘坐汽车前往法国海军总司令部。司令部距巴黎约四十英里，设置在诺阿耶公爵的古老别墅花园里。达尔朗海军上将在会议开始以前将法国处理海军事务的方法解释给我听。我们讨论的都是专业问题。他不允许海军部长康平契先生出席我们对作战问题的讨论。我对他说，在英国，我和第一海务大臣保持统一行动。达尔朗告诉我，对于这一点，他是清楚的，然而法国的情况是不一样的。他说道:“但是,我们要和部长先生共进午餐。”对于海军事务，我们进行了长达两个小时的广泛的研究。我们的大部分意见是一致的。康平契先生在午餐的时候过来了，他热情地招待我们用餐。我知道他的处境。邓肯 · 桑兹是我的女婿，他现在的身份是随员，他在达尔朗身边的位置坐下了。达尔朗在午餐的大部分时间都在向他说明，法国的文官部长因为制度原因而受到很大的限制。我在临走的时候去了公爵的别墅公寓拜访公爵。我看到忧郁的气息在他和他的家人身上。尽管如此，他仍然带领我们参观。他的房屋非常华丽，他搜集的艺术品都是珍品。

晚上，我在里茨饭店一间私人餐室里招待康平契先生。我举行了一个小型宴会。我非常敬佩他，被他的爱国精神、热忱和智慧所感动。而最让我感动的是他破釜沉舟的决心。我不自觉地对比他和海军上将，上将作战的战线和我们完全不同，他小心谨慎地维护着自己的地位。庞德和我持有相同的看法，我们知道大家不应该小看达尔朗，他正在竭尽全力地为法国的海军做出努力，但驱使他行动的动机也是我们必须应该看见的。他认为他就是法国海军的化身，他是法国海军的首领和振兴者，法国海军必须要拥护他。他已经在他现在的职位上坐了七年了。那些海军部长都是有职无权的人，而且经常更换。让那些政客们在议会上侃侃而谈是他一直都不能忘记的事情。我和庞德与康平契相处得非常融洽。康平契是个刚强的科西嘉人，我们在他身上看不到一丝抑郁和畏缩。他在快到 1941 年年初时忧郁地去世了，那个时候维希政权经常斥责他。他在临终遗言中对我提出了殷切的希望。我一生都认为这是我的荣耀。

在会议上，我对我们海军的情况作了总结，主要内容是：

海军大臣致法国海军部的声明

(1) 现在进行的战争只有海战，而且非常激烈。我们 1917 年的贸易受到了潜艇毁灭性的袭击，甚至差一点就彻底消失。但现在英法的反潜艇舰只已经控制住了这种袭击。我们可以估计到，德国一定会大规模增加潜艇（苏联有可能将自己的潜艇借给德国使用）。只要我们的反潜艇措施能够迅速地、大规模地开展，就不需要对此过多地担忧。关于大规模建造计划的详细说明，由英国海军部代表做出报告。但想要完全实施这个计划，必须要等到

1940年年末。现在我们需要让所有能够使用的反潜艇舰只迅速建造完成并立刻投入使用。

(2) 我们的潜艇探测器无疑是有效的，相比于上次大战中的其他仪器，它绝对是更好的。在1917年到1918年需要由十艘鱼雷艇执行的搜索任务，现在在使用潜艇探测器的情况下，只需要两艘就够了。鱼雷艇的数量对商船队仍然非常重要。为了保证商船的安全，护送商船队的舰只必须安装潜艇探测器。对于战舰也是如此。要想让潜艇在战争中失败，我们就一定要安装潜艇探测器，这样才能在敌人袭击英法潜艇以后做出反击并击败它。

法国的每一艘反潜艇船只都可以装备英国海军部提供的潜艇探测器。我们可以在以后结账，因为这费用并不高。现在应该立刻准备需要派往英国进行装备的所有法国船只。我们要将方法传授给每一艘舰只，让它们参加训练。波特兰港是潜艇探测器的发祥地，所有的设备都已经在那里准备好了，所以在那里开展这项工作最合适。如果大家愿意，我们可以为五十艘法国船舰提供这种装备。

(3) 但我们希望装有潜艇探测器的法国船只的数量能增加，而且能在1940年内服役的舰只应该尽快建好。如果我们完成了这项工作，那么1941年的情况就可以在六个月以后考虑。我们先考虑1940年的问题，尤其是春夏两季的问题。有六艘大型驱逐舰是在1936年和1937年建造的，1940年的潜艇战高峰到来以前，它们要参加护航。还有十四艘小型驱逐舰在1939年开始建造或者现在正在计划，为了避免我们的人力物力消耗过度，它们都将派上用场。这样在1940年之前能够完成的舰只就有二十艘了。当潜艇探测器安装在这些舰只上以后，这些舰只就成了1940年潜艇战中粉碎敌人潜艇的高效装备了。我们认为以下舰只都是非常需要的，它们是六艘1936年开始建造的单桅扫雷艇、十二艘1937年的单桅扫雷艇、十六艘1938年造舰计划中的猎潜舰。我愿意将潜艇探测器安装在这些船舰上，也愿意提供其他便利。就像作战行动那样，只要它们的建造完成了，就可以进行安装工作。不过我认为，在重要性方面，这些小舰艇不如上面提到的大小驱逐舰。

(4) 如果我们将潜艇打败了，全世界海洋的控制权就掌握在盟国手中了，我们一定不能忘了这一点。到那个时候，我们可以得到那些强大的中立国的支援，法英两个国家的资源也可以吸收进来用于贸易，积累继续作战的资本。

(5) 英国海军部需要明确地划分能在 1940 年内或者稍晚一点完成的大型舰只。“英王乔治五世”号和“威尔士亲王”号正在建造，我们应该想办法让它们在 1940 内完成，并且尽可能让它们在秋天完成。在它们还没有建成的时候，如果德国的“俾斯麦”号忽然出现在海洋上，那么后果将不堪设想。我们不能捕获或者摧毁它，只能任其在海洋上行驶，眼看着我们的航运被它破坏。所以，这两艘舰只的建成非常重要。在 1940 年秋季或者更早一点就可以完成的法国舰只“黎歇留”号是另一艘非常重要的舰只。如果 1940 年意大利可以如期完成两艘新舰只的建造，那么“黎歇留”的重要性就更加突出了。如果这三艘舰只不能在 1940 年以前参加作战，那么海军部所犯下的战略错误就非常严重了。不仅海军方面将要承担一些恶果，就连外交方面也是如此。所以，让“黎歇留”号尽可能地早些完成是我们的希望。我们希望法国为此作出努力。

明年的四五月份，我们可以将战争的形势和性质看得更清楚一些，所以那个时候我们再讨论英法两国海军的主力舰问题。

(6) 在开战以后，法国朋友们为我们的共同事业而给英国海军部提供了很多帮助，这些帮助都非常宝贵，已经超过了战前协议规定或者承诺的范围，我在此谢谢大家。法国的巡洋舰和驱逐舰在护送从塞拉利昂返国的商船队方面作出了突出的贡献，而且是不可替代的贡献。假如它们没有对盟国商船提供帮助，那么盟国的损失会更大。保护商船队到达英国西部海岸入口处的是法国的巡洋舰和扫雷艇以及法国战舰“敦刻尔克”号，它们在当时也是唯一击退德国袭击舰队的力量。在特立尼达附近驻留的法国潜艇也因为提供了很多帮助而备受欢迎。有两艘护送往来于直布罗陀和布雷斯特之间商船队的驱逐舰需要重点提出来。虽然我们的海军力量比较强大而且还在不断增强，但仍然一直处于紧张的状态，所以它们对我们海军力量的支援也很重要。

我非常感谢法国的“阿尔戈斯”号航空母舰，英国能在地中海适宜的气候中训练飞行驾驶员，就得到了它的帮助。

(7) 接下来说一说一般的战争形势。我们要在各大海洋上分布我们的海军力量，这是因为敌人海军没有作战的界限。英国现有的搜索舰队有七八个，法国的搜索舰队增加了两个。每个舰队都有捕获或者摧毁“德意志”号级别舰只的能力。现在我们巡逻的范围包括北大西洋、南大西洋和印度洋。在开战以前我一直担心我们的商船队会遭受到敌人的袭击，我们以前一直认为这是非常危险的，但现在敌人不敢轻易损害我们的商船队。这几个星期，在大西洋上几乎没有“德意志”号一类的袭击舰袭击我们的商船舰队，所以我们对这种危险就不那么担心了。但我不保证以后没有比这更激烈的袭击来临。将大型舰只编成适合的舰队，让它们不害怕敌人的空袭，而且可以在广阔的海洋上自由地行驶，这一点英国并不反对，因为盟国能因此更好地、更有效地控制海洋。

(8) 不久以后，我们就要从加拿大和澳大利亚运送先头部队到法国，只有广泛地分布所有的搜索舰队，才能方便我们达到这个目的。我们有必要派遣战列舰护送一些横渡大西洋的最大商船队。我们不能因为气候寒冷而放弃从格陵兰到苏格兰的北方封锁线。有二十五艘由商船改装的巡洋舰在这条封锁线上轮流巡逻。后援是四艘万吨级巡洋舰，它们装有八英寸口径的大炮。英国最新式的战列舰“胡德”号或另一艘巨舰紧跟在后面，英国海军主要的战斗力就在这里。也就是说，当“沙恩霍斯特”号和“格奈森诺”号将封锁线突破时，这些力量能够参加战斗或者追击。我们认为因为波罗的海形势的缘故，德国不会让这两艘战舰参与的。

尽管如此，我们仍然应该保持力量应对这种局面。我希望这种策略能够被两个盟国的海军采用，这样如果意大利不加入我们这一边作战，我们也有力量消灭德国。

法国海军部的回复是，他们正在准备各种舰只，关于安装潜艇探测器的意见，他们欣然接受。在1940年夏季，“黎歇留”号可以完成，同年秋季，“让·巴尔”号也可以完成。

* * *

庞德海军上将在11月中旬向我提出意见，准备将水雷封锁线重新设在苏格兰和挪威之间。英美两国海军部曾在1917年至1918年间在这里设过水雷封锁线。这种防御性的作战策略是我所不喜欢的，因为我不喜欢让决定性的行动被大量物资的消耗所代替。但我还是逐渐将自己的原则放弃，同意这种做法了。在11月19日，我将计划提交给了内阁。

北方水雷封锁线

海军大臣备忘录

我向大家提出这个计划之前已经进行了反复的思考。很明显，德国的潜艇和海面袭击舰的外出和返回会因为这个计划的完成而面临诸多障碍。为了预防越来越严重的潜艇战，我们可以采取这种比较谨慎的做法，这样做还可以防止苏联成为我们的敌对国。一旦我们采取这项计划，所有的敌舰都将被封锁住，我们可以完全控制波罗的海和北海的所有入口。让具有优势的海军参与警戒是这种进攻性布雷区的要点，敌人不能将水雷清除，也不能打开航道。我们的海外行动会因为布雷区的设立而比现在更加自由。敌人一旦知道布雷区正在不断地扩展，会因此而士气低落。很不幸，这是一项浩大的工作，不过财政部已经拨出了巨款。应用这种作战手段（布雷）的最好方法就是北方水雷封锁线。

当时的内阁比较严明，明智地通过了这项方案，这个方案也是高级专家的意见，可以说专家与内阁不谋而合。但这项计划因为形势的发展而被放弃，不过那个时候已经花了不少钱。然而在后来的其他任务中发现，为这个封锁线而制造的水雷是有用的。

* * *

不久以后，我们的生存又受到了一种新的威胁，面临着让人感到恐惧的危险。扫雷工作曾经在我们的海港入口处进行过，但仍然有将近二十艘商船在 9、10 月间在那里触雷沉没。海军部的第一反应是磁性水雷被敌人使用了。因为我们曾在上次世界大战末期，在小范围内使用过这种方法，所以我们没有因此而感到惊奇。海军的一个委员曾在 1936 年对这种抗磁性导炸装置的方法进行过研究，然而应对磁性鱼雷或浮雷是他们那时的工作。一些较大的水雷可以被船或者飞机投放在深水中，这些水雷造成的损坏是非常恐怖的，这一点在当时并没有被认识到。假如这种水雷的样品不曾被我们拥有，那么补救的办法就想不出来了。这两个月被水雷炸毁的船只，大多属于同盟国或者中立国，达到五六万吨。希特勒竟然在 11 月自鸣得意而又不怀好意地放出大话说，我们根本拿他的“新式武器”没有办法。有一天晚上我在恰特韦尔，庞德海军上将来看我，他的神情非常焦急。在泰晤士河入口，有六艘船被击沉了。我们的生存就依靠每天进出英国港口的几百艘船只。希特勒一定被他的专家指点，认为我们会因为这种袭击方式而毁灭。

然而让我们感到庆幸的是，水雷的储存数量和威力有限，他所采取的行动也都是小规模的。

我们被命运之神照顾着。在11月22日下午九到十时之间，有人看见靠近休伯里纳斯的海洋中，一架德国飞机投进去一个巨大的被降落伞带着的物体。因为在这边的海岸附近有一大片泥潭，这个物体在退潮的时候露出了它的面目。从此我们便清楚了，只要等到退潮以后，一定能查出敌人投下了什么东西，甚至还能把它捞起来。这个机会真不错。“韦尔农”号军舰是负责发展水下武器的机构，奥夫里和刘易斯海军少校是“韦尔农”号军舰上的两个军官，他们技术高超。海军部将他们召来见我和第一海务大臣，我们听取了他们的计划。他们在第二天凌晨一点半乘车出发，到绍森德开始非常危险的打捞工作。23日早上天还没有亮的时候，他们仅用一盏微弱的信号灯，在一片漆黑里，于满潮标大约五百码的水下，将水雷找到了。因为当时是涨潮的时间，他们只是略微看了看，由于准备不充分，只能将处置工作留在下次涨潮过后。

当天下午很早的时候就开始了这项危险的打捞工作，第二枚水雷也被发现了，就在第一枚水雷附近的淤泥中。第一枚水雷由奥夫里和上士鲍德温处理，站在安全距离以外等待的是刘易斯和二等水兵维恩库姆，他们在那里预防意外情况。奥夫里每完成一项计划中的工作，都会给刘易斯发信号，这样在拆卸第二枚水雷的时候，就可以使用他们的经验。处理第一枚水雷需要他们四个人共同努力，他们的高超技艺和热情的工作得到了回报。这天晚上，奥夫里等人来到了海军部，向我们报告他们已经捞起了水雷，并将它运到朴次茅斯做进一步的详细研究。他们得到了我的热情接待，我找了最大的房间，让八十或者一百名军官和官员来做听众，听取打捞的经过。这是一件大事，关系到了生死存亡的问题，这一点大家都知道，所以听众们表现得非常激动。局势从这一刻开始就变了。我们以前就有一些实用的知识，为了将这种特殊的水雷制服，可以使用原来的知识找到可行的方法。

我们把有关海军的所有知识都调动出来，很快就得到了实验和试验的结果。负责协调当时所需要的各种技术措施的是威克－沃克海军少将，我们需要展开的工作包括各个方面：第一，为了将这种水雷摧毁，我们应该寻找先进的技术手段，使用新式扫雷和引动雷管的方法。第二，在没有将水雷扫清之前，或者没有将有效航道内的水雷扫清之前，我们应该想办法让船只对可能遇到水雷进行防御，这是一种比较消极的防御手段。我们发明了一个方法达到第二目的，那就是将船身用电缆缠绕住，船身可以因此而消磁，我们称这种方法为“消磁法”，各种船只都可以采用这种方法。为了不耽误商船的行驶，安装这种装置的地点就设在我们的主要港口。舰队上的皇家海军技术人员都是经过训练的，所以可以大大简化舰队方面工作的进展。如果您不厌烦技术，那么请看附录（8）记载的内容。

* * *

仍然有船只遭受严重损失的事情发生。11 月 21 日，新巡洋舰“贝尔法斯特”号在福思湾触雷；战列舰“纳尔逊”号于 12 月 4 日在进入尤湾时触雷。不过它们仍然可以继续前行，驶入一个有船坞的港口。有两艘驱逐舰在这时期损失了。除了布雷艇“探险”号以外，在东海岸受伤的还有两艘驱逐舰。因为我们保密工作非常到位，“纳尔逊”号受伤后又被完全修复了，后来它又参加了服役，然而这个消息一直没有被德国的间谍机构刺探到，这让我们感到非常奇怪。这可是好几千英国人在事件的一开始就必须要知道的真相。

我们在试验后不久就将新的简单的消磁方法掌握了。我们的士气因此而受到很大的振奋。扫雷潜艇的忠勇和坚忍，专家们的才能和技术是我们将敌人挫败的依靠，一些扫雷艇需要的设备都是由他们设计并提供的。虽然从这以后我们还要在长时期内感到焦虑，但我们能够控制住水雷的威胁了，从此这种危险也减轻了。我在圣诞节的时候给首相写了一封信：

1939 年 12 月 25 日

一切都在平静中度过。我们取得了消除磁性水雷方面的成功，我想你应该非常高兴听到这个消息。现在已经证明我们刚开始想到的让两种水雷爆炸的方法是可行的。磁性扫雷器炸掉了两个水雷，带着粗电缆圈的驳船炸掉了另外两个水雷。在 A 港口（尤湾），当我们扫清航道以后，我们的奇怪的病人（“纳尔逊”号）就要到朴次茅斯去疗养了。还有一个花钱少、简单省事的方法就是使战舰和商船消磁。我们已经接近（完成）最好的设计了。“博尔德”号是飞机和磁性船的结合，十天以后，我们就可以使用它。我相信我们很快就要消除磁性水雷的威胁。

类似这种袭击的其他变式袭击，例如音响引爆水雷和超声波水雷，也正在研究之中。这种袭击的可能性被三十名热情的专家研究着，但至于他们是否已经找到了解决的方法，我现在还说不上来……

我们有必要深思海战问题。应对水雷占了我们当时战时努力的很大部分。我们从其他任务中拨过来很多财物。有几千人昼夜不停地承担着扫雷艇上的危险工作。在 1944 年 6 月有六万人从事这方面的工作，人数达到了顶峰。商船船员的锐气是任何困难都不能挫败的。我们反击水雷袭击的措施随着水雷袭击的复杂和严重而越来越有效，这振奋了船员们的精神。我们被他们艰苦的工作和孜孜不倦的努力拯救。海上运输是我们的生命线，它终于正常了。

* * *

我们被磁性水雷最开始的袭击深深地震动了，我们为了自保而被迫采取措施的同时，也在想办法进行报复。我在战争前期曾到莱茵河视察过，这条河是德国的命脉，我非常重视它。在莱茵河投入漂浮水雷的问题，9 月的时候我就在海军部提起了。因为很多中立国家也在使用这条河流，所以我们不会轻易投放水雷，除非这种不择手段的方式被德国首先对我们使用。英国的港口已经被他们投掷了水雷，我们的商船因此而受到损失。所以我认为类似的正当的方法可以使用在莱茵河上，我们的报复就是将水雷投掷在莱茵河的某段。

11 月 19 日，我对这个计划的详情写了一段确切的摘要：

海军部军需署长（和其他人员）：

(1)为了报复敌人,我们应该向莱茵河中投入大量的漂浮水雷。斯特拉斯堡至劳特之间的左岸是法国的领土，因此很容易在这一段水域投掷。这个计划引起了甘默林将军的兴趣，他请我给他拟定一份实施计划。

(2) 对于我们的目标，我们必须要仔细观察。有很多大驳船在莱茵河上行驶，德国的贸易和人民生活都依靠它。这些驳船并没有双龙骨，也没有隔舱分成的大分舱，因为它的结构是为了河道运输而设计的。我们很容易查明这些细节。此外，至少有十二座船桥架在莱茵河上，集中在萨尔布吕肯—卢森堡区域的军队必须使用这些桥梁。

(3) 所以，我们可能需要使用还没有足球大的小型水雷。我们很容易查清河水的流速，最大的河水流速不过每小时七英里。平时都是每小时三四英里。所以必须将计时器安装在水雷上，让水雷发生爆炸时已经漂出了一定的距离，以便让法国领土内的船只可以幸免于难，而莱茵河下游也能遭受到水雷的恐怖袭击，甚至包括莱茵河与摩泽尔汇流处或更远的地方。计时器应该能让水雷在到达荷兰领土之前自行沉没或者爆炸。水雷继续向前漂流，过了要求并能够改变的距离以后，必须能因为轻轻的碰动而爆炸。水雷除了具备上面所谈到的特点以外，最好还能在过了一段时间后，自动爆炸。这样才能让恐怖的气氛弥散在德国河岸的两边。

(4) 水雷漂浮的位置必须在水面以下一定的距离，这样在涨潮的时候，敌人才不可能发现它。我们可以采用这种设计：水压活塞可以用压缩空气的小唧筒来推动。虽然我没有计算过，但我认为它最长的工作时间至少能达到四十八个小时。将大量类似球的物体,例如铁皮的空壳投在水底也是一种方法。这可以混淆视听，让敌人根本没办法应对。

(5) 他们会用什么办法应对这样的水雷？在河水中架起铁丝网是最简单的办法。然而铁丝网可能被从上游过来的船只破坏。铁丝网的使用非常不便，除非是在边境以外的地区，否则水上交通会受到影响。无论怎样，我们的水雷会因为碰到他们的铁丝网而爆炸，留给铁丝网一个大洞，航运会在十二次或者更多次的爆炸后再次打开。此时，水雷又可以溜过去了。我们想要将铁丝网炸开，就可以使用特大号的水雷。那些研究这个问题的官员可能会想到其他的防御方式，但我想不出来了。

(6) 最后一点，因为我们需要大量的水雷，而且在几个月之内都需要在夜间进行投雷工作，这样才能让对方的水道瘫痪。所以，我们必须认识到一定要使用简单的方式制造水雷，以方便批量生产。

这个计划被战时内阁批准了。他们的观点是，德国首先对前来英国港口的中立国和盟国的所有船只不利，用使用水雷的方式大肆破坏。我们以牙还牙，用他们对付我们的方式，摧毁莱茵河上的大量航运，这种报复方式是完全合理的。我们的工作在内阁允许并给予了优先权后很快就开始了。参与制订计划的还有空军部，莱茵河的鲁尔段由他们负责铺设水雷。第一海务大臣指导这项工作，菲茨杰拉德海军少将被委托全面负责。他是个非常有才的军官，对这项工作作出了很大贡献，不过后来他牺牲了，那是在一次指挥大西洋护航的任务中。我们已经解决了技术上的问题，能够大量地供给这种水雷。我们组织起了几百个水手和水兵，热情的他们时刻准备着当时机到来以后开始敷雷工作。11 月间的情况就是这些，在明年的 3 月以前，我们还不能将准备工作完成。自己这一边的积极措施将要实现总是在令人高兴的，不管是和平时期，还是在战争时期。

第八章　普拉特河口外的海战

海面的袭击舰——德国的袖珍战列舰——德国海军部发出的命令——英国的搜索舰队——美洲的三百英里界限——我们给美国的建议——国内令人担忧的事——谨慎的“德意志”号——大胆的“施佩伯爵”号——朗斯多夫舰长的谋略——哈伍德海军准将在普拉特河口外的舰队——哈伍德的远见卓识与命运的垂怜——12月13日发生了一场遭遇战——朗斯多夫犯下了错误——丧失战斗力的“埃克塞特”号——德国袖珍战列舰退却了——乘胜追击的“埃阿斯”号与“阿溪里”号——蒙得维的亚港发现了“施佩”号的逃入——我12月17日给首相写了一封信——蒙得维的亚,英舰的集中地——德国元首对朗斯多夫的命令——凿沉的“施佩”号——自杀的朗斯多夫——结束了对英国商船最初的海上袭击——“阿尔特马克”号——“埃克塞特”号——普拉特河口外战争的意义——我给罗斯福总统发了一封电报

虽然我们因为潜艇的威胁而受到了很大的损失，同时还要承担很大的风险，但更为可怕的是我们的海上贸易持续遭到海面袭击舰的袭击。德国建造三百艘袖珍型战列舰是凡尔赛合约所允许的。德国在设计时就想到了更为长远的事，如果有袭击商船的需要，这些战舰就会派上用场。在一万吨排水量的限度以内，他们设计出了六门十一英寸口径的大炮、二十六海里的速度，同时还包括装备的铁甲，这不得不称得上精巧。没有一艘单独的英国巡洋舰是它的对手。在现代化方面，我们的巡洋舰不及德国的装备有八英寸口径大炮的巡洋舰。因此，如果他们要对我们商船发动袭击，那将是非常恐怖的事。此外，敌人可能拥有伪装商船，这些商船都装备着重型武器。我仍然清楚地记得1914年的事。“埃姆登”号和“克尼希堡”号进行抢劫，为了消灭它们，我们不得不让三十多艘战舰和武装商船出战。

有很多谣言在这场战争爆发前就开始传播了，说已经从德国驶出了一两艘袖珍型战略舰。我们本土舰队在经过搜索后没有任何发现。现在我们知道，在8月21日和24日之间，从德国驶出了“德意志”号和“海军上将施佩伯爵”号两艘军舰。它们肆无忌惮地穿过危险的海域，自由自在地航行时，我们的封锁线和北方巡逻舰队还没有组织起来。“德意志”号在9月3日穿过了丹麦海峡，在格陵兰附近一带潜伏。“施佩伯爵”号已经穿过了北大西洋航线，但我们却没有发现它，现在它已经到了亚速尔群岛以南更远的地方了。它们分别有一艘供给燃料和其他物品的补助舰与之同时航行。在最开始的时候它们隐藏在无际的海洋中，没有采取任何行动。它们想要获得战利品就只能从事袭击活动。与此同时，它们一旦发动袭击，就可能陷入危险的境地。

德国海军部在8月4日发布的命令非常明智：

战时任务

我们要将敌人的贸易航运摧毁，任何可以使用的手段都可以用上……在遇到敌人海军的情况下，和它们对战的前提是当时的情况有利于我们主要任务的完成，哪怕它们处于劣势的时候也是如此。

为了让敌人估量不透，我们在作战区域经常变换位置。就算效果不明显，我们也要让敌人商船的行动受到限制。让敌人感到难以捉摸的方法还包括暂时离开当前的地方，到更远的地方去。

如果敌人的航运被他们的优势力量保护，我们想要的结果不能直接达到，那么从敌人航运受到限制这一角度分析，他们的供给已经被我们严重地损害了。如果敌人的保护区内仍然有停留的袖珍型战列舰，我们仍然可以得到有用的结果。

这些都是高明的看法，英国海军部不得不表示赞赏。

* * *

“克莱门特”号是英国一艘邮船，共有五千吨，它在9月30日这天单独航行出去。“施佩伯爵”号将它击沉在伯南布哥海面。英国海军部因为这个消息而震动，这个信号是我们一直等待的。因此，我们组成了很多搜索舰队，将可利用的航空母舰、战列舰、战斗巡洋舰、巡洋舰都利用起来。一般来说，一艘袖珍战列舰需要两艘或者更多的军舰组成搜索舰队来将其击沉。

为了搜索两艘袭击舰，在以后的几个月需要组成九个搜索舰队，二十三艘强大的军舰包括在内。我们又派遣了三艘战列舰和两艘巡洋舰作为额外的护卫来保护北大西洋的重要商船队。我们必须从本土的舰队和地中海的舰队中抽取包括三艘航空母舰在内的十二艘最强大的军舰加入，所以这两处的实力因为这种需要而大大削弱。我们的根据地遍及大西洋和印度洋，各个搜索舰队就从这些根据地出发，我们的船舶所经过的各主要焦点区域都有搜索舰队的身影。如果敌人想要对我们的贸易航运发动袭击，那么它们至少要经过我们一个搜索舰队的势力范围。为了让人们能够真实地感受到这些搜索活动的规模，我们制作了一个表格，描述这次搜索活动高峰时期所包括的搜索舰队。

* * *

此时，让战争远离美国海岸是美国政府的目的。10月3日，在巴拿马，有二十一个美洲共和国的代表在此集会，会议宣布了一个美洲安全区，希望在距离他们海岸三百到六百英里的距离内不被战争侵袭。在某种程度上，我们会因为战争不扩展到美洲海域而获利，所以这一点也是我们所希望的。因此，我马上和罗斯福总统联系，如果美国要求美洲安全区被各个参战国家尊重，那么我会立刻答应他的愿望。不过，我们是有条件的，那就是应该尊重国际法赋予我们的权利。如果能够有效地维护这个安全区，这个区域向南延伸到哪里，我们并不在乎。如果只有几个弱小的中立国家负责对这个安全区的戒备，我们就感到接受这个意见是非常困难的一件事。但如果担任戒备的国家是美国，我们就感到安心了。我们对有很多美国舰队在南美沿海一带巡逻表示非常满意。因为德国袭击舰正在被我们搜索，它们可能更愿意从南非贸易航线航行，而不是在美洲国家的领海内航行。我们可以在南非那里应对德国袭击舰。如果有一艘海面袭击舰能够从美洲安全区出发并开展活动，或者有一艘袭击舰进入美洲安全区逃难，我们希望能够获得一些保障，为了免遭袭击舰的威胁，我们应该被允许实行自卫。

10月5日至10日之间，我们有三艘船舶在好望角线路上被击沉。但在这段时间，我们没有收到它们的确切消息。这三艘船回国的时候都是单独行动的，而且我们没有收到它们的求救信号。它们超过了预定的时间很久还没有回来，我们这才对此感到非常疑虑。过了几天，我们才确定袭击舰已经将它们击沉了。

我们必须分散海军的力量，对隐藏在英国西部沿海的主要舰队，我们尤其感到焦虑。

第一海务大臣及海军副参谋长：　　　　　　　　1939年10月21日

“舍尔”号敌舰最开始出现的地点是伯南布哥附近海面。后来它就神秘地消失了，没人知道它在哪里，也不知道它为什么不对贸易航运发起袭击。我们对这些问题很不解：德国是不是有让我们分散剩余船舰的意图，如果有这个意图，他们到底图什么？正像第一海务大臣说的那样，将船舰集中在英国水域才应该是他们所希望的，以方便他们进行空袭。对于“舍尔”号出现在南大西洋，难道他们能猜到我们会作何反应？看起来德国的这些做法似乎没有明确的目的，但德国人绝不是没有目的就行动的人。你知道“舍尔”号是个圈套还是个误传吗？

搜索舰队组织表——1939 年 10 月 31 日

	组织			
队别	战列舰和战斗巡洋舰	巡洋舰	航空母舰	区域
F	–	“贝里克”号 “约克”号	–	北美洲及西印度群岛
G	–	“坎伯兰”号 “埃克塞特”号 “埃阿斯”号 “阿溪里”号	–	南美洲东海岸
H	–	“苏塞克斯”号 “希罗普郡”号	–	好望角
I	–	“康沃尔”号 “多塞特郡”号	“鹰”号	锡兰
	“马来亚”号	–	“光荣”号	亚丁湾
K	“声威”号	–	“皇家方舟”号	伯南布哥与弗里敦之间
L	“却敌”号	–	“狂暴”号	大西洋护航队
X		法国八英寸口径大炮巡洋舰两艘	“赫尔米兹”号	伯南布哥与达喀尔之间
Y	“斯特拉斯堡”号	“海神”号	–	同上
	–	法国八英寸口径大炮巡洋舰一艘	–	–

北大西洋商船队增加的护航舰：

战列舰：“复仇”号、“坚决”号、“沃斯派特”号。

巡洋舰：“绿宝石”号、“企业”号

德国的无线电报放出狂言说德国将我们的船驱逐出了北海，我知道他们在胡说。但此刻看来这有些真实，并不像他们曾经胡说的那样。德国可能袭击我们的东部沿海，那么我们能不能把我们的潜艇队调出海外，在他们可能入侵的地方部署？他们可能需要一艘驱逐舰，执行保护和侦查的任务。远离我们拖网船的监视线以外的地方应该是他们的活动地点。我们后退一段距离就是为了争取时间，所以不久以后可能就会有变故发生。

渲染“侵略恐惧”的人是非常令我讨厌的。在 1914 年到 1915 年初期，我一直在抗拒这种想法。但两万人飘洋渡海，在有深水的哈里奇或韦伯恩湾附近登陆，这种问题应该是参谋委员长多加考虑的。对于霍尔·贝利沙先生，这两万人的入侵对训练军队的意义可能比现在的预期更为现实。如今敌人的企图可能因为夜长昼短而受益。陆军部是否对预防这种变故做好了准备？我们现在在北海所处的地位是一定要记住的。虽然我觉得这不会真的发生，但也是有发生的可能性的。

“德意志”号本来有侵扰我们横渡西北大西洋生命线的打算，然而它小心谨慎地解释了它收到的指令。它在外游荡了两个月，并始终与我们的护航队保持距离。因为它非常不想遇到英国舰队，所以只有两艘船被它击沉了，包括挪威的一艘小船。美国的“燧石城”号是它接触的第三艘船，被俘获的时候正载着一船货去英国，后来德国人在挪威的一个海港将它释放了。“德意志”号在 11 月初再次从北极的海洋驶过，最终返回了德国。就像“德意志”号期望的那样，我们主要的贸易航线上竟然有这样一艘强大的军舰出没，这个事实确实给我们在北大西洋的护航舰艇和搜索舰队带来了很大的压力。我们一点都不希望它时隐时现，这让我们感到自己受到了威胁，相比之下，我们更希望它出来活动。

“施佩伯爵”号很快就成为南大西洋地区的焦点，因为它的大胆和夸张的想象力。强大的盟国海军于10月中旬在这片宽广的海域内活动。航空母舰“皇家方舟”号和战斗巡洋舰“声望”号以弗里敦为根据地，英国航空母舰“赫尔米兹”号以达喀尔为根据地，它们同法国一支由两艘重要巡洋舰组成的分舰队共同组成了一支新舰队。“苏塞克斯”号及“希罗普郡”号是在好望角的两艘重要巡洋舰。为了将普拉特河与里约热内卢的重要航运保护起来，在南美东部沿海一带还有“坎伯兰”号、“埃克塞特”号、“埃阿斯”号及新西兰军舰“阿溪里”号，它们是哈伍德海军准将的舰队。“阿溪里”舰上的官兵主要是新西兰人。

“施佩伯爵”号的行动方案是，先在一个地方做短暂的停留，看到自己的猎物以后，便隐藏在广阔的海洋中。它第二次出现的地方是好望角航线以南很远的一处，在一艘商船被它击沉以后，就消失了一个月。我们的搜索舰队在各个地方搜索了一个月，同时与印度洋方面的舰队联系，指示它们要保持警惕。实际上，它的目的地就是印度洋。它于11月15日将一艘英国小油船击沉了，地点是马达加斯加岛与非洲大陆之间的莫桑比克海峡。声东击西是它的策略，它为了将搜索舰队引到印度洋，就出现在了那里。朗斯多夫是个极具智慧的舰长，他决定从印度洋返回，绕过好望角，再次驶入大西洋。这种做法是我们完全没有想到的。我们试图拦截的计划因为它撤退得过于迅速而失败。海军部无法得知这次非常规行动的袭击舰有一艘还是两艘。所以，我们的搜索在印度洋和大西洋两处展开，甚至还认为“施佩”号就是“舍尔”号——它的姐妹舰。我们感到非常恼怒，因为被迫采取的方法根本就不能应对敌人的力量。我从这件事回忆起1914年12月的一件事，那时我们先在科罗内尔，后来在福克兰群岛作战前的几个星期里感到非常焦躁。那个时候我们在等待以前的“沙恩霍斯特”号及“格奈森诺”号作战，当时这两艘军舰的负责人是冯·施佩海军上将，我们等待的地方是南大西洋和太平洋海域的七八个地点，而且是在同时等待中，这样困难的问题已经过去25年了，如今的难题与当时一样。所以，当我们收到“施佩”号重新出现在好望角与弗里敦之间的航路上，并于12月2日将两艘船只击沉，在7日又将另一艘船击沉这个消息时，着实感到松了一口气。

* * *

哈伍德海军准将在战争刚开始的时候就相信“施佩”号早晚要驶向普拉特河，因为这里的战利品非常丰富，“施佩”必然要过来掠夺，所以那个时候他就将保护普拉特河口外及里约热内卢海面的英国航运作为他的特别使命和责任。对于敌人在这场遭遇战中将要采用哪种战术，他也细致地考虑过了。巡洋舰“坎伯兰”号及“埃克塞特”号装有八英寸口径的大炮，巡洋舰“埃阿斯”号及“阿溪里”号装有六英寸口径的大炮，敌人的军舰可能被他指挥的这些军舰截获甚至击毁。不过，在“预测到的那一天”，这四艘军舰很可能因为燃料和休整问题而不能同时出战。如果真的这样，他就感到不那么自信了。当敌人于12月2日将“多里斯明星”号击沉的消息传到哈伍德那里时，他就做出了精准的预测。他认为“施佩”号一定会驶向普拉特河，虽然它还在三千英里以外。他甚至估算到“施佩”号到达的日期是13日，他的确非常幸运，也非常聪明，他让所有参战的舰艇在12月12日汇集到普拉特河。“坎伯兰”号正在福克兰群岛维修，这非常可惜。“埃克塞特”号、“埃阿斯”号及“阿溪里”号在13日早晨，已经到达了普拉特河口外航路的中心。它们看到东方有黑烟的时候是早上六点十四分。战斗即将打响，我们已经盼望很久了。

调度舰只的哈伍德在“埃阿斯”舰上，为了让敌人的舰队不能攻击所有的目标，他让我们的各个军舰在距离较远的地方向这艘袖珍战列舰开炮。他率领小型舰队以最快的速度前进。“施佩”号舰长朗斯多夫看到这些小型舰队时，也以最快的速度前进，他认为一艘轻巡洋舰和两艘驱逐舰是这些小型舰队的目标。不过，不久以后他就将我们的

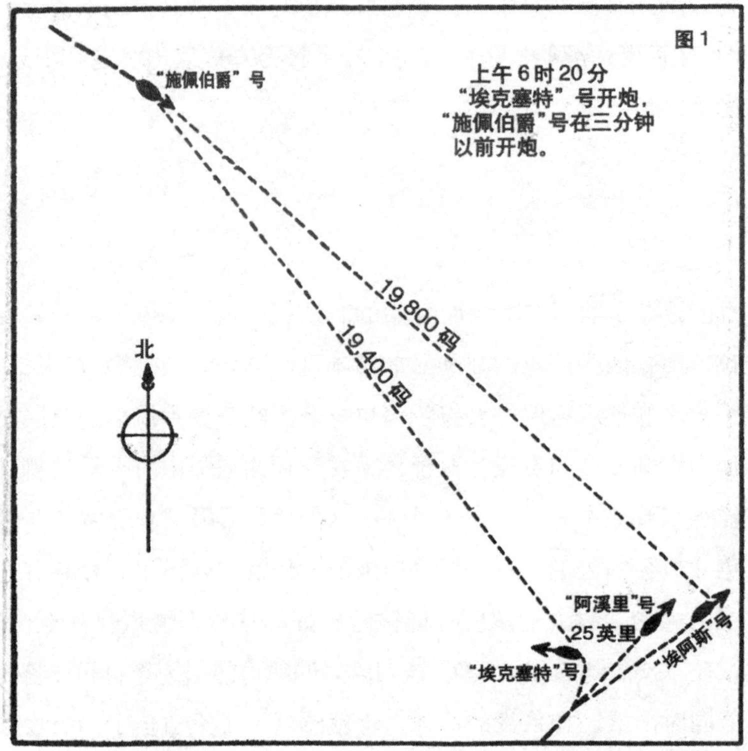

海战示意图（1）　　　（照原图译制）

实力看清了，打算与我们决一死战。两方的舰队越来越近，速度是每小时五十英里。朗斯多夫做决定的时间只有一分钟了。转身逃跑才是他应该做出的正确决定，这样他才有时间将他十一英寸口径大炮的射程和威力发挥出来，如果这样，英国的舰只在最开始的时候根本无力招架，因为他的炮击将畅通无阻。这样一来，我们的速度就会慢下来，他的速度可以快起来，双方的差距也会拉大。那些想要袭击他的舰只可能在开炮以前，就要受到他沉重的打击。但朗斯多夫的决定恰恰相反，他向“埃克塞特”号逼近。双方在同一时刻开炮。

事实证明，哈伍德海军准将的战术是正确的。“施佩”号在刚开始就被“埃克塞特”号上一同发射的八英寸口径大炮击中了。同时进行激烈进攻的还有两艘装有六英寸口径大炮的巡洋舰。这些进攻都比较有效。很快，有一发炮弹击中了“埃克塞特”号，这一炮摧毁了所有的舰桥交通，B号炮塔被彻底击毁，很多在舰桥上的人员死亡或者受伤。这艘军舰已经暂时无法控制了。此刻那两艘装有六英寸口径大炮的巡洋舰正在猛烈地发起进攻，敌人的军舰根本就不能再予以忽视，所以“施佩”号转而将炮火对准了它们。“埃克塞特”号因此在形势危急的情况下得以暂时整顿。我们从三面向这艘德国战舰发起猛攻。很快它就在放了烟雾弹之后想要转身，有进入普拉特河的意图。其实，郎多夫早就应该这样做。

“施佩”号十一英寸口径的大炮已经将“埃克塞特”号击伤，掉头以后它又开始将“埃克塞特”号当做了目标。“埃克塞特”号的倾斜已经非常严重，它的腹部在燃烧，所有的前炮都毁坏了。舰长贝尔在舰桥爆炸的时候并没有受伤。这艘军舰还有一个炮塔没有损坏。为了让军舰继续战斗，在后面的操作台上，舰长贝尔和两三名军官集中在一起，使用唯一的炮塔一直作战到七点半。这个时候，最后一个炮塔因

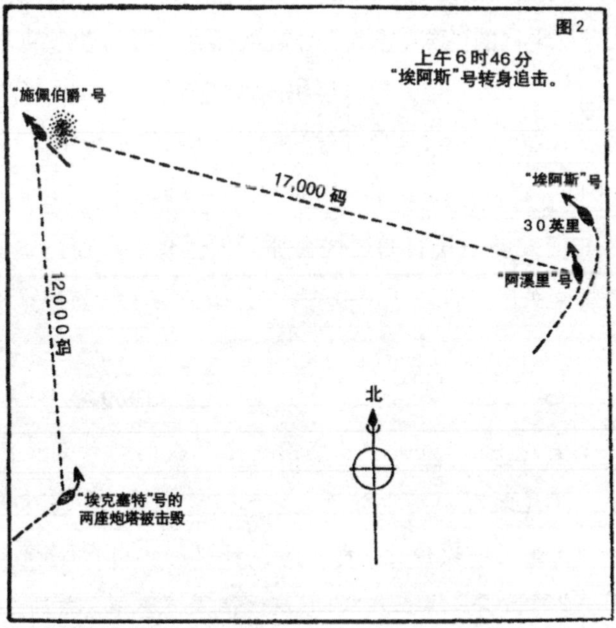

海战示意图（2）　　（照原图译制）

为压力不足而不能继续作战，舰长贝尔也没有办法了。所以“埃克塞特”号在七点四十分驶去维修，没有参加剩下的战斗。

“埃阿斯”号和“阿溪里”号此时非常兴奋，继续追击敌舰。它们承受着“施佩”号上炮火的袭击。“埃阿斯”号两座后炮塔在七点二十五分被击毁，“阿溪里”号也受伤了。它们都是轻巡洋舰，自然不能与敌人的火力相比。哈伍德发现“埃阿斯”号舰上的炮弹越来越少，便打算偃旗息鼓，等到晚上再做定夺。因为在夜间可以使用鱼雷，或者其他轻便的武器，他有更好的机会可以利用。所以，“埃阿斯”号在一阵烟雾的掩护下掉头走了，并且没有被敌人追赶。这场持续了一个小时二十分钟的战斗非常激烈。“施佩”号在这天剩下的时间里驶向蒙得维的亚，跟在后面的英国巡洋舰偶尔与它进行炮击。午夜过后不久“施佩”号进入蒙得维的亚港，开始修理损坏的舰身，进行必要的补给，并让受伤的人员到岸上去。为了将此事通知德国元首，一些舰上的人员乘商船去了德国。停泊在港外的“埃阿斯”号和“阿溪里”号的计划是，一旦“施佩”出港，就对它紧追不舍，直至将它彻底摧毁。在14日晚上，受了重伤的“埃克塞特”号被从福克兰群岛驶来的“坎伯兰”号替代，“坎伯兰”号一路上都以最快的速度航行。当时不确定的局势因为这艘装有八英寸口径大炮的巡洋舰的到来而趋于稳定。

我在13日一直待在海军部的作战室，兴奋地关注着这场波澜起伏的战争将要如何发展。我们的担忧在那一天一直都存在，张伯伦正在法国，他去慰问英国远征军了。我在17日给他写了一封信：

1939年12月17日

假如今天晚上，“施佩”号突围出来，我们的计划是继续13日的战斗，不过装有六英寸口径大炮的“埃克塞特”号要被装有八英寸口径大炮的“坎伯兰”号代替。在里约热内卢，我们的“声望”号及“皇家方舟”号正在加油，这一点是“施佩”号所知道的，所以它知道它最好的时机就是现在。从好望角驶来的“多塞特郡”

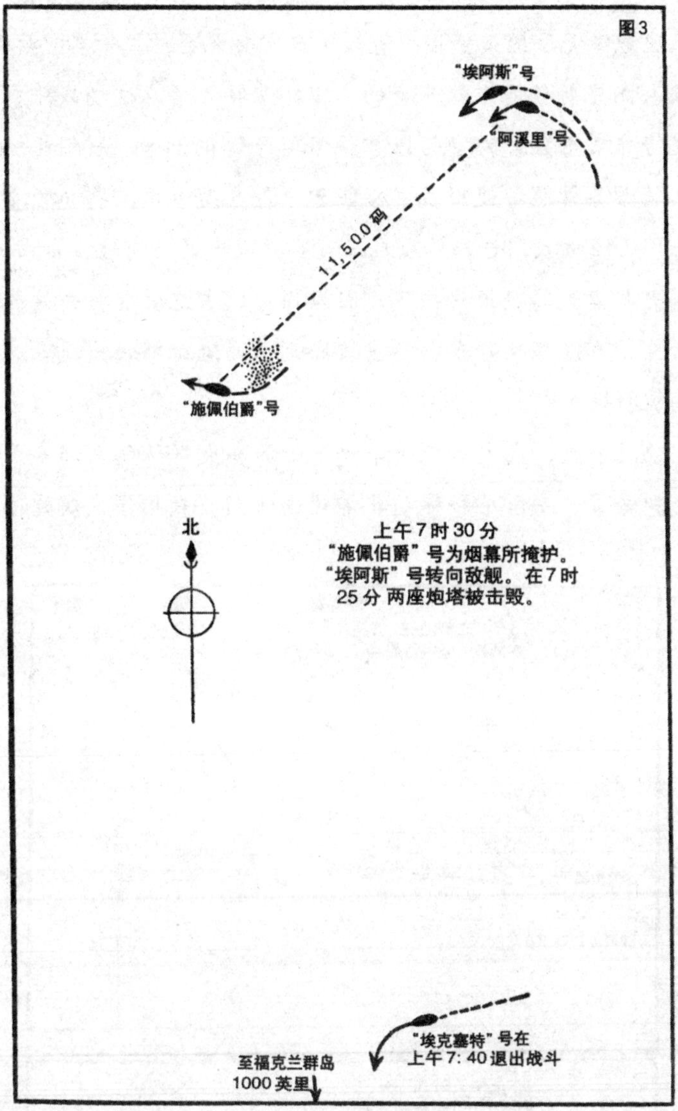

海战示意图（3）　　　　（照原图译制）

号要三天才能到达，而“希罗普郡”号要四天到达。幸好“埃克塞特”号受重伤的时候，在福克兰群岛的“坎伯兰”号可以作为替补。经过一百多次炮击以后，“埃克塞特”号的一座炮塔被毁了，有三座炮塔无法继续使用，有六十名官兵死亡，二十名官兵受伤。与敌人优势射程炮力相斗争的“埃克塞特”号在这场战斗中绝对表现得非常勇猛。为了防止“施佩”号伺机出逃，我们已经将能想到的防备措施都使用了。哈伍德（现在是海军准将和荣誉爵士司令）已经被我们告知可以在三百英里以内的任何地点自由进攻。但我更希望我们能把它捕获，因为捕获比击沉更能打击德国海军的士气。不仅如此，我们不应该让无谓的流血牺牲出现在这种非常危险的战斗中。

今天早上，在主要舰队保护下的加拿大军队的全部人员已经安全到达了。安东尼和梅西非常欢迎他们。我相信，欢迎他们的

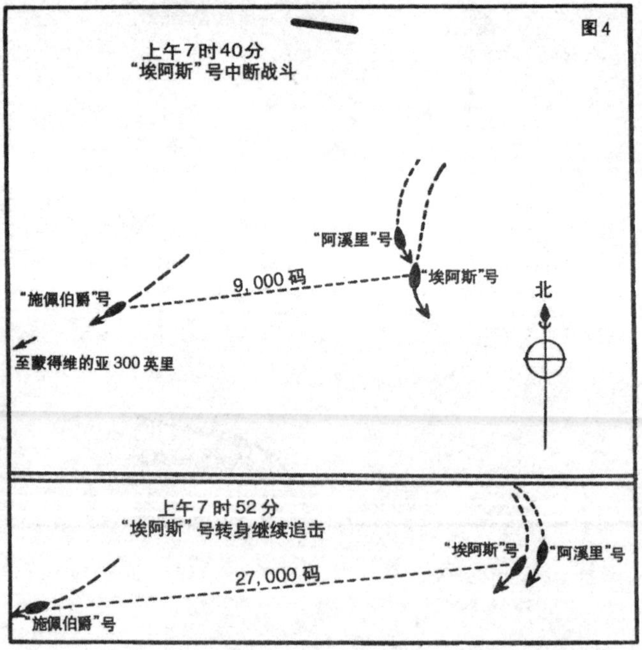

海战示意图（4）　　　　　　（照原图译制）

人还有格里诺克和格拉斯哥的大多数人。我们对他们的接待一定是非常热情的。我想你可能很快就可以亲自去看他们，因为他们就要去奥尔德肖特了。

在东部沿海一带，今天有十次空袭发生在从威克到多佛之间，受到空袭的对象是单独航行的船只。敌人在泄愤的时候对一些商船进行机关枪扫射，有些在甲板上的人中枪了。

我相信在前线的你一定过得非常愉快。我希望你能发现，休息的方式包括换个环境。

我们听到海战发生后的第一反应就是，在蒙得维的亚海面集中所有强大的舰队。然而，我们的搜索舰队都在距离作战区两千英里以外分散地分布着。北方的 K 搜索舰队包括“声威”号及“皇家方舟”号，十天前，它们从开普敦开始一项扫荡任务，目前，它们从那里回来，已经到达了伯南布哥以东六百英里，距蒙得维的亚二千五百英里的地方。在更北的地方，“海神”号巡洋舰和三艘驱逐舰与法国的 X 搜索舰队分开，驶向南方与 K 搜索舰队会合。这些都是奉命驶向蒙得维的亚的军舰。它们必须要到里约热内卢添加燃料，但我们应该造成一种它们已经离开里约热内卢，正以每小时三十海里的速度前往蒙得维的亚的假象。

大西洋另一端的情况是，在非洲沿海执行扩大扫荡任务的 H 搜索舰队正在返回好望角的路上，它需要去那里增加燃料了。立即可以调用的只有在开普敦的“多塞特郡”号。它与哈伍德海军准将相距四千多英里，但也奉命前去支援了。“希罗普郡”号在后来紧跟而上。为了防止“施佩”号向东南逃窜，将由南大西洋方面的舰队总司令指挥 I 搜索舰队，它包括：从东印度群岛基地来的航空母舰“鹰”号，正在德班的“康沃尔”号和“格罗斯特”号。

* * *

12月16日，“施佩”号舰长朗斯多夫发给德国海军部一封电报，内容如下：

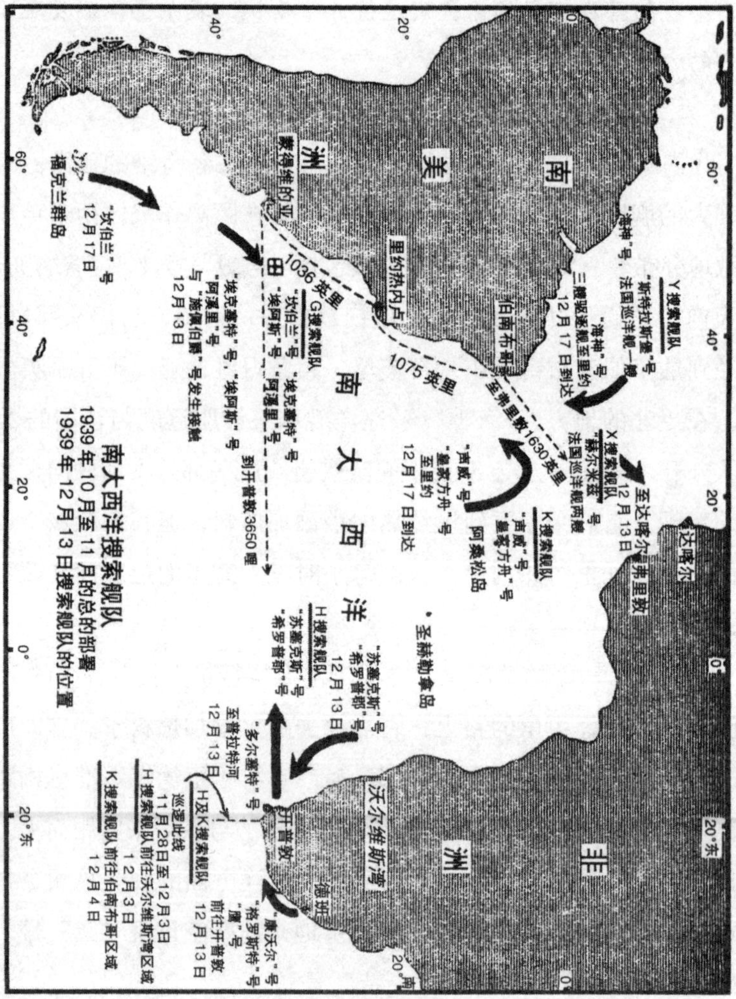

南大西洋搜索舰队（照原图译制）

我要说一下蒙得维的亚港外的战斗形势。守在这里的有“皇家方舟”号、“声望”号以及巡洋舰和驱逐舰。我根本没有办法突出重围从公海逃回德国，因为晚上的封锁非常严密……请指示，我应该在不顾及普拉特河口的海水深度的情况下将船凿沉，还是被敌人捕获。

德国元首主持了这次会议，雷德尔和约德尔均参加了，他们给朗斯多夫的回复是：

尽可能想办法将停留在中立国水域的时间延长……如果有突围的可能就突围，然后驶向布宜诺斯艾利斯。在乌拉圭被俘是绝不允许出现的事。如果到了非要凿沉的地步，也要先将船彻底破坏才可以。

后来，有一份德国驻蒙得维的亚公使的报告中提到，在中立国延长七十二小时的交涉没有达成。所以，德国最高司令部批准了这项命令。

“施佩”号上有七百多名海员，舰上还有他们的行李和其他物品。17 日下午它把舰上的这些人和物都转移到了港内的德国商船上。不久以后，“施佩”号起锚的消息传到了哈伍德海军准将那里。它在众人的注目中于下午六点十五分驶出海港，向大海慢慢地驶去。英国的巡洋舰已经垂涎很久了。晚上八点五十四分，正是日落的时候，“施佩伯爵”号已经炸毁的信息被“埃阿斯”号舰上的飞机报告上来。这个时候，一千里以外，还有正在赶来的“声威”号及“皇家方舟”号。

朗斯多夫因痛失军舰而非常低落。政府曾经对他下达了全权处理的命令，然而他在 12 月 19 日写道：

我要证明第三帝国的人员随时都会为国旗和荣誉牺牲，证明的方式就是我的生命。我一个人负责凿沉“海军上将施佩伯爵”

号袖珍战列舰的行动。为了不让我们的国旗被玷污，为了洗刷我们的耻辱，我很高兴地将我的生命献出来。我非常坚定地相信国家和元首的事业与未来。在面对命运的时候，我就是这样的心情。

他在那天晚上将枪口对准了自己。

从这以后，英国航运贸易最初在海洋上被袭击的日子已经结束了。从这时到1940年春季，再也没有袭击舰出现在海上。下一次战役是1940年敌人用伪装商船发动的攻击。一方面，我们很容易发现这种船只；另一方面，我们摧毁它们的力量远比不上摧毁袖珍型战列舰的力量。

* * *

听到“施佩”号凿沉的消息以后，我调回了所有分散在外的搜索舰队。“阿尔特马克”号是“施佩”号的补助舰，它仍然在大海上航行。大家普遍认为，有九艘被袭击舰击沉的船舶的船员在这艘军舰上。

第一海务大臣：　　　　　　　　　　1939年12月17日

既然大西洋上只有“阿尔特马克”号一艘敌舰，那么我们有必要调回一艘八英寸口径大炮的巡洋舰和“声威”号及“皇家方舟”号。我们的护航工作可能因此而更加方便，还可以让各舰的修理人员和工作人员去休假。你曾经提出了一个计划，想要明天在蒙得维的亚内港停留两艘小型舰只，我赞成你这个计划。不过我认为不妥的是将K搜索舰队派往遥远的南方。另外，军舰太多了，同时进入港内可能有困难。但你的计划中所说的一点比较方便，即在胜利进入蒙得维的亚港的仪式结束以后，“埃阿斯”号被“海神”号替代。当然，如果返回国内的搜索舰队能够尽力地搜索在南大西洋中的“阿尔特马克”号，那就太好了。我认为，我们应该调回的舰只是一切不是十分有必要留在外面的舰只。只要我们为了支援北方的巡逻舰队以使北方的巡逻不停，那就必须从克莱德湾派遣两艘或最好三艘舰只。坦南特舰长认为，德国为了洗刷耻辱，一定很快就会有所动作，这一点也是我所赞同的。

我想你应该愿意让我知道你对这些内容的看法。

另外使我感到焦虑的还有“埃克塞特”号，有人认为干脆把它留在福克兰群岛，到战争结束以后再进行维修。对此，我不敢苟同。

第一海务大臣、海军军需署长及其他人员： 1939年12月17日

我们可以从“埃克塞特”号受损的最初报告中得知，敌人对它进行了多么有力的攻击，也可以从中看出它与敌人奋战的强烈决心。另外，海军部建造师从它能够承受长时间强大炮轰这一点感到自己的工作是光荣的。我们应该向外宣传这个故事，不过不太合适的内容应该删去（也就是不想让敌人知道的事情）。

你们对维修有什么看法？有哪些事可以在福克兰群岛做到？我认为初步修理这艘军舰是可以的，这样它才能在回国后进行彻底的维修。

第一海务大臣、海军副参谋长及军需署长： 1939年12月23日

对于在战争期间暂时不修理“埃克塞特”号的建议，我认为我们不应该草率同意。它的内部结构可以增强，使用可以支撑的支柱，将军舰上的军火的全部或者部分转移到供应船或者商船上去。我们还可以给它装上一些空油桶或者木桶，减少舰上的人员。然后由护卫舰保护它返航或者驶入地中海，或者随便驶向我们的任意一间修理厂。如果这样做还不能将它修好，那就拆除可以利用的所有大炮和设备，让其他的舰只继续使用。

这些只是我的个人意见，至于使用什么办法，你们应该让我知道。

军需署长及第一海务大臣：　　　　　　　　　1939 年 12 月 29 日

我还没有给南美洲的海军少将回电报，他在电报中说到我们没有必要修理“埃克塞特”号。我在备忘录中提到了相反的看法。我想知道这件事的进展。从大家的谈话中可以了解到，让它回国进行维修是大家比较希望的。修理的时间似乎也没有海军少将想象的那么长。

我想知道到底要怎样处理“埃克塞特”号的问题。什么方法将被使用？想要让它回来应该具备什么条件？让它留在福克兰群岛我并不是十分愿意。如果它留在那里，要么会受到危险，要么需要重要的军舰留下来保护它。我非常想听到你们的意见。

“埃克塞特”号安全返回了英国，大家接受了我的意见。它停在普利茅斯港。站在它破碎不堪的甲板上，我很荣幸地为我们的官兵致敬。保留下来的“埃克塞特”号又服役了两年，在 1942 年巽他海峡的决战中，它被日本的大炮击毁了，在这以前，它立下了不少功绩。

* * *

英国人民因为普拉特河口外的海战受到鼓舞，而感到非常兴奋。英国在世界的威望也因此而增加。“施佩”号是一艘重型舰，装甲比较厚，但三艘小型英国军舰在向比自己强大、比自己大炮多的敌舰发起袭击时，竟然非常勇敢，甚至还让敌舰选择了逃跑。全世界都赞赏英国的做法。1914 年 8 月，在奥特朗托海峡，德国的“戈本”号逃脱了。有人将这次成功与那次失败相比较。不过，从公平的角度对当时的那位海军上将和哈伍德海军准将进行评价，我们要认识到，这次战役的任何一艘舰只的速度都要比“施佩”号快一些。而在1914年，舰队的领导者是特罗布里奇海军上将，他所率领的舰队速度基本都要比“戈本”号慢，只有一艘除外。总的来说，人们确实因为这次海战而感到高兴，当我们准备度过阴霾弥漫而又困难的冬天时，这个消息确实让我们感到非常愉快。

不过这个时候苏联政府似乎对我们非常不满，他们的《红海军报》刊物在1939年12月31日刊登了一篇评论，它对事实的报道是这样的：

> 没有人认为英国的胜利就是让德国丧失一艘战列舰。不但如此，体现英国前所未有的软弱无能的正是这次战役。德国战列舰在12月13日早晨与英国的“埃克塞特”号互相开炮，德国的战列舰让英国的巡洋舰在几分钟之内就退败了。最新的信息是，“埃克塞特”号在阿根廷沿海附近沉没，当时它正前往福克兰群岛。

* * *

12月23日，美洲各共和国向英法德三国发起抗议，他们认为他们的安全区域被普拉特河口海战侵犯了。差不多同时，我们的巡洋舰又在美国沿海附近阻截了两艘德国商船。“哥伦布”号是三万二千吨的邮船，它选择了凿沉的方式回应我们的行动。美国的一艘巡洋舰救走了船上的人员。另外一艘商船逃到了佛罗里达州境内的领海中。这件西半球发生的令人厌烦的事件让罗斯福总统感到非常不满。所以我将普拉特河口海战给南美各国带来的好处趁机写在答复中了。德国袭击舰的活动阻挠了南美各国的贸易。德国的袭击舰还将南美各国的海港当做他们船舶的补给船和情报来源地。根据战争法的规定，所有在南大西洋中与我们进行贸易的商船都可以被德国的袭击舰俘获，德国也可以将这些船只击沉，当然是在妥善安置了船员的情况下。美洲的贸易，尤其是阿根廷的贸易，会因此而损失惨重。但这些隐患都被普拉特河口外的海战清除了。这次海战理应受到南美各国的欢迎。现在，已经没有或者再也没有在南大西洋中的战斗了。南美各国应该珍视战争的忧虑被这场海战消灭的事实。南美本来想要一个三百英里的安全区，但现在可以长时间拥有一个三千英里的安全区了。

我必须要强调一件事，为了尊重国际法，皇家海军的负担很重。只要有一艘袭击舰出现在北大西洋，我们就要让一半的战斗舰队出动，这样才能保证世界贸易的安全。我们驱逐舰队和小型舰艇的工作因为敌人没有限制地投放磁性水雷而加重。如果我们因为不堪重负而倒下，那么南美各国一定会有这样一种忧虑，它要比每天听到遥远的海外有轰隆隆的炮声严重很多，而且更多让美国直接烦心的事情也将摆在美国面前。所以我认为我有这种权利，要求美洲各国充分考虑我们在特殊时期需要承担的责任。我们所采取的行动是为了让战争在一定时间内结束，我们使用的方式是正当而又必要的，请理解我们的做法。

第九章　斯堪的纳维亚　芬兰

挪威半岛——拥有铁矿石的瑞典——中立和挪威的走廊水域——一个错误被纠正——幕后的德国——罗森堡先生与海军上将冯·雷德尔——维德孔·吉斯林——希特勒在1939年12月14日的决定——波罗的海国家的活动被苏联反对——斯大林对芬兰的要求——苏联于1939年11月28日对芬兰宣战——英勇抗战的芬兰——苏联受到了挫折——世界各国感到满意——援助芬兰、挪威和瑞典的中立——在“挪威水道”布雷的观点——有关道义上的争端

有一片区域的战略意义非常重要，这就是从波罗的海海口至北极圈的这个半岛，它延续一千英里长。由于挪威的山脉趋向海洋，这里形成了一个连续的边缘地带，这个地带由岛屿组成。有一个走廊状的领海夹在岛屿与大陆之间。德国为了维护它与海外的交通，就可以利用这个领海。这严重地损害了我们的封锁。瑞典的铁矿石是德国战争工业的依靠。夏天输出铁矿石的港口是瑞典在波的尼亚湾上部的吕勒欧港。港口在寒冬中将要冻结，输出铁矿石的港口便成了挪威西海岸的纳尔维克港。如果我们对这个走廊水域采取尊重的态度，就要任凭中立国掩护这种贸易，即使我们在制海权方面有优势，也不能拿它怎么样。德国拥有的这项权利让海军参谋部深感不安。所以，我找到机会适时地在内阁将这个问题提出来。

我想起了上次世界大战中类似的场景，英美政府没有任何顾忌地在这片受掩护的水道内安置水雷。从苏格兰直至挪威，横越北海的广大区域，曾在1917至1918年间被我们用大量的水雷封锁起来。水雷封锁也可能失效，在德国的潜艇和商船选择绕路，避开封锁线的时候，它们就可以安全而又悄无声息地从封锁线的边缘经过。然而我们发现在挪威的领海以内，并没有两个协约国舰队布置的水雷。但海军将领们认为，布置水雷封锁线是没用的，反而浪费人力和财力，只有封锁整个走廊水域才有效。所以，挪威政府被协约国政府施加压力，被要求主动封锁整个走廊水域。我们需要很长时间才能将这个广大的水域铺设水雷。当这项工作完成时，人们已经不再怀疑德国无力入侵斯堪的纳维亚半岛的事实和战胜的结局了。在1918年9月底，协约国才成功说服挪威政府采取行动。然而战争已经在他们将铺设水雷工作完成以前就结束了。

最后，我在1940年将这个问题提交到了下院，我说道：

我们和美国在上次大战中是合作伙伴，这条水道在那时就被德国的潜艇作为掩护的航道而利用，海上抢劫和其他冒险活动都可以从这里开始进行，这给我们协约国的伤害很大。英、法、美三国政府联合劝告挪威，要求在挪威的领海内，将这条提供掩护的航道断开。所以，当此次战争发生后，海军部想到了曾经的事情，并且希望政府注意一下。虽然现在和当时的形势有所差别，但作为一个现代的先例，我们应该尊重它。所以，海军部建议，允许我们将水雷布置在挪威的领海。我们的目的是让德国不得不冒险将这个航道上的贸易转移到公海。我们的大小封锁舰队对战时的禁运品进行管制，如果这样，德国的贸易必然要被管制。我们可以将它们当做敌国战利品而直接捕获。英国政府的犹豫持续了很长时间，但这却是可以理解的，因为英国连技术上违反国际法的事情都不想做。

很长时间以内，他们确实不敢作出这个决定。

大家刚开始认为我的意见不错。上面提到的优缺点让我的同僚们印象深刻。但我们一致遵守严格尊重小国中立的原则。

海军大臣致第一海务大臣及其他人员　　　　　　1939年9月19日

关于停止由挪威的纳尔维克港运送瑞典铁矿石的重要性，我在今天早上已经提醒内阁注意了。我提出，纳尔维克的运输在波的尼亚湾封冻后就要开始了。关于我们与美国在1918年合作将水雷布置在挪威领海三英里范围内的事情，也提出来了。我建议这个行动应该在短时间内采取。（我在上面已经说过了，这个说明是不准确的，不久以后，实际情况的通知就送达到我这里了。）包括外交大臣在内的内阁对这个行动非常赞成。

所以，我们应该做好一切准备。

（1）想要租用挪威的商船，必须要和他们认真地谈判。

（2）贸易部应该和瑞典进行磋商，同意购买他们的铁矿石，因为同瑞典发生纠纷是我们不希望出现的事。

（3）我们的提议应该让外交部了解透彻。我们应该小心地提出一些1918年英、美两国政府为这个行动而努力的全部事实，包括一些合理的解释。

（4）海军参谋部的有关人员应该研究布雷计划，如果有必要，还应该与经济作战司打好招呼。

关于计划进展的情况，请随时告诉我。这个计划非常重要，因为敌人的战争工业很容易被这个计划打击。

当我们将一切都准备好以后，内阁还需要作出决定。

在同僚们的请求之下，在整个问题被海军部进行了详细研究以后，我在29日将起草的报告交给内阁讨论，报告中谈到了这个计划和租用中立国商船的事。

瑞典与挪威

海军大臣的备忘录

1939年9月29日

租用挪威的商船

(1) 贸易大臣希望在挪威代表团到达以后的几天内和他们谈判，计划租用他们剩余的商船，其中油船占很大一部分。

海军部的意见是租用这些商船是一件非常重要的事，查特菲尔德勋爵极力支持这样做，为此他还提出了书面意见。

供给德国的矿石从纳尔维克运输

(2) 波的尼亚湾一般在11月底就要封冻。所以，波罗的海的奥克塞洛森德港，或挪威北部的纳尔维克港是将瑞典铁矿石运往德国的港口。德国对瑞典铁矿石需求量的五分之一是从奥克塞洛森德港运出的。而在冬季，纳尔维克港则是运送铁矿石的主要港口。商船可以从这里沿着挪威西部海岸南下，在到达斯卡格拉克海峡以前，将在挪威的领海内完成整个通往德国的航运。

德国从瑞典得到充分的铁矿石对它非常重要，这一点很容易被理解。所以如果能在冬季的10月到来年4月将从纳尔维克起运的铁矿石供应阻断或者阻止，就能使德国的抵抗力大大下降。没有任何运输铁矿石的船在战争初期的三个星期内离开纳尔维克，这可能是因为船员们航行的意愿不大，或者其他我们掌握不了的因素。这个状态让人非常高兴，如果它能一直继续下去，海军部就不需要实施特殊的行动了。另外，我们正在与瑞典政府进行谈判，斯堪的纳维亚半岛对德国的矿石供应可以因为谈判本身而大量减少。

但是，如果重新开始从纳尔维克向德国运送铁矿石，更严厉的措施就要被采取了。

我们与瑞典的关系

(3) 我们需要谨慎地考虑与瑞典的关系。瑞典受到了德国的威胁。制海权是我们强大的武器,如果必要,我们要直接控制瑞典。帮助瑞典人解决铁矿石问题，是我们应该尽力做的，根据第 (2) 政策的部分内容,我们可以用煤换取他们的铁矿石。第二个步骤是,如果认为我们的煤不够交换，我们可以采取其他形式赔偿他们。

租用中立国可用的船只和保险的问题

(4) 上面提到的问题引起了普遍的思考。为了控制包括挪威在内的各中立国的剩余船只，我们应该使用租用还是其他方式?我们的目的是让世界上的绝大部分海运掌握在盟国手中，并希望在条件有利的情况下，让那些听我们话的国家二次租用这些船只。

中立国家的船舶并不受我们的控制，我们是不是将护航制度的有利条件用在这些船舶上?

从目前皇家海军取得的反潜艇的成就看，海军部认为后面的途径是可以采用的。这代表着，不管是哪个国家的，只要是在我们航线上的船只，都应该包括在我们护航制度的范围之内。付给我们外币报酬和遵守我们制定的禁运品管制规则是必须条件。为了避免战争风险，我们应该签订合同。我们希望反潜艇的巨大花费可以因为反潜艇成功获得的利润而得到补偿。如果这样，英国在公海上将要保护我们拥有的船只、受我们管制的船只和中立国的船只。海军部不认为遇到意外的补偿在我们的能力之外。如果中立国船舶的租用和保险同样应用于上一次世界大战，那么这个交易一定在上次大战中就被证明是有利的了。“自由航海国家联盟”的基础可能在这次大战中被证明，这对参加这个联盟的国家是有利的。

(5) 所以，有个要求要提出来，如果这四个目标被内阁在原则上赞成，就应该将问题交给各个部门，让他们重新研究，将详尽的计划制定出来，方便立即采取行动。

我要求海军参谋部在将这个计划提交给内阁讨论之前，再一次彻底地讨论这场战争的局势。

海军大臣致海军助理参谋长　　　　　　　　　　1939 年 9 月 29 日

在周四，我们召开了一次铁矿石会议。为了将我起草的报告进行研究，请在明早内阁会议时，重新召开一次类似的会议。因为我提出的建议对中立国家太过严厉了，所以除非有非常重要的结果出现，否则我不方便向内阁提出这样的请求。

据我所知，现在还没有一艘瑞典或者德国的船只打算由纳尔维克向南运载铁矿石。我同时还听说，德国已经由海道将铁矿石聚在奥克洛森德，为港口在冬季结冰做准备，以便能够不断送铁矿石的运输。他们希望在冬季时将铁矿石由波罗的海通过基尔运河运到鲁尔区。我不知道哪个说法是真的。如果我们将水雷铺设在挪威的领海，但没有取得有效的成果，那可真是不好交代。

另外，如果一个真正重要的因素是从挪威西海岸运输铁矿石，我们的阻截是必需的，那么应该从哪里动手？

请将海岸的地形勘察清楚，让我知道哪个地方好。阻截地点应该在卑尔根以北，这是个显而易见的事实。这并不阻碍挪威西海岸南部的自由航行。到达我们国家的贸易航运可以参加挪威的商船，从挪威西海岸或者波罗的海而来。在将我的建议提交给内阁以前，我们需要再次讨论这些内容。我打算在下周一或者下周二提出这个草案。

当这一切被海军部同意并解决以后，这个问题被我再次提交给内阁。草案提交到内阁后，大家都比较认同，以前也是这样的。但他们不支持采取行动。外交部使用了一个非常有力的理由——尊重中立国。我的草案因此而不能通过。后来的事你们都看到了，我想尽办法让大家同意,在各种场合坚持我的观点。这项计划是在 1939 年 9 月提出的,但真正同意的时候已经到了 1940 年 4 月,那个时候真的太晚了。

* * *

从现在回看当时的情况,德国在那个时候已经同时关注这一点了。海军参谋长雷德尔在 10 月 3 日向希特勒提出了一个建议,名为“在挪威建立一个基地”。他提到:“尽快将海军参谋部在北欧扩建基地可行性的意见通知元首。现在必须要确定是否能做到在苏、德两国的联合压力下成功在挪威建立基地,我们在战略和战术上的地位可能因此而有变动。”于是,他草拟了一堆报告,准备在 10 月 10 日上交希特勒审阅。他在报告中写道:“我一再强调,我们可能因为挪威被英国占领而处于不利地位。波罗的海的入海口将被英国控制,这样我们对英国的空袭和海军作战就可能被包围,我们对瑞典施加的压力也将结束。此外,对于我们能从占领挪威海岸中得到的好处,我不遗余力地说明:北大西洋的出口将被我们掌握,英国曾在 1917 年至 1918 年在那里设置水雷封锁线,这种事情将不会发生了……挪威问题的重要性被元首看到了,他想要亲自考虑这个问题,于是让我将报告留下了。”

罗森堡是纳粹党的外交事务专家,主管国外宣传活动的一个专门机构,他与雷德尔海军上将有相同的看法。“感化斯堪的纳维亚人,让他们认可北欧集团的观念,认可德国领导北欧民族”是他的梦想。德国可以利用挪威国家的极端的国家党,他说他在 1939 年初就认识到这一点了。挪威前陆军部长维德孔·吉斯林领导着这个党。不久以后,双方有了接触。吉斯林与德国海军参谋部的联系,就是通过罗森堡的组织和德国驻在奥斯陆的海军武官建立的。

哈格林是吉斯林的助手,他们两个在 12 月 14 日到了柏林,雷德尔把他们引见给希特勒,共同讨论如何策动挪威的政治。吉尔斯将一份详细的计划带来了。希特勒假装不想承担义务,宁愿让斯堪的纳维亚半岛中立，他这样做的目的是保密。然而，雷德尔说，德国最高指挥部在这天收到了一个准备挪威作战计划的命令。

不过，我们当时并不清楚这些。

* * *

就在这时候，一场出人意料的冲突发生在斯堪的纳维亚半岛。英法两国对这个冲突非常愤怒，对挪威的讨论也受到了很大的影响。从德国与英法之间发生战争开始，苏俄就根据对德条约的精神，将西方进入苏联的通道堵塞了。第一条进入苏联的道路是从东普鲁士经过波罗的海；第二条是从芬兰湾的水域经过；第三条需要从芬兰本土经过，跨过卡累利阿地峡后到达苏联和芬兰的边境，再过二十英里到达列宁格勒的近郊。1919 年，列宁格勒遇到的危险是苏联人忘不了的。高尔察克的白俄罗斯政府曾经通知巴黎和会，保护苏联首都需要的地方还包括波罗的海国家内的基地和芬兰。同样的话也被斯大林在 1939 年夏天说给了英法两国的代表团。那些小国自然感到恐惧，这一点可以从以前的章节中看到。他们考虑的问题包括怎样铺平莫洛托夫与里宾特洛甫的协定的道路，怎样扫清英法与苏联缔结同盟的障碍。

斯大林非常珍惜时间。爱沙尼亚外交部长于 9 月 24 日奉召访问莫斯科，他的政府与苏联的互助条约在四天以后签订。苏联在爱沙尼亚重要基地驻防的权利被条约认可。苏联红军和空军于 10 月 21 日就去驻守。同样的方式也应用在拉脱维亚，立陶宛也出现了苏联驻军的身影。至此，为了防止德国入侵苏联，苏联的武装军队迅速地阻断了半个芬兰湾和通往列宁格勒的南路。现在剩下的线路只有芬兰本土一条了。

芬兰政治家帕西基维曾经在 1921 年签订了芬兰和约，他在 10 月初到了莫斯科。苏联有很多要求，为了让炮火不冲击到列宁格勒，卡累利阿地峡的芬兰边界线必须要向后退一定的距离。此外，苏联的要求还有：将芬兰湾以内的一些岛屿割让给苏联；比特萨摩是芬兰在北冰

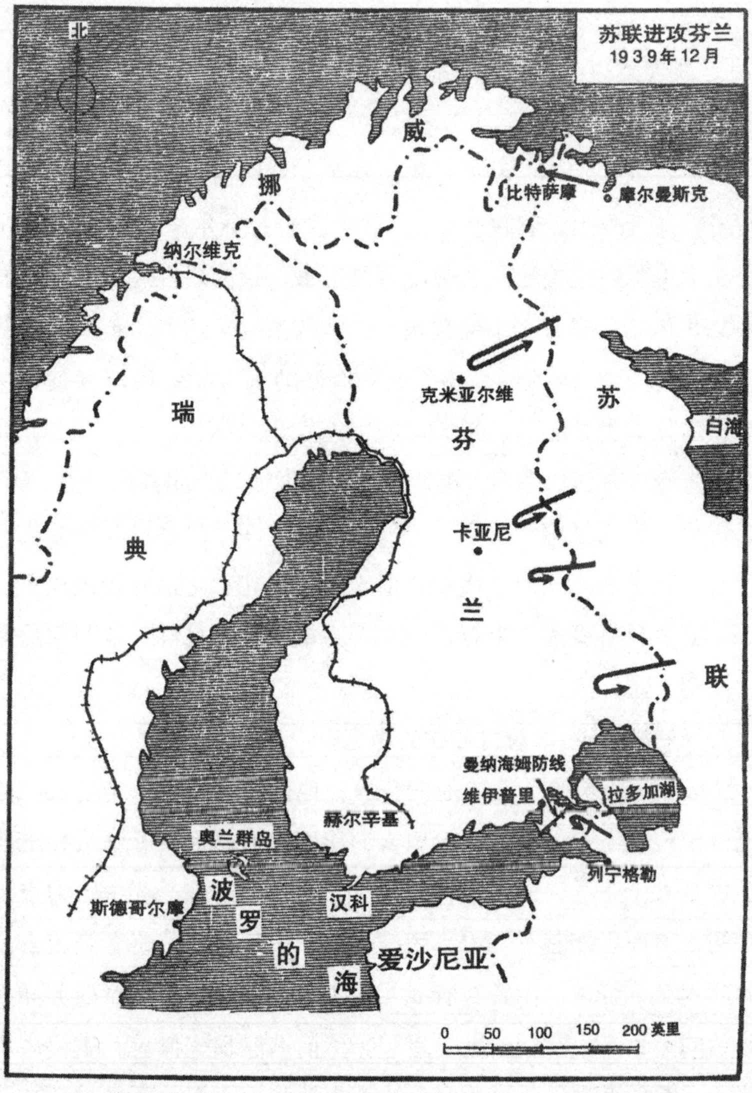

苏联进攻芬兰，1939 年 12 月 （照原图译制）

洋唯一的不冻港，苏联要租借连比特萨摩在内的雷贝锡半岛；汉科港位于芬兰湾的入口处，苏联要将其租用为海军和空军基地，这才是最重要的。芬兰打算让步，不过最后一条除外。芬兰认为，如果苏联掌握了芬兰湾内的重要据点，芬兰就没有了战略安全和国家安全。11月13日，谈判破裂，芬兰政府准备动员，在卡累利阿边境的军队也开始加强了。莫洛托夫在11月28日宣布《苏芬互不侵犯条约》作废。两天以后，苏联派遣军队从八处进攻芬兰，军队沿着几千英里的芬兰边境行进。这天早上，苏联空军轰炸了芬兰首都赫尔辛基。

在卡累利阿地峡的芬兰边境防御工事，是苏联进攻主力主要的攻击对象。这个工事有一个穿越积雪森林的南北长达二十英里的设防地带，也就是曼纳海姆防线。芬兰总司令曼纳海姆曾在1917年使芬兰免于被布尔什维克党征服。苏联的力量是强大的，芬兰是个文明的小国，苏联的入侵没有任何理由。英法美等国非常愤怒，尤其是美国。不过，不久以后，大家又感觉松了一口气，因为苏联军队在最开始的几个星期没有一丝进展。从列宁格勒调遣来的军队几乎是最开始进攻军队的全部。芬兰只有将近二十万人的战斗力量却战绩良好。他们用勇敢的精神应对苏联，还有一种武器——新式手榴弹，这种手榴弹被称为“莫洛托夫鸡尾酒”，用来对付苏联的坦克。

直接深入可能是苏联政府的打算。他们初期对赫尔辛基及其他地方进行了规模不大的空袭，希望人们能因此而恐慌。苏联最初进攻的军队数量大于芬兰，但由于训练不足，质量非常差。芬兰因为空袭和苏联的入侵而更加富有斗志，团结一心，誓死要将侵略者赶出去。他们的战术令人赞赏，而且有着战斗的决心。进攻比特萨摩的苏联兵团将芬兰的七百名士兵轻松地击退了，然而苏联损失惨重，主要表现在对芬兰“腰部地带”的进攻上。这一带地势不平坦，而且被森林覆盖着，地上还有一英寸厚的积雪。面对寒冷的气候，芬兰装备得当，配有保暖的衣物和雪屐，但苏联什么都没有。芬兰士兵的进攻精神在战斗中充分体现出来。他们都经过高度的森林战争与侦查训练。苏联的

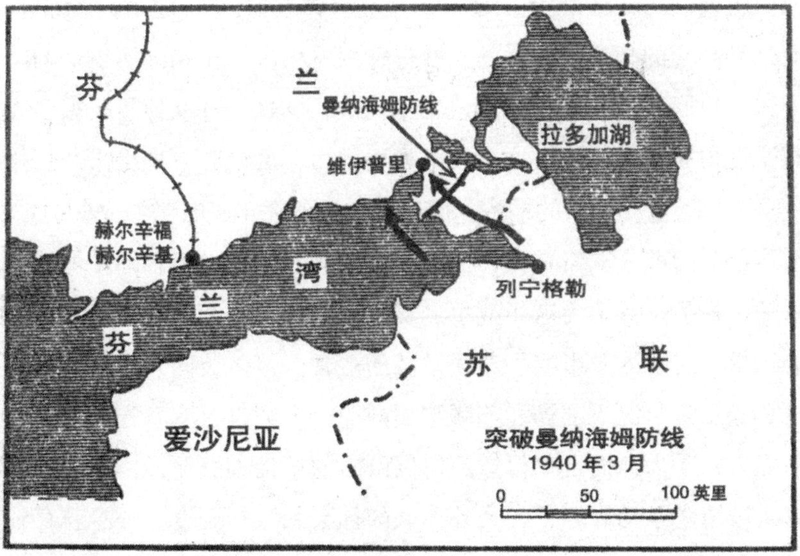

突破曼纳海姆防线，1940 年 3 月　　　　　　（照原图译制）

重型武器和人数优势完全没有体现出来。从整个战线上可以发现，芬兰的哨兵慢慢地在战线上撤离公路，跟在后面的是苏联的纵队。芬兰军队在苏联军队深入三十英里以后发起进攻。他们在森林中筑起了防线，苏联的军队因为遇到防线而根本不能前行，此时芬兰对他们的左右两翼进行昼夜不停的进攻。芬兰切断了苏联军队后面的交通线，将苏联的纵队分成了好几部。如果苏联军队的运气好，还能在受到很大的损失后撤退到他们发起进攻的地方。苏联想要在“腰部地带”进军的计划在 12 月底被证明是不可能的。

与此同时，让苏联感到失利的还有对卡累利阿地峡曼纳海姆防线的进攻。打算在拉多加湖的北部包围的苏联军队大约有两个师，他们的遭遇和北部军队差不多。在 12 月初，有十二个师被调派去对曼纳海姆防线进行不间断的集团攻击。苏联大炮轰炸的结果不明显，而他们的大部分坦克都是轻型的。芬兰击退了苏联不间断的正面进攻，不但让他们没有收获，还让他们损失惨重。在年底的时候，苏联政府从全线的失败中发现，他们遇到了和以前想象中不一样的对手。苏联认为，他们应该进一步努力,因为他们发现在森林战中,芬兰的军队训练有素,而且有高超的战术,苏联的人数优势根本发挥不出来。所以他们认为应该用攻坚战将曼纳海姆防线集中攻破。这次,苏联使用了很多大炮和重型坦克,希望能在这次攻坚战中将自己的优势发挥出来。这样的战争前期要做好大量的准备,所以全线战争在年底时停了下来。此时,虽然芬兰的敌人非常强大,但显然芬兰胜利了。世界各国,不管是否参加了战争,都认为这场战争是意想不到的,认为这是一个令人满意的结果。这场战争影响了苏联军队的名誉。很多英国人暗自庆幸还好没有像正常情况下那样和苏联结成同盟,认为自己有事先预料到结果的能力,并为此而自鸣得意。他们做出的结论不够严谨,认为苏联的军队被清党运动破坏了,另外苏联的社会和政治制度,本身就存在着腐败和倒退的问题,这场战争已经证明了这些。不止英国人有这种看法。苏联在与芬兰战争中暴露的问题也被希特勒和他的将领们仔细分析,德国元首的想法也因此而受到影响。

近来大家对苏联政府欺负弱国的侵略行径表现得更加愤怒,而在这之前里宾特洛甫和莫洛托夫签订的条约本就让大家感到不满了。苏联人现在处于下风的状态让人鄙视,芬兰勇敢和高昂的士气让人赞扬和激动。虽然英国和法国已经宣战了,但人们希望芬兰受到英美尤其是法国的援助,希望法国派遣志愿兵,或者将飞机和其他重要的战争物资援助给芬兰。无论想用哪种方式提供帮助,只有一条路可以通向芬兰。因此有一条感情大于战略意义的路线进入了人们的视野,那就是运送铁矿石的起点纳尔维克港和穿过山地通向瑞典铁矿的铁路。瑞典和挪威的中立因为使用纳尔维克港及其铁路作为供应芬兰军队的通道而受到影响。这两个国家同样害怕苏联和德国,让自身远离战争是它们唯一的目标,但它们已经被战争包围了,很可能就被卷进去。它们认为,想要生存,只能选择中立的方式。为了自身利益而将水雷布置在挪威水道以打击德国,并非是英国政府想要做的,即使只是从技术上侵犯了挪威领海;但有一种义愤填膺的情绪是和战争有间接关系的，因为这种情绪，我们可能要对瑞典和挪威提出一个更严重的要求，我们希望能够得到它们的允许，让我们借道将供应品和人员运往芬兰。

我强烈地同情芬兰，对于支援他们的一切提议，我都支持。这种对我们有利的新气氛让我非常喜欢，我们可以通过这点为我们的利益谋划，将德国非常重要的铁矿石供应切断。假如盟国因为向芬兰提供补给而将纳尔维克变成自己的根据地，那么阻止德国在纳尔维克运载铁矿石，阻止德国使用挪威水道安全离开将变得非常容易。不管使用哪个借口，只要压制住挪威和瑞典的抗议，小的措施必然被大的措施包含。吕勒欧港是波罗的海海岸的一个港口，因为气候寒冷已经冻住了。苏联有一艘巨型破冰船，效能非常高。英国海军部已经开始关注它的动静了。它从摩尔曼斯克驶向德国，看起来像是去维修，但很可能是去打开吕勒欧港，以方便德国的铁矿石运输。所以，我要再次努力，让大家同意实行曾经提到的方法，也就是将水雷布置在挪威水道。这是个已经有过先例、简单而又不需要流血牺牲的方法。我们经过长时间的思考和辩论已经得出了结论，因为一些道义上的争论是由这个问题引起的，所以我应该提出这个结论。

挪威——矿石运输

海军大臣提出的报告　　　　1939 年 12 月 16 日

(1) 在战争中，有一项能够阻止德国铁矿石供应的攻势行动需要被提起。为了减少在战争中的破坏与浪费，为了防止因为主力军队的战争而出现大屠杀，我们需要采取措施，而且在今后的几个月，我们都找不到比现在更好的时机，比这个行动更好的措施了。

(2) 如果显而易见的和强烈的反对没有我们所得到的利益大，我们就必须执行这个切断敌人供应的计划了。因为冬天的来临，吕勒欧已经停止运送矿石了。我们绝不能允许苏联的破冰船破冰解冻。我们应该在挪威领海内部或者挪威领海沿岸的两三个地方，铺设许多小规模的水雷区，阻止从纳尔维克运输铁矿石。这样，往德国运输铁矿石的船只就不得不向公海驶入。如果德国的船只在公海被我们遇上，我们就可以捕获它，当作我们的战利品。如果运输铁矿石的中立国的船只被我们遇上，我们就可以用战争禁运品管制的方法进行管制。我们应该用非外交、非军事的手段阻止从波罗的海不冻港奥克塞洛森德运送铁矿石。我们应该快一些采取针对性的方法处理这三个港口的问题。

(3) 所以，如果我们采取了措施，从现在到明年5月，有一百万吨矿石可能是德国得不到的，而且还能让德国冬季的整个供应都被切断。当然德国有可能得到一些微乎其微的供应，主要从耶夫勒或波罗的海其他不太重要的不冻港获取。如果想让吕勒欧再次供应充足的铁矿石，就要等到波的尼亚湾解冻的时候。显然德国的计划不仅是尽可能在冬天得到更多的铁矿石，还想要得到1940年5月1日至12月15日所需的九百五十万吨或者更多的铁矿石。此后，德国可能要进行长时间的战争，而且可能希望组织苏联方面的供应。

(4) 如果德国的工业和军火在明年5月感到铁矿石大量缺乏，那么（我们）海军的下一个目标就是要阻止吕勒欧港再次使用。我们可以让英国潜艇将水雷（包括磁性水雷）布置在吕勒欧港外，形成一个公开的水雷区。当然，别的方法也可以使用。在1940年年底，如果我们能将德国从瑞典获得的所有铁矿石供应切断，那么我们将打击德国的作战能力，相当于获得了一次对德国战场或者空中作战的胜利。而且，这个胜利是不以牺牲为代价的，还有立竿见影的决定性效果。

(5) 战争中的反击必然出现在打击之后。如果你被敌人打了一枪，那么你一定会回敬他的。所以，对于德国对挪威和瑞典可能采取的压迫行动，以及这两个国家可能怎样做出反击，是我们必须要关注的。在挪威方面，有三组事情是正反相对的。第一，德国曾经用非法而残暴的战斗方式入侵挪威的领海，在没有警告的情况下，就将英国和许多中立国的船只击沉，同时不采取任何救援行动。我们应该使用上面提到的方法——设置一个水雷区，应对德国的这种行为。第二，利益是一个非常重要的因素。我们曾经和挪威订立了租用油船和其他船只的协议，有人认为，挪威会取消这些协议以表示抗议。我们和挪威所做的交易对它是有利的，假如挪威真的取消协议，它的利益将受到损害，这不符合它对利益的要求。我们正在控制战时禁运品，挪威这样做会让它的船只失去用处。船主们会因为船只派不上用场而贫穷。总之挪威的利益必然会因为这种做法而受损。第三，如果挪威想要报复我们，它可以停止输出铝和其他战争物资，这些物资都是我们空军部和供应部需要的。但挪威的利益会因为这种做法而受到损害。挪威损失的利益不仅仅体现在贸易上，甚至还包括以奥斯陆及卑尔根为中心的整个挪威工业，因为英国可能用停止供应铁矾土和其他原材料的方式进行反击。总而言之，如果挪威报复我们，他们的工业和经济将要付出被毁灭的代价。

(6) 挪威应该是对我们抱有同情态度的。只有盟国胜利了，挪威才有可能摆脱德国的控制而独立。所以，我们可以这样合理地进行假设：虽然挪威可以用上面说到的两种方式来威胁我们，但只有当德国用暴力方式威胁挪威的时候，挪威才会这样做，否则挪威不会采取这两种措施的。

(7) 如果德国认为它的利益会因为对斯堪的纳维亚半岛使用武力而增加，那么挪威必然遭受到德国的武力侵犯，这是我们采用任何措施都阻止不了的。此时，战火就将燃烧到挪威和瑞典。因为制海权掌握在我们的手中，所以我们认为英法两国与德国的战争可以发生在斯堪的纳维亚半岛的土地上。我们需要占领和驻守的地点可以在挪威沿岸的任何岛屿和地点之间任意选择。因此，我们在北方对德国的封锁将成为绝对的封锁。比如，我们可以将纳尔维克和卑尔根占领，在完全断绝与德国往来的同时，开放对我方的贸易。我们应该着重强调将挪威海岸线控制住的战略意义，可以说这样做的战略意义是排在第一位的。就算在我们现在提及的行动付诸实施以后，德国展开了丧心病狂的报复，我们的地位也未必会变得不利。相反，如果挪威和瑞典被德国进攻，那么对我们来说这也只是利大于弊。更加详细的论述我就不在这里讲了。

我们应该将德国的铁矿石供应转移，同时通过纳尔维克从瑞典获得铁矿石，而且应该想方设法让这种铁矿石供应长久而大量，我们没有理由不这样做。这一点必须成为我们的目标。

我的结论是：

(8) 我们要考虑这样一个问题，如果我们对挪威采取行动，世界舆论将要怎样看待我们，我们的名声将会受到影响。我们在遵守国际联盟盟约原则的前提下，为了帮助受到德国侵害的国家而战斗。中立国对我们是善意的，只要我们的所作所为符合人道，这样善意并不会因为我们在技术上有不符合国际法的地方而丧失。这也不会对最大的中立国，也就是美国产生不利的影响。我们可以完全相信他们在处理这些问题时必然会用非常巧妙的能够帮助我们的方式，他们有足够的智慧应对这些。

(9) 我们自己的良知才是最终的裁判。重建法制和保护小国的自由是我们战争的目的。假如我们没有成功，那么一个粗暴野蛮的时代就即将来临。我们的生存将和欧洲小国一样，都会因此而受到威胁。作为国际联盟及其代理人的代表，我们凭着国际联盟的名义，有权利和不可推卸的义务在短期内，抛弃需要加强和再次确认的法律中的一些惯例。我们应该放开手脚，为小国的权利和自由而奋战。我们是法律的执行者，但在非常危急的时期不应该受到这些法律的束缚。一方面，侵略者可以通过撕毁法律的方式为自己谋利；另一方面，如果侵略者的对手对法律持尊重态度，侵略者就可以从对方的尊重中受益，我认为这种受益是不合理的、不正当的。因此我们行动的指南针不应该是是否合法，而是是否符合人道。

历史会判断这一切的，审视当前的局势才是我们现在应该做的。

* * *

我的备忘录于 12 月 22 日被内阁讨论，对于我的理由，我竭力为其辩护。但关于采取行动的决议，我还是没有得到。我们可以用外交的方式抗议德国随意使用挪威领海问题。对于在斯堪的纳维亚半岛的土地上应该承担的义务，有什么军事后果等问题，由参谋长委员会讨论。派遣部队在纳尔维克登陆以援助芬兰的计划便由他们制定，德国可能占领挪威南部的问题也由他们考虑。然而执行的命令并非由海军部发出。我在 12 月 24 日分发了一个文件，简明地叙述了情报机关的报告，将苏联有可能对挪威有所行动的阴谋指出来了。我听说，有三个师的苏联兵力纠集在摩尔曼斯克，他们有从海上进行远征的计划。我在文件的最后说："早期活动可能就要从这个地方开始了。"这句话说得很对，但发生的却是另一个活动。

第十章　一个黑暗的新年

继续进行中的昏睡状态——“凯瑟琳”计划的最后阶段——同苏联紧张的关系——墨索里尼感到疑惑——离开陆军部的霍尔·贝利沙先生——各种障碍限制行动——含糊不清的工厂——5月的结果——德国进攻比利时的计划被截获——英国远征军的工作与发展——缺乏装甲师——衰退的法国陆军——共产党有阴谋——德国侵犯挪威的计划——最高军事会议于2月5日召开——第一次参加最高军事会议——“阿尔特马克”号事件——菲利普·维安舰长——将英国俘虏救出——张伯伦做了有效辩护——冯·法尔肯霍斯特将军被希特勒任命为统率德军进攻挪威的将军——进攻挪威后再进攻法国——我国东部沿海航运被德国空袭——怎样应对空袭——最初六个月海战的结果让人满意——关于海军预算的演说于1940年2月27日进行

战争在1939年年底还处于昏昏欲睡的状态。西线一直保持静寂，只是偶尔能听见炮击声和侦查的巡逻机发出的声音。双方的军队互相遥望着，他们之间似乎非常默契地隔着一个“无人区”，每一方的人员都躲在坚固的防御工事后面。

（在圣诞节，我给庞德写了一封信，说道）目前的形势很像1914年的时候。我们已经完成了从和平到战争的过渡。我们至少暂时清除了敌人在外洋上的船只。法国境内的防线还是静止不动的状态。海上最初的潜艇袭击已经被我们击退了。在上次世界大战中，1915 年 2 月才开始潜艇战。另外我们已经找到了应对新兴的磁性水雷的方法。在上次世界大战中，敌人侵占了法国的六七个省和比利时，而这次法国的边境已经设置了防线，这和上次世界大战不太一样。现在，我觉得我们面临的形势要比 1914 年的好一些。我认为纳粹德国这个对手并不如德皇时代的德国（只是我的感觉，这种感觉随时可能发生变化）。

现在时局艰难，我只能在圣诞节的卡片上写下这些感想了。

此时，我深信“凯瑟琳计划”不可能在 1940 年执行。(1 月 6 日）我写给庞德的信中说道：“将一支优秀的舰队派往波罗的海是一个非常美好的愿望，但在占有铁矿石方面，这样做就未必十分必要了。但我们仍然应该做好派遣舰队去波罗的海的准备工作，而且要努力做好这项工作。如果我们轻易出动，那么一定会惹到不小的麻烦，除非我们有办法保护好空袭中的舰队。让海面舰队将铁矿区占领是更加错误的做法。对于海军方面的进展，我们还是怀着信心拭目以待吧！”

一个星期以后，我写下了：

海军大臣致第一海务大臣　　1940 年 1 月 15 日

(1) 关于回复“凯瑟琳计划”草案的各种报告，你已经送来了，我对它们都进行了仔细的研究。我认为今年似乎不能执行我们在秋季所做的计划，这一点是我非常确定而又感到不甘心的。我们并没有足够的方法制伏潜艇、水雷和袭击舰，不能为了一些特别的任务，而将一些较小的船舰派遣出去。我们面临着俯冲轰炸机这个恐怖的威胁。我们还没有办法让我们的船舰安全地熬过敌人的空袭。虽然我们的火箭（为了保密，我将它称之为“U. P. 武器”，也可以称作“不旋转的投射弹”）能够迅速开始生产，但即使在一切顺利的情况下，我们今后几个月内仍然面临供应数量不足的问题。现在，很多装甲保护都不能很好地应用到我们较大的船舰上。我们对波罗的海的政治局势感到迷惑。此外，我们海上要遭受到的抵抗将因为“俾斯麦”号在9月的到来而更强。

(2) 1941年的战争可能将更加猛烈，那个时候是否会有机遇，我们谁也说不准。所以，我认为只要具有了足够的条件，就应该让你在表格中“有利”一栏所列的各种船舰和辅助舰的准备工作处于进行状态。而且为了让正在维修的船舰早日归队服役，当它们进入修理厂或者重新装配时，我们应该付出最大的努力。另外，我们应该注意苏联的态度，为了让我们的驱逐舰能在冬季的时候在海面上活动，我们应该继续做好准备。当然，我们的态度是非常谨慎的。我很高兴我们的意见是一致的。

* * *

到现在为止，我们的事业没有被一个盟国支持。美国的态度已经到了最冷淡的时期。我一直在与美国总统罗斯福通信，但收到的反应很少。我们的美元储备一天天减少，财政大臣经常为此哭穷。我们已经和土耳其签下了一个互助和约，虽然我们的财源有限，但仍然考虑可以在哪方面援助土耳其。我们和苏联的关系本身就不够友好，加上芬兰战争的严峻形势，我们和苏联的关系更差了。对苏联的战争可能因为任何一种我们对芬兰的援助而产生。本来苏联和纳粹德国是敌对的，但这没有影响克里姆林宫发挥自己的便利条件，利用自身可以提供的供给，为德国提供帮助，让德国扩大它的威力。英国和法国的一些共产主义者正在对“帝国主义—资本主义”的战争进行谴责，军需工厂的生产被他们竭力阻挠着。法国陆军不参加战争的时间已经不短了，所以看起来士气低落，这些人在打击士气方面的破坏作用可不小。对于意大利，我们保持着礼貌，并且开出条件让它成为我们的盟友。但我们还是没有安全感，在争取这份友谊方面也没有什么收获。在对待我国大使的态度上，齐亚诺伯爵比较友好，而墨索里尼则表现得冷淡而疏离。

但意大利的独裁者也有他自己的担忧。1月3日，他给希特勒写了一封信，信中透露出了他隐藏的真情，表达了他对苏德签订协议的不满：

> 我的政治生涯已经有四十年了，所以对于一个政策，尤其是一个革命政策，需要战略要求来支撑这一点，我可以肯定我是最了解的人了。1924年，我承认了苏联，1934年和它签订了一个条约，内容是友好通商方面的。里宾特洛甫曾经预言过，英法的政策是不干涉。我很清楚，这是一个不可能实现的预言。避免造成第二战场是你必须要做的，你一定会因此而付出代价的。苏联已经在波罗的海和波兰的战争中受益了，这甚至是在没有浪费任何兵力的情况下发生的。
>
> 不过，革命气质是天生的，革命意志是始终没有改变的，作为一个这样的人，我要对你说，你的革命原则是永远都不能被牺牲的，即使为了某个时间段的战略需求也不能这样做……我有责任告诉你，意大利会因为你和莫斯科发生的一点点关系而产生非常严重的后果。意大利有着绝对一致的反对布尔什维克的情绪，它是不可能被击破的，就像坚硬的花岗岩一样。我希望不会发生这种事情。你应该到苏联解决生存空间的问题，而不是到其他国家去解决……如果有一天我们能将布尔什维克主义粉碎，我们才算得上是完成了双方的革命心愿。再说说那些民主国家，他们都患上了癌症，是活不长久的……

* * *

我于1月6日对法国进行第二次访问。关于“耕种者第六号”和

“漂浮水雷”（“皇家海军”作战计划）两个军械设计[1]，我向法国的最高统帅做了说明。在即将动身前往法国的那个早上，首相把我叫去说，他有更换陆军部长人选的打算，他的计划是让奥利弗·斯坦利先生代替霍尔·贝利沙。霍尔·贝利沙先生在那天深夜将电话打到巴黎大使馆，告诉我这件事，但我已在那时之前就知道了。我不断地劝他在政府中担任其他职位，但是失败了。这时的政府本身就让人看不到希望，全国的报纸都一口认为政府中的一个有能力的领导者离去了。霍尔·贝利沙先生受到了各个报纸的赞扬。对于报纸的意见，议会是不接受的。实际上，议会常常因为报纸的议论而做出相反的行为。下院在一个星期以后举行了会议，拥护霍尔·贝利沙先生的人非常少，他也没有说一句话。我给他写了这样一封信：

1940 年 1 月 10 日

我们合作没多久就要分开了，这让我感觉非常遗憾。我在上次大战中有过和你类似的经历，所以我能感受到，这件事会让每一个认真工作的人感到悲伤。我事先并没有参加这次人事变动的提议，我知道结果的时候，事情已经被决定了。我可以非常坦白地告诉你，我认为担任贸易部或者新闻部职务的最好人选就是你了。这些职务都比较重要，但很遗憾你都放弃了。

陆军部在你的带领下取得了不小的成就，主要是能够在和平年代让征兵法通过。这一点可以让你感到安慰。我希望不久以后我们还有共事的机会。对于想要为国家奉献的你，这次小小的挫折算不上什么。

我的这个愿望始终没有实现，1945 年 5 月，联合政府解散了，我在组织“看守政府”时，请他来担任国民保险部大臣一职。他在家赋

① 见附录（10）、附录（12）。——原注

闲的时候，对我们的政策严厉抨击，但我们非常高兴政府能够重新吸收这样一个有才能的人加入。

* * *

芬兰人整个一月份都一直在坚守阵地。苏联的军队在月底的时候逐渐增多，但仍然被困在原来的阵地上。赫尔辛基和维伊普里一直被苏联红军的空军轰炸着，芬兰政府需要军用物资和飞机，我们可以听见他们不断增高的呼声。苏联的空袭随着北极夜晚的缩短而加强。空袭的目标不仅仅是芬兰的城镇，还包括芬兰军队的交通线路。到目前为止，到达芬兰的只有来自斯堪的纳维亚国家的少量军用物资和几千名志愿军。伦敦在1月份成立了一个机构，用来招募新兵。运往芬兰的英国飞机有几十架,部分是直接飞过去的。但这些都起不到什么效果。

被推迟了的纳尔维克部署，需要无限期延长。为了通过瑞典和挪威将物资运送到芬兰，内阁已经考虑向这两个国家施加压力了，然而内阁始终反对布置水雷这样一个小小的措施。相比之下，运送物资是高尚的，布置水雷是战略需要。另外，大家还可以发现，挪威和瑞典一定会拒绝让它们无条件地为援助芬兰提供方便的提议，所以，这是一个没有结果的计划。

一次内阁会议后，我感到非常烦心，给一位同事写过一封信：

1940年1月15日

我感到很烦，我们的积极行动因为指挥作战机构的原因而受到重大的阻碍。我发现，一道道高大的围墙不断地建立在我们面前，这些都是阻止我们行动的势力组成的，我甚至都对我们的计划是否能越过这些围墙产生了怀疑。我们从这七个星期中有关对纳尔维克部署的讨论中就可以发现，我们需要面对诸多议论。第一是经济部门，贸易部、供应部都不同意。第二是联合计划委员会。第三是三军参谋长委员会。第四是有一种论调说“不要因小失大”，真不知道说出这种话的人是何居心，当时能够进行大计划的机会并不多。第五是有种论调来自法律和道德，在后来我们已经将它一点一点地压下去了。第六是以美国为主的中立国的态度，对于我们的“行动”，请看看美国给予了多么良好的反应！第七是各说各的、争吵不休的内阁。第八是法国，因为我们要在内部解决这些问题后再去和法国商量。最后，因为我们的讨论在开始并没有请各个自治领加入，所以我们还需要让各个自治领和它们的正义感与我们步调一致。这些事情让我认识到，我们现在除了等着面临敌人恐怖的袭击以外，没有其他可以做的事了。我们没有办法让各方面采取一致的行动面对敌人的袭击，或者采取防御措施，保证国家的力量不受到性命攸关的损害。

我有两三个计划正在进行中，但我担心由于消极的言论和力量成为巨大的阻碍，这些计划将都不能实现。所以，请你原谅我流露出烦恼情绪。想要面临最小的阻力，同时还想取得成功，这绝对是一件不可能的事。

低地国家目前正在被威胁着，所以我们只能暂时搁置纳尔维克的事。如果这个威胁成真，我们对形势的研究就要考虑新出现的事实了。假如有大战发生在这些低地国家，那么挪威和瑞典就会受到很大的影响。它们可能因为战局僵持不下而拥有曾经没有过的自由。然而让一些能够转移注意力的事情发生可能才是我们需要的。

* * *

还有其他事情让人感到不安。为了适应战争时期的生产，我们的工业需要被改造，然而现在的进展无法满足我们所需要的速度。我于1月27日在曼彻斯特发表了一篇关于我们劳动力的来源问题的演说。

我一再地论述我们的劳动力需要增加。因为男子都应征入伍了，所以我们的工业生产可以吸收妇女参加，这对增强我们国家的力量意义重大。我还说道：

我们的扩展需要大一些，让那些熟练的或者半熟练的工人参与进来尤为重要。我希望工党和工会能够在这方面给我们提供帮助，指导我们的工作。在以前军需部处于繁盛阶段的时候，我担任过军需大臣，所以在讨论这个问题的时候，我认为我可以使用内行人士的身份。我们对新工人的需求达到了数百万，我们的军工事业需要数百万勇敢的妇女来加入，包括炮弹工厂、军火工厂以及飞机工厂。作战责任由英法两国共同承担，但如果我们不满足英国妇女参加战斗的愿望，不扩大劳动力的来源，我们就不能承担我们应该承担的那部分任务。

但似乎并没有作出多大努力使这件事完成。人们似乎没有感到局势很紧张。无论是工人，还是生产管理者，甚至在军事行动中，大家的状态似乎都“不够清醒”。直到 5 月初，才有一份报告上交给内阁，这份报告的内容是机械、动力和飞机工业集团就业状况，报告中的事实都是无可争议的。我管辖的统计部门彻底地研究了这份报告，主持者是林德曼教授。虽然烦躁的挪威问题让我感到非常激动，而且分散了我的注意力，但我还是在空闲的时候，将下面的备忘录传送给我的同事们看了：

海军大臣的备忘录

1940 年 5 月 4 日

这份报告提到，我们几乎没有组织人员进入基本的工业集团，军火生产还没有开始。

根据（以前的文件）预计，在战争发生的第一年，我们需要扩充从事金属工业生产的人员，而且要扩充百分之七十一点五的人员。然而，这份报告提到，机械、动力和飞机集团占到金属工业的五分之三，在1939年6月至1940年4月期间，（只扩充了十二万两千人）人数只增加了百分之十一点一。上面提到的应有的扩充量是这个数据的六倍还要多。政府没有在1936至1937年间采取干预措施。人数增长和这次增长速度同样快的是贸易改善的结果。

每年毕业的学生有三十五万人，然而在这个集团中，只增加了两万五千名二十一岁以下的男子就业。此外，妇女与年轻人之间的比率变化只是从百分之二十六点六增加到百分之二十七点六。在机械、动力和飞机工业集团中，现有男工数是女工数的十二倍。然而在上次大战中，金属工业男工与女工人数的比例从十比一提高到三比一。从1914年7月至1915年7月，也就是上次世界大战的一年，金属工业的工人数增长了百分之二十。这份报告的数据能够说明整个金属行业的状况，结果显示，在过去的十个月中，金属工业只增加了百分之十一的就业人数。

从属于海军部的各个部门，有将近百分之二十七的新增就业人数。这里没有考虑工人分类的问题，原因是缺乏相关的数字。

* * *

我对西线始终存在着担忧，这种担忧在1月10日被证实了。德国第七空军师的一名少校到科隆的总司令部去，奉命携带着一些文件。他没有赶上火车，所以打算坐飞机。但飞机飞行超过了他的目的地，降落地是比利时，他和他的文件都被比利时扣押了。他当时有销毁文件的想法，但没有成功。希特勒决定进攻比利时、荷兰和法国的计划都包含在这些文件中。比利时很快就释放了这名德国少校，让他回去将事情的经过讲述给他的上级。当我听到这件事的时候就想，比利时一定会想出一个请英法两国出兵比利时的计划。但比利时似乎没做出任何反应。这件事被英法比三个国家讨论着，认为敌人在使用诡计，但同时觉得这种计谋又不太现实。德国没有理由让比利时相信它有在近期内进攻比利时的意图，因为这样做会让比利时采取措施，而比利时和英法共同谋划是德国非常不想看见的事，德国并不希望英法在一个晴朗的夜晚，将军队秘密而迅捷地推进。所以，我相信德国很快就要发起进攻了。

我在 1 月 13 日接到了凯斯海军上将的电话，他说如果我们能够做出一种意义重大的保证，那么对于请英法军队“即刻”开往比利时的问题，比利时国王可能会让他的大臣们同意。我们对“即刻”的理解就是“现在”，而并非在德国入侵以后再“即刻”前往。战时内阁决定给出的回复是，我们不可能随意将其他保证作出，当然这不包括军事盟约中的保证。此外，由于比利时政府已经预计到德国很快就要入侵了，所以为了让德国的侵略行径尽早地被制止，让盟国的军队开进到比利时的邀请需要尽早地发出。凯斯海军上将在 1 月 15 日发来了电报，他说，比利时国王的意见是，破坏比利时中立的罪责，最好让德国来承担。英法军队一旦“即刻”进入比利时，那么比利时和荷兰就要参战，所以比利时国王认为，如果将英国政府的回复上交到政府，必然会有不好的影响产生。达拉第先生也收到了比利时政府的类似回复。我们从法国驻伦敦大使的口中得知，比利时的看法是，假如德国发动侵略战争，英法两国进行“人道主义援助”，那么我们“获胜的可能性就会增加”。

因此，等待成为比利时国王和他的陆军参谋唯一可以做的事，他们希望时局有好转的迹象。虽然德国少校的文件已经得到了，但受威胁的国家和盟国什么都没有做。而另一边，我们已经知道，戈林被希特勒召见。当希特勒知道全部的进攻计划都被对方截获的时候，他感到非常愤怒，于是下令让新的修改方案做出来。

很明显，希特勒在 1940 年年初的时候已经有了一个详细的计划，为了攻击法国，他需要让比利时和荷兰参加到战争中。不管什么时候，只要开始了侵略战争，就要立刻实施甘默林将军的“D 计划”，出动法国第七集团军和英国军队。“D 计划”是一个非常详尽的计划，只要发出指令，就可以立即执行。这个方案曾经被英国三军参谋长委员会在战争开始时批评过。然而它却被巴黎会议在 1939 年 11 月 17 日明确而正式地同意了。以此为基础，两个盟国正在等待即将发生的突然袭击。希特勒则正在等待发兵的季节，比较宜人的气候过了 4 月就要开始了。

英国远征军利用冬季和春季，紧张地进行整顿的工作，防御工事也被加强。不管是进攻还是防守，都需要对战争做好准备。无论是最底层的官兵，还是最高级的官兵，每一个人都在辛勤地工作着。充分利用冬天这个机会是他们最终表现良好的大部分原因。英国军队在“晦暗不明的战争”结束时，实力比以前增加了不少，已经是一支比较不错的军队了。3 月中旬，第四十二师和第四十四师来到了法国，他们推进到边境防线的时候已经到了 1940 年 4 月的下半月。第十二师、第二十三师和第四十六师也在 4 月到达了。这些军队奉命前往法国境内开始训练，他们手头正在进行的劳动力量也需要增强。他们没有大炮，部队应该有的装备和武器也不够。尽管这样，他们在战争刚开始的时候也不得不上战场，对于他们的责任，他们已经做得很好了。

现在回想当时的战前部署，没有一个装甲师才是英国远征军中最让人感到恐惧的事。各种坦克的发源地原本就是英国，然而英国在“二战”期间却忽视了这种即将在战场上发挥威力的武器。我们的陆军虽然规模不大，但却是精锐部队。在宣战后的八个月内，重大的考验就要来临了。然而英国却只有一个包括十七辆轻型坦克和一百辆“步兵”坦克在内的第一坦克旅。在这一百辆“步兵”坦克中，装备两磅重炮的只有二十三辆，其他坦克的装备只有机关枪。另外配有运送车辆及轻坦克的是七个骑兵和义勇骑兵团，这支部队正在改编为两个轻装甲旅。缺乏装甲装备是英国远征军的一大问题，除此之外，英国远征军的能力和功效增进了不少。

*　*　*

法国前线的发展就让人感到不那么满意了。如果一个大军正在实行全国征兵制，那么从军队的内部中必然能够观察到民众的情绪。当军队驻扎在国内时，军队与民众联系密切，就更能观察到民众的情绪。我们看不出来1939至1940年间的法国对战争胜利的信心有多大或者民众参与战斗的情绪有多么激昂。有很多的分裂和不满是在过去十年的政治动荡中产生的。如今，共产党的势力一天天强大起来，有人为了反对共产党就去投靠了法西斯，禁受不住戈培尔的花言巧语，在闲聊的时候将他的话传播出去。所以，法国的陆军中出现了分裂，这种分裂是由共产主义和法西斯的影响造成的。冬季的几个月中一直处于漫长的等待状态，这些陆军中的毒药正好在这个时间内发挥了作用。

有很多因素可以让军队的士气向良好的方向发展，其中让官兵们努力去做有意思和有用处的工作就是非常重要的一方面。很多危险都是因为懒惰而滋生的。有很多工作可以在冬天进行，加强训练就是其中之一。建造让人满意的和完美的防御工事的工作还有很多，就连马其诺防线的辅助性野外堡垒也缺少很多。士兵需要加强锻炼，这样才能形成强健的身体，但从法国前线回来的人却看到，事不关己的冷淡情绪在前线中普遍存在，他们正在做的工作都做得非常劣质，我们的人惊讶于很少看见他们进行任何活动。冷淡的氛围弥漫在法国防线后面的公路上。与之有着鲜明对比的是英国军队驻守的防线后面的公路上，几里地内都是车水马龙熙熙攘攘。

很明显，法国军队的素质因为在这个冬季无所事事而倒退了。如果战争没有发生在第二年春天，而是发生在前一年的秋天，法国军队一定在战场上表现得非常勇猛。没过多久，德国迅猛的进攻就将法国吓倒了。但是当法国的士兵们发挥出他们的战斗水平，想要将他们的世敌抵抗在外，保护自己的国家时，一切已经太晚了，这场战役本来就非常短暂，在那个时候已经接近尾声了。

* * *

此时，德国正在进行攻取挪威并进行用闪电战的方式占领丹麦的计划。1940年1月27日，凯特尔将军写了一份备忘录，说明这个问题：

> 元首和全国武装部队最高统帅期望继续由我指导研究“N”计划。同时要保持与一般战争政策的密切联系。因此，我已经被元首指定接手准备工作了。

他们正在用正常的途径进行这个详细的战役计划。

* * *

首相要在2月初到巴黎参加最高军事会议，他第一次邀我和他一起去。我的建议是大家坐船去，具体事宜由我来安排。因此，那天在一艘由多佛驶向巴黎的驱逐舰上，坐着我们所有参加当晚会议的人员。萨姆纳·韦尔斯搜集了一些和平建议，当大家在海上的时候，张伯伦给我看了他的回复。我认为答复非常好。我在他面前读过之后对他说：“我感到很骄傲，因为我能在你的政府中任职。”听到这里，他也感到非常高兴。

“援助芬兰”是2月5日讨论的主题。各项计划已经被核准，有三四个师将要派往援助。另外，我们要将挪威和瑞典说服，允许我们的物资和增援通过它们那里运往芬兰，掌握耶利瓦勒铁矿的控制权也附加进去了。正如我们猜想的那样，瑞典并不同意，我们的计划彻底失败了，虽然准备工作已经做了很多。我们国家的代表张伯伦先生亲自主持会议。其他出席会议的英国各部大臣发表的看法并不多。根据会议记录，我没有发言。

我们第二天再次渡过海峡的时候，有一件趣事发生。有一个漂浮水雷被我们看到了。我对舰长说："用炮弹把它炸毁。"水雷砰的一声就爆炸了。我们看见一大块碎片飞过来，我们的舰桥瞬间就要承受碎片的打击了。在舰桥上的人都是政治家和各界知名人士。幸运的是没有人因此而受伤，碎片落在了空旷的甲板上。所以这一页就高兴地翻过去了。从这以后，每当召开最高军事会议的时候，我还有其他人员总是被首相邀请去参加，但我可不想每次都发生这样的事情。

* * *

援助芬兰的重要性被最高军事会议认定。如果没有训练有素的三四万军队送到芬兰，那么在春季以后，芬兰就支撑不住了。目前到芬兰的志愿军绝对不够，而且他们成分混杂。芬兰的沦陷对于盟国来说绝对是一个败笔。所以必须从比特萨摩或纳尔维克和（或）其他挪威海港，将盟国的军队派遣出去。一举两得的做法就是通过纳尔维克派遣（这样做既可以为芬兰提供援助，同时能够将铁矿石运输切断）。英国原定将两个师在 2 月份送往法国，现在看来应该继续留在英国，并做好去挪威作战的准备。此外，对于争取挪威和瑞典同意方面的工作，我们仍然需要努力，能够与它们合作是最好的。我们始终没有正面处理一个问题，那就是如果被挪威和瑞典拒绝（现在看来这种可能性是非常大的），应该怎样做。

斯堪的纳维亚的局势因为一个有趣的事件而更加紧张。读者可能还记得，对于"施佩伯爵"号的辅助舰"阿尔特马克"号，我一直在关注捕获它的进展。它是一个游动的监狱，我们被击沉的商船的船员都圈禁在里面。根据国际法，"施佩伯爵"号舰长朗斯多夫在蒙得维的亚港释放了英国的俘虏。这些俘虏说，大概有三百名英国商船海员在"阿尔特马克"号上。这只军舰有两个月的时间都隐藏在南大西洋上。舰长希望于我们终止搜索，给他们逃回德国的时间。但后来，可能是由于运气或者气候适宜的原因被我们发现了。在2月14日，我们的飞机发现它穿过冰岛和法罗群岛之间，进入了挪威的领海。

海军大臣致第一海务大臣　　　　　　　　　　1940年2月16日

我今天早上接到了一份报告，从报告的内容看，在白天的时候，我们的巡洋舰和驱逐舰应该快一点向北面的挪威沿海一带进行搜索。一旦发现"阿尔特马克"号，就应该立即将其捕获，哪怕是在挪威的领海也不需要有所顾忌。英国的战俘被这只军舰运送到了德国，已经触犯了中立法。今天晚上需要在斯卡格拉克海峡进行仔细的搜索，是不是还需要加派一两艘巡洋舰？对于"阿尔特马克"号，我们应该将它当做一件珍贵的战利品对待。

海军部公报的话是："正在出动一些方便派遣的皇家正规舰。""阿尔特马克"号被英国军舰"科萨克"号舰长维安指挥下的一艘驱逐舰截住了，但它并没有受到阻拦，直接向约星峡湾逃去。约星峡湾是一个长约一英里半的狭窄海湾，有高高的积雪山岩环绕着四周。两艘英国驱逐舰奉命向它围困，并将在那里进行检查工作。它们与两艘挪威炮艇在峡湾的入口处相遇。英国军舰收到炮艇的通知，"阿尔特马克"号在一天前曾被检查过，它没有武装，而且挪威已经同意它从挪威领海回到德国。听到这里，我们的驱逐舰只能撤退了。

我在海军部听到这个消息的时候就想要干预，外交大臣也同意，我便对我们的军舰下令进入峡湾。对于直接采取行动这种做法，我过去并不经常用，但这次我直接对舰长维安发出指令：

1940年2月16日下午5时25分

你要直接派兵登上"阿尔特马克"号释放俘虏，同时占领这艘军舰，在收到下一个命令的时候再做进一步的打算。如果"阿尔特马克”号在挪威的鱼雷潜艇的护送下前往卑尔根，英国和挪威双方卫队驻守在军舰上，共同护航，那就不用这样做。如果挪威鱼雷艇想要干涉，你应该警告它们，让它们赶快离开。如果你们受到了鱼雷艇炮火的攻击，在形势非常严重的情况下可以反击。自卫只能发生在情况非常不妙的时候，而且要掌握好火候，不能超过所需要的限度。如果对方的炮火停止了，你们也应该同时停止。

维安去办其余的事情了。他在那天晚上坐着开着探照灯的“科萨克”号从漂浮在海面上的冰块之间穿过，驶入了峡湾。“切尔”号是挪威的炮艇，维安在登上“切尔”号以后，要求由双方共同为“阿尔特马克”号护航，将其带到卑尔根并按照国际法进行审问。挪威舰长不断地保证，他们已经搜查“阿尔特马克”号两次了，声称没有在上面发现武器，也没有发现英国的俘虏。维安说他要在这位挪威军官的陪同下亲自对军舰进行检查，但遭到了拒绝。

“阿尔特马克”号趁着这个时间开船，对“科萨克”号发起撞击，不过它自己却因此而搁浅了。“科萨克”号强行向“阿尔特马克”号靠近，当两艘军舰靠在一起的时候，一队检查人员跳到了“阿尔特马克”号上。接下来进行了一场近身搏斗，德国死了四人，伤了五人。除了部分船员逃到了岸上，其他人都选择了投降。我们的船员一一将俘虏找出来，在禁闭仓、贮藏室和油槽内一共找出几百人。接下来有人大声喊“海军来了！”各个禁闭仓的门都被打开了，一瞬间，甲板上到处都是被俘虏的人。最后被释放的俘虏达到二百九十九个，他们都被转移到我们的驱逐舰上去了。我们的搜索小队发现有两门高射机关炮，四架机关枪在“阿尔特马克”号上。挪威人确实两次登上了这艘军舰，然而他们没有进行任何检查。在我们与“阿尔特马克”号发生冲突的时候，挪威的炮艇默默地观看了全程。维安在半夜的时候从峡湾离开，驶向福思。

在作战室里，我和庞德海军上将都很担心这件事。外交部已经被我们施加了很大的压力，在技术上，我们采取的行动看起来很严重，这一点我完全明白。但我们要对这些行动进行公证的判断。我们不能忘记，在这一天以前，已经有二十一万八千吨的斯堪的纳维亚船舶被德国击沉了，丧失性命的斯堪的纳维亚人已经达到了五百五十五个。有没有英国俘虏在舰上是国内人民和内阁所担心的问题。在早上三点的时候，传来了有三百名英国俘虏被找到并救出的消息，这让我们感到非常欣慰，这个事实压倒了一切。

我们以为这些英国俘虏的经历一定非常不幸，他们可能备受饥饿和禁闭的折磨，派出去到里斯港迎接他们的有救护车、医生、记者和摄影师。不过因为他们在驱逐舰上受到了良好的照顾，所以看起来并不病弱。他们高高兴兴地上岸了，没有向外界透露出这些情况。英国人对舰长维安的努力和他们的获救感到非常兴奋，简直和“施佩伯爵”号被击沉后的情绪一样。我的力量和海军部的名誉因为这两件事而提高了。当时盛传着“海军来了”这句口号。

我们应该尽量原谅挪威政府的所作所为，恐怖的德国将挪威吓到了，英国对挪威很宽容，但挪威却对英国不够真挚。他们抗议英国的军舰进入了他们的领海。张伯伦曾在下院做过一篇演说，对于挪威抗议的答复，包含在演说的内容中：

从（挪威外相）科特教授的观点来说，如果挪威几百英里的领海被德国军舰使用，将英国的俘虏运送到德国监禁，使得德国可以逃到公海上，免于被捕，那么挪威政府将持同意的态度。我们政府对国际法的认识恰恰与这种说法完全相反。对于英国来说，这样做就是放纵德国，让它对中立国的水域的利用成为合法行为，无论何时，英国政府都不能接受这种结果。

*　*　*

正如我们前面看到的那样，12 月 14 日，希特勒做出决定进攻挪威，凯特尔指挥军事参谋工作。他们必然受到“阿尔特马克”号事件的刺激。2 月 24 日，凯特尔建议希特勒紧急召唤冯·法尔肯霍斯特将军到柏林。就在此时，法尔肯霍斯特正在科布伦茨指挥一个军团。他和元首谈起了 1918 年他参加的德国在芬兰的战争。这次会谈的内容曾被他在纽伦堡审判中提及。

> 希特勒问我当时在芬兰有哪些经验，说道：“你坐下来和我说说当时都是怎样做的。”我说了一会儿，就被他打断了。有一张桌子上铺着一张地图，他让我到桌子前面，对我说：“占领挪威和这件事非常相近，是我心中正在打算的。我要在英国人之前行动，因为据我所知，英国想在那里登陆。”
>
> 他一边在房间内走动，一边告诉我他的理由。他说：“如果挪威被英国占领，就可以使用迂回战术，他们便可以进入波罗的海，然而我们并没有军队或者防御工事在波罗的海地区。在东方，我们已经取得了一定的胜利，现在正打算将西方征服，如果发生那样的事，我们的计划就要落空。因为对手可以从那里向柏林发起进攻，我们的两个战线中枢都可以被他们攻破。第二点是，为了保证我们的舰队可以在威廉港湾内畅通无阻，我们需要占领挪威。第三点是从瑞典输入的铁矿石需要保护。”……他最后说：“这项远征，由你去指挥。”

法尔肯霍斯特在这天下午又被召到总理公署，与希特勒、凯特尔及约德尔讨论远征挪威的详细作战计划。确定顺序是最重要的事。希特勒要决定“黄色计划”（进攻法国）和进攻挪威的先后。他在 3

月1日作出了先进攻挪威的决定。约德尔在3月3日的日记中写道:“元首决定,黄色计划在‘威塞尔演习’计划执行后的几天再开始。”

* * *

最近,令人讨厌的空袭又发生在我国东部沿海的航运上。除了一些远洋船只开往较大的港口以外,在沿海的港口内或者在海上每天都有三百二十艘左右的船只,总吨位数在五百至两千吨之间。向伦敦或者南方运煤的船只占了很多,这些小船在最近才安上了高射炮,而且数量还比较少。因为空袭它们比较容易,所以它们成了敌机集中袭击的目标。灯塔船甚至也被敌人袭击了,船上的海员们克忠职守,他们的停留地是沿海的浅滩地带,在那根本找不到可以躲避的地方。灯塔船对包括发动袭击的潜艇在内的所有船只都有重要作用。在上次世界大战中,没有发生袭击灯塔船的事故。而现在敌人击沉和毁坏了我们的几艘灯塔船。在恒伯海面的事件是最严重的,有一艘船上九名船员中的八人死于敌人激烈的机枪扫射。

在抵御空袭方面,护航制度和防御潜艇具有相同的功效,这一点已经被证明了。现在我们已经尽力将各种武器都安装在每一艘船只上了。高射炮是我们所缺少的,但我们将各种奇巧的方法都用上了。甚至有一架敌机被我们的救生火箭打了下来。东部沿海的英国和盟国的商船都得到了国内舰队剩下的机关枪和海军炮手。每当航行到危险的水域时,这些人员和武器都在各个船只间轮换使用。陆军在2月份给了一些援助,我们后来称之为海上皇家炮队的组织在这个时候成立了。战争最激烈的时候是1944年,那个时候已经有三万八千多名从正规军调过来的将士承担这项职责,其中陆军供给的将士达到了一万四千多人。当空袭发生在沿东海岸的护航路线上时,有很大一部分船只可以向最近的飞机场发出通知,请求战斗机给予保护。因此便发生了海陆空三军的混战。被击毁的空袭飞机的数量一直在上升。沿岸的各国商船通常没有任何抵御能力，因此受到了敌人的扫射，但这次敌人付出了比预期的损失还要大的代价，所以减少了空袭。

并非所有的前途都是不光明的。在海洋上，“施佩伯爵”号在12月份沉没以后，就没有发现其他活动的袭击舰了，我们努力地进行清理德国海上航运的工作。有六艘德国船在2月从西班牙出发，试图到德国去，但最终到达目的地的只有一艘，其余的一艘自行凿沉，一艘在挪威被击毁，三艘被俘。有七艘德国船只在2、3月份时想要冲出封锁线，但我们的巡逻舰队将它们截住了。其中有六艘被他们的船长凿沉。截至1940年4月初，一共有七十艘德国船只被俘获或者自行凿沉，共达到三十四万吨。此外被困在中立国海港的德国船只有二百十五艘。我们的商船队都已经武装起来，德国发现这一点以后便使用鱼雷袭击，不再使用炮击了。他们的下一步做法更加卑鄙，不再使用鱼雷，而是使用不用警告的水雷。对于应对敌人的磁性水雷袭击的情形，我们已经预见到了。即使是这样，在1月份，我们因敌人水雷袭击而损失的船只占到了损失总数的一半，损失总数的三分之二是中立国的船只。

关于海战的特点，我已经在2月底的海军预算中评价过了。我的猜测是，德国参战时所拥有潜艇的一半已经损失了。然而事实与预料大相径庭，到这个时候为止，新的潜艇很少出现。根据现有的资料，有十六艘潜艇在2月底被击沉，新增加的潜艇有九艘。敌人并没有发挥出他们的能力。我们计划需要建造的小船规模巨大，这其中包括补充损失的商船和护航船只。商船制造的统制已经被海军部接管，参与这项工作的还有格拉斯哥造船业者詹姆斯·利思戈爵士。在这次大战最开始的六个月中，除去新造的和外国让与的船只抵偿以外，我们船只的损失不到二十万吨。然而在1917年，我们在形势最紧张的四月份损失了四十五万吨。此时，我们损失的货物并没有我们截获的运送到敌区的货物多。

（我在演讲即将结束的时候说道）我们每个月的补给都在持续增加。我们在1月份遭受了潜艇、水雷的袭击，遭受了冬季大风和大雾的干扰，然而与前三年的和平时期的平均数据相比较，我们海军安全运回到港内的货物超过了和平时期的五分之四……我还可以说，这个结果已经非常让人满意了，因为英国船只的很大部分都要去海军服役，或者将军队运送到英吉利海峡，或者加入需要前往世界各地的运输部队的航队。

第十一章　风暴之前

1940 年 3 月

回到斯卡帕湾的舰队——明奇海峡的航程已经通过——“报告显示发现航路上有水雷”——一次空袭警报——斯卡帕湾的情况已得到改善——目前所知的希特勒的计划——陷入绝境的芬兰——达拉第先生的努力是没用的——苏联和芬兰的停战条件——新的危机出现在斯堪的纳维亚——“皇家海军”作战计划——已经准备好漂浮水雷——达拉第先生持反对意见——倒台的达拉第政府——我致新总理雷诺先生的信——3 月 28 日召开最高军事会议——张伯伦先生对局势的观察——关于在挪威水道布雷的最后决定——拖延了七个月——各种攻势作战建议及计划——张伯伦先生于 1940 年 4 月 5 日的演说——种种迹象表明德国即将采取行动

人们对 3 月 12 日已经盼望很长时间了，本土舰队返回斯卡帕湾就在这一天，而且要将斯卡帕湾当作主要的根据地。我认为海军部的这件大事应该有我的亲自参与。所以，我在克莱德湾登上海军上将福布斯的旗舰。

这个舰队由五艘主力舰、一个巡洋舰分舰队和二十艘左右的驱逐舰组成。大约需要二十四个小时通过明奇海峡。我们应该是在日出前后通过北部海峡，到达斯卡帕湾的时候是中午。比我们早到几个小时的是“胡德”号和其他舰只，它们从罗赛斯出发，沿着东海岸北上。我们在明奇海峡要经过一段复杂的航行，海峡北部的出口只有一英里宽，暗礁和岩石随处可见，而且我们听说这里有三艘潜艇隐藏在周围的海域中。我们的行驶必须是快速而又曲折的。我们关掉了平时需要使用的所有灯光。这次航行任务是海军非常感兴趣的。吃过午饭以后，我们打算动身。我们的舰队队长担任这次航行的指挥军官，此时他却病倒了，原因是患上了流行性感冒。所以，跑到舰桥上负责指挥行动的是一个看起来很年轻的海军上尉，他是舰长的助手。我对他的印象深刻，这项工作是专业性非常强而又非常严肃的，需要精准的判断力，他在进行这项工作的时候还没有收到通知。在他镇静的表现中可以隐隐发现得意的情绪。

因为我和总司令要讨论很多事情，所以当我到舰桥上去的时候已经是午夜时分了。这时四周乌黑一片，晴朗的天空中既没有月亮，也没有星星。这艘军舰航行的速度是十六海里。在战舰后面跟随的一团阴影依稀可见，都是一些跟随的战舰。这一队舰只共有三十艘，大家排着队一个接一个地前进。我们几乎看不见任何光亮，除了船尾的小灯还在亮着。舰队不断地改变航线，这是防备潜艇所必须要做的。它们看不见陆地和阳光的时间已经有五个小时了。没过多长时间，福布斯海军上将过来了，我说：“我非常不喜欢负责这样的航行，能在日出时分到达明奇海峡的狭小出口吗？你怎么能保证呢？”他说：“如果这个时候能够下达命令的人只有你一个，你要怎么处理？”我毫不犹豫地说：“抛锚，等到早上的时候继续行驶。就像纳尔逊说的那样：‘抛锚啊，哈迪！’”然而海军上将却对我说：“我们脚下有六百英尺深的海水。”我对海军的信赖已经积攒了多年，为了让一般的读者知道这种技能的神奇和精确，而且能够留下深刻的印象，我才讲这个故事的。这种工作对于陆地上的人们来说是天方夜谭，但如果处于非常时机，在高超的技巧和精准的操作下，完成这项工作也是有可能的。

我醒来的时候已经是第二天早上八点了。此时，我们处在明奇海峡的北面，这里的海域宽广，我们需要绕过苏格兰西部的顶端，才能驶向斯卡帕湾。当我们再航行半个小时就到达斯卡帕湾入口处时，收到了一个消息，我们即将经过的主要入水口被德国的若干架飞机投下了水雷。福布斯将军的意见是远离海岸，向西行驶二十四个小时，当航道可以通行时再回来。所以,这个舰队的航线开始改变了。他对我说："如果你想乘坐其他的船只，我可以让驱逐舰将你送到岸上，这很容易。已经到达港内的'胡德'号可以照顾你。"我接受了这个建议，因为我离开伦敦三天是一件非常不容易的事情。很快，我们的行李就被送到了甲板上。旗舰的速度已经下降到了三四海里，一艘小快艇从军舰的艇架上放了下来，十二个系着救生带的海员在快艇上面。空袭警报在我们这一小批人就要到达快艇上的时候响起来了，此时我正与海军上将告别。整个旗舰急忙开始布置，派人把守了所有的高射炮，同时也在采取其他措施。

我们必须把旗舰的速度放低，大家都知道有潜艇潜伏在这片水域内，因此我感到非常急切。海军上将对我们说不用担心，有五艘驱逐舰绕着我们的旗舰快速行驶，还有一艘驱逐舰正在等待我们，他在指挥这六艘驱逐舰向前行驶。我们的快艇和驱逐舰之间相距一英里，划了一刻钟以后，我们才赶上。这与以前的样子非常相似，只是水手们不能熟练使用划桨而已。旗舰再次加速行驶，在我们还没有爬上驱逐舰时,为了追赶其他的军舰,它就已经离开了。迎接我们的是外科医生，我们被他们带到了放着医疗器械以防意外的军官室。此时驱逐舰上的军官们都在自己的岗位上工作。没有发生空袭，我们驶向斯卡帕湾的速度就可以快一些了。斯维塞海峡是一条小的次要航道，没有敌人投下的水雷，我们便穿过了这道海峡。汤普森中校参谋说："商人的进出口就是这里。"实际上，这个进出口被指定给海军军需船舶使用。驱逐舰的上尉只能不好意思地说："唯一允许小舰队通过的出口就是这里。"为了让万事顺利，我问他对吉卜林的诗句还记得多少。

“报告说航道上发现了水雷，

所有的船舰都被警告停下，

‘传令给……’”

当我背诵到此处时，请他继续背下去，他没有一点错误地接了下去：

“‘统一’号、‘克拉里贝尔’号、‘亚述’号、“啄木鸟’号及‘万利’号。”①

很快，我们就追上了“胡德”号，迎接我们的是海军上将惠特沃思和他手下的大部分舰长。这个夜晚，我们非常高兴地在舰上度过了。巡回视察占用了我第二天的所有时间。我最后一次登上“胡德”号就是这次，从这以后，“胡德”号服役了两年，在1941年，“俾斯麦”号将它击沉了。

和平时期，我们对斯卡帕湾的布防疏忽了，我们用了六个月的时间，利用各种优先条件，终于将这种疏忽弥补。我们用水栅和水雷将三个主要进出口的航道保护起来；添加了三只障碍船在柯克海峡，曾经“皇家橡树”号就是被从这里溜进来的普里恩的潜艇击沉的。另外，还开过来许多障碍船。炮台增加了不少，这些炮台和这个重要的根据地被大量的驻军守卫着。为了控制舰队停泊处的上空，我们打算使用无数探照灯、一个防空气球网以及一百二十门高射炮。虽然我们还没有完全完成这些措施，但此时的空防能力已经很强了。在进口一带，有很多小艇在巡逻，它们的活动非常频繁。有两三个“旋风”式战斗机中队在凯思内斯机场驻扎，为他们导航的是当时最先进的雷达装置之一，这些飞机可以昼夜不停地将敌人前来袭击的飞机阻截下来。本土的舰队终于可以在这个根据地安身了。皇家海军在上次世界大战中称霸世

① 来自《海战·扫雷艇》，班布里奇夫人和麦克米伦有限公司已经同意引用。——原注

界海洋，他们的根据地就是这里。

* * *

正如我们现在知道的那样，德国决定入侵法国和低地国家的时间为5月10日。但对于侵犯挪威的具体日期，希特勒还没有确定。要提前做好很多准备，约德尔在3月14日的日记中写道：

英国在北海守卫的潜艇有十五六艘。他们的目的是为了自保，还是预防德国发起战斗，这一点还不清楚。至于执行“威塞尔演习计划”的理由，元首还没有确定。

德国作战机构的计划部门内，曾经忙碌过一段时间。他们正在同时努力地准备进攻法国和进攻挪威两项工作。法尔肯霍斯特在3月20日中的报告说：已经准备好“威塞尔”中的有关他的那部分工作了。3月16日下午，德国元首曾举行了一次军事会议，发动进攻的日期临时决定，很明显应该是4月9日。雷德尔海军上将在会上作了报告：

……我认为，英国在挪威登陆的危险性并不严重……英国在不久的将来将要采取何种行动？我想可以这样回答：为了能够对挪威实行军事行动，英国会制造事端，对于中立国海域内德国的海上贸易，英国会进一步破坏。它过去和现在的目的都是一个，即阻止德国从纳尔维克输入铁矿石。即使我们实行了威塞尔作战计划，也必然会暂时中断这种贸易。

对于执行“威塞尔”作战计划的必要性问题，德国早晚都要面临。所以，宜早不宜迟，最晚不能超过4月15日，从那天以后，夜晚的时间太短了。另外，4月7日晚上是新月。如果一再拖延“威塞尔”作战计划，就会限制海军作战的可能性。在驻扎地的潜艇只有两三个星期的停留时间。执行“威塞尔”作战计划与执行“黄色作战计划”不一样，前者不需要等待气候条件，而且“威塞尔”作战计划可能因为阴天和大雾而更加容易执行。目前海军和军舰的一般的作战准备情况是不错的。

* * *

苏联在年初就将主力用在了芬兰。为了在积雪融化以前将曼纳海姆防线攻破，苏联正在做出多倍的努力。芬兰人承受的压力非常大，他们希望春天来临和积雪融化能让他们受益。但不幸的是这一年积雪融化和春天来临的季节比往年推迟了六个星期。从 2 月 1 日开始，苏联向地峡展开了为期四十二天的进攻，并开始猛烈地轰炸芬兰防线后方的基地仓库和铁路线的联结站。苏联的大炮排列得非常紧密，芬兰被轰炸了十天后，又要承受苏联步兵的猛烈进攻。这条防线在经历了十四天的战斗后被攻破了。维伊普里主要的要塞炮台和基地遭受的空袭一天比一天强烈。曼纳海姆防线在 2 月底完全被突破，维伊普里湾可以任由苏联军队集中进攻了。缺乏弹药的芬兰军队已经非常疲惫。

我们之所以严格按照规矩行事，是为了保持良好的名声。我们因此而不能采取主动的战略，想要对芬兰进行有效的军火援助也受到了阻碍。我们对芬兰最大程度的援助只能是从我们不充足的存储中，分出一些对芬兰不重要的捐助物资送过去。然而法国对芬兰却更加热情，达拉第对他们帮助较多。他在没有与英国政府商议的情况下，就在 3 月 2 日支援给芬兰五万名志愿军和一百架轰炸机。这种做法是我们不能照搬的。德国上校携带的文件在比利时被发现，德国在西线大量屯兵的情报被情报处陆陆续续地送过来，根据这些信息，这种做法已经越过了谨慎的范围。在这样的情况下，英国仍然愿意将五十架轰炸机派出去支援芬兰。在纳尔维克和特隆赫姆登陆的军事计划被内阁在 3

月12日重新恢复。接下来就要做好在斯塔万格和卑尔根登陆的准备了。我们不得不援助芬兰完全是因为法国的关系，登陆计划可以看做是援助计划的一部分。虽然挪威和瑞典的必要同意还没有获得，但按照计划，我们要在3月20日开始行动。此外，帕西基维先生已经在3月7日为了商议停战条件而去了莫斯科，芬兰在3月12日接受了苏联的条件。我们只能放弃已经准备的登陆计划，遣散部分正在集中起来的兵力。有两个师在英国候命出发，现在将要去法国了。我们进攻挪威的兵力减少到十一个营。

*　　*　　*

“皇家海军”的作战计划在此时已经成熟。这个计划一定能够准时完成，因为我们为这个计划努力了五个月，而且海军部还有一些优先的特权。在莱茵河上游，驻扎着菲茨杰拉德海军上将和经过训练的英国海军军官及陆战队组成的分遣队，一旦被许可，他们随时可以展开攻击。这些新的作战行动让每一个人都有兴奋之情。在附录（12）有这个计划的详细解释。准备工作在3月已经完成，然后我便征求我的同事们和法国人的同意。这个计划是经过认真准备的，战时内阁非常愿意让我将它付诸行动。外交部支持我尽全力与法国谈判。在我的一生中，每当法国遇到麻烦或者发生战争时，我都和他们在一起。所以，我坚信，如果任何外国人都能得到法国的援助，那么我一定包括在内。然而，在现阶段，战争处于晦暗不明的状态，他们竟然不能被我感动。每当我催得急的时候，他们就开始想办法拒绝，这种方式是我在过去和将来都没遇到过的。达拉第先生的态度非常礼貌，他说：“法国总统已经采取干涉措施了，如果一项侵略行动可能引起对法国的报复，那么这项行动一定不能采取。”我不能赞成这种不让敌人发怒的做法。希特勒任意地将水雷布置在我们的海港，他试图用尽全力将我们的贸易摧毁。我们过去在回应他行为时采用的都是防御的手段。我们的民族太过于善良正直，不想着主动出击，只有等着被挨打。德国这座恐怖的火山在这段时间里将它地下的火焰隐藏起来，它很快就要爆发了。我们还要忍受好几个月这种不真实的战争。对我们来说，这些不重要的事情不断地被讨论，但却又始终没有结果，或者又推翻已经做出的决定，同时还要遵循一个死规矩：不能惹到敌人，否则敌人就会生气。同时，敌人正在准备大干一场，迎面向我们走来的，要踩死我们的是一只巨大的军事机器！

*　*　*

众人都因芬兰崩溃的军事而反应强烈。希特勒和墨索里尼于3月18日在勃伦纳山口见面。希特勒特意让意大利人知道他没有发动西线战争的企图。张伯伦先生于19日在下院发表了演说。因为最近有越来越多的批评声，所以他将援助芬兰的始末详细地讲出来。我们尊重瑞典和挪威的中立这一点是他着重强调的，同时他说出了政府没有及时援助芬兰的原因。达拉第政府因芬兰战败这件事受到了“重伤”。达拉第的行动虽然明显但并不及时，他过分强调了我们对芬兰问题的担忧。以雷诺先生为首的新内阁在3月21日组成。新内阁保证，它一定积极地参与战争。

我和雷诺关系的基础，与我和达拉第关系的基础完全不同。我、雷诺、曼德尔对慕尼黑事件的态度是一致的，而达拉第却不是。所以，对于法国政府的变化，我是非常高兴接受的。而且我还希望法国能接受漂浮水雷的计划，现在看来，我的希望更大了。

丘吉尔先生致雷诺先生　　1940年3月22日

在我听到你们非常顺利而迅速地完成一切工作，而且你的内阁有达拉第先生的加入时，我的高兴无以言表。我很赞赏这件事，也赞赏勃鲁姆的谦虚。

对于有曼德尔配合你主持国政，我感到非常高兴。我相信，两国政府在将来的配合是非常密切而又积极的。你清楚，我们对于一些事情的感想是相同的，例如你前天晚上和我说到的对战争形势的担忧以及以各种严厉的应对举措。不过，当我们谈话的时候并没有想到时局的变化会对你产生至关重要的影响。我们想法一致这种默契已经有三四年了，所以我希望我们一直保持这种密切的互谅。对于我这方面，我会尽我所能地为之努力。

为了处理一件公事，我上个星期去了一次巴黎，那时我曾经给甘默林写了一封信，现在把这封信寄给你。请你尽快理解并考虑这个计划。这个"皇家海军"计划让首相和哈利法克斯勋爵非常感兴趣。当时，我们三个人正想着让你的前任尽快接受这个计划。这个机会是非常不易的，如果失去了那将是非常遗憾的事情。我们将六千个水雷准备好了，而且数量还在增多，可惜的是这些水雷还在陆地上，如果这个计划继续拖延，就有可能泄露了。

我希望早一点举行最高军事会议，而且我相信，在会议上，英法两国志同道合的人员一定能够达成一致的意见。我们现在的确属于志同道合了。

请代替我向曼德尔问候。也请你相信，我用我最大的热情祝你取得成功。你的成功对我们两方共同的安全至关重要……

法国的部长们于3月28日到伦敦参加最高军事会议。致开幕词的是张伯伦先生，他详细而清楚地说出了他所看见的事情。"立刻执行'某个计划'，即立刻执行'皇家海军'计划"是他提到的第一个建议。我对这点感到很满意。接下来，他又解释了用什么样的方法实施这个计划。我们已经积攒了一定数量的漂浮水雷，这个计划的实行方法也由他做了说明。这些水雷绝对有效，而且我们的水雷储量在一定时间内绝对充足。敌人必然将对这个计划感到非常震惊。莱茵河专门供军队使用的一段水域是水雷投放的地点。类似的作战计划从来没有在过去实施过。在过去也没有研究出来能够充分利用河道特点，炸毁堰堤及河道内船只的武器装备。此外，中立国的水域并不会受到影响，因为我们的武器设备在设计上非常巧妙。英国希望德国会因这种袭击而乱成一团，同时还会感到恐慌。我们都非常清楚，德国人有着最坚定而固执地做好计划和工作准备的民族精神。同理，德国人也是对计划失误感到最沮丧的民族。在因时制宜方面，他们并不擅长。第二，德国的铁路会因为战争而陷入困境，所以他们对内河航运的依赖必然会增加。我们不仅设计了漂浮水雷，还有其他武器被设计出来。德国有一些河流没有急流，这些武器可以被飞机扔进去。张伯伦催促法国，只有立即行动才有可能获得意想不到的胜利。泄密的危险可能因为延迟而导致。我们现在正面临着一个绝佳的时机，河道的条件非常适合实施这项计划。对于对德国展开报复的担忧，德国不会以此为借口进行轰炸，因为只要德国认为轰炸英法的城市是值得的，轰炸是早晚都要发生的。我们已经做好了所有的准备，只需要法国的最高统帅发出命令了。

张伯伦又将德国的两个缺点指出来了，那就是石油和铁矿石供给。欧洲的南北两端是这些矿产的来源。欧洲北方供给德国铁矿石。对于将瑞典供应的铁矿石截断的问题，张伯伦做出了详细的解释。罗马尼亚和巴库的油田也被他提到了，如果有能让德国失去供给的外交手段可以利用最好。听到了这些强势的声音，我感到非常兴奋，我和张伯伦有一致的看法，这一点真是出乎我的意料。

雷诺先生提到了法国的士气因为德国的宣传而受到了影响。关于德国宣战与法国无关的这种论调，每天都被德国的无线广播电台大声嘶吼。德国说，战争的起因是英国在波兰问题上食言，法国被英国卷入了战争，而且还说从目前的形式看，法国的长久战争根本无法维持。

戈培尔对待法国战争的政策是拖延，让战争继续缓慢地进行下去。现在已经有五百万法国人应征入伍了，德国希望这些人的士气一天天下降，德国同时期望法国组成一个新的政府，这个政府既能向德国妥协，同时还愿意将英国舍弃。

雷诺先生还说道：很多法国人都在想一个问题，也就是盟国怎样将敌人击败。“哪怕考虑了英国的努力”，从双方师的数字的对比中，也可以发现，我方的增长速度远不如德国。那么，为了让我们能在西线的战斗中胜出，我们需要人力方面的优势，这在什么时候才能实现呢？至于德国在物质装备方面的活动，我们并不知晓。战争进入了僵持状态，德国正在伺机而动，这是法国国内很多人的看法。我们越来越感到盟国只靠封锁这个强大的武器是不足以取胜的，要打破这个局面，必须采取切断德国石油和原材料供给的措施。他认为“皇家海军”作战计划本身非常好，但对战局没有决定性影响，而且法国一定会遭到德国的报复。但是如果解决了其他问题，他会尽力让法国同意这个计划。他积极支持切断瑞典铁矿石的做法，而且认为德国的钢铁工业与瑞典的铁矿石供应关系密切。他的看法是，在挪威的领海一带，盟国应该布置水雷，同理，为了阻止德国从吕勒欧港起运铁矿石，也可以采用相同的做法。此外，他还认为，罗马尼亚有德国石油的供应地，将这条供应切断也是非常重要的。

会议最后的决定是，先将用词不明确的通牒发给挪威和瑞典政府，4 月 5 日，我们在挪威的领海内铺设水雷。同时，如果“皇家海军”计划被法国军事委员会同意，就要开始执行：在莱茵河投放漂浮水雷的日期定在 4 月 5 日，将水雷从空中投向德国各条运河的日期定在 4 月 15 日。对于比利时的问题，会议达成了协议，比利时一旦被德国入侵，在没有正式收到邀请的情况下，盟国的军队也要立刻发往比利时；如果荷兰被德国侵犯，比利时坐视不管，为了援助荷兰，盟国认为自己可以任意进入比利时。

会议最后的公报内容得到了所有人的认同，即英法政府郑重地表示同意以下宣言：

英法政府在战争期间，只有在相互同意的前提下，才能签订停战协议或者和平条约，不允许出现单方面谈判的行为。

在后来，这个条约发挥过非常大的作用。

*　　*　　*

英国内阁在4月3日开始执行最高军事会议的决定。4月8日，海军部根据命令将水雷布置在挪威水道。这次布雷活动本身规模不大，而且不属于违禁行为，因此被称为“威尔弗雷德”。考虑到德国可能会报复我们在挪威领海布雷的行动，所以英法双方决定应该派军队将纳尔维克港肃清，为此，英国将要派出一个旅，法国要派出一个分遣队，他们要向瑞典边境移动。另外，斯塔万格、卑尔根及特隆赫姆这些港口需要派军占领，这些基地不能落入敌人手中，让敌人加以利用。

我们现在需要回忆做出在挪威水道布雷这个决定以前，我们都经历了哪些阶段。[①]1939年9月29日，我就把这件事提出来了。不过与这件事相关的其他事情始终没有发生一丝变化。有很多来自技术方面或者道义方面的反对意见提出：例如不符合中立的要求，担忧挪威将受到德国的报复，由于将德国从纳尔维克运输的铁矿石截断，中立国

---

① 1939年9月29日，德国经济对瑞典铁矿石的需求被海军大臣提起，希望引起内阁的注意。

1939年11月27日，海军大臣对第一海务大臣提出审查在挪威水道布雷的建议。

1939年12月15日，关于德国从瑞典运送铁矿石的问题被海军大臣在内阁提起。

1939年12月16日，内阁对此问题的备忘录被传阅。

1939年12月22日，这个问题开始被内阁考虑。

1940年2月5日，丘吉尔出席最高军事会议，援助芬兰以及如何解决的问题在会议上被讨论。

1940年2月19日，在水道内布置水雷的问题再次被内阁讨论，海军部根据上级命令开始做准备工作。

1940年2月29日，撤销了布雷命令。

1940年3月28日，布置水雷被最高军事会议认可。

1940年4月3日，布雷的最终决议被英国内阁批准。

1940年4月8日，完成水雷铺设工作。

——原注

家和世界舆论可能会受到影响。从根本上说，这些理由都是一样的。这个计划被最高军事会议认可了，也被战时内阁认可了，已经可以开始执行了。这个计划在过去曾经被他们同意过，但后来又反悔了。在当时，他们的注意力都被芬兰复杂的形势夺去了。“援助芬兰”的计划被内阁会议讨论了六十天，但最终也没有什么结果。苏联将芬兰打败，芬兰只得服软。七个月以来，我们经历了退缩、踌躇、政策变化、好人和值得敬重的人之间无休止的讨论，然而这些都是没用的，我们最终的结论是最简单的那一个，我们的行动在那个时候就开始了。然而七个月对于战争也是一个不短的时间。如今，希特勒已经准备好了，而且他准备了更强、更完美的计划。再也找不到比这更好的实例，来证明通过委员会或者几个委员会制定战争计划是多么蠢笨而又没用的。从这以后的几个星期，主要的责任必然都由我来承担，挪威战役非常不幸，由此产生的谴责也由我来承担。我很快就要描述挪威战役的经过了。如果这个计划在刚刚被我提出来的时候，就被允许做好准备工作，同时授予我便宜行事的权力，那么可能在这个至关重要的战场上，各方面都会有非常美好的结果，还会有非常不错的结局出现。然而我们现在只能面临苦难了，这可真是：

能做的时候不做，
开始做时就难了。

我要在这里说说我以幕僚的身份在“晦暗不明的战争”期间提出的各项有关进攻的计划或者建议。首先是将波罗的海占领，如果可以，这将是主要计划，这个计划之所以被否决是因为人们越来越认识到空袭的危险性。第二项计划是改造“皇家君主”号战斗舰，建立一个密集型战斗舰队，舰只的装甲都要厚一些，这些才能抵御空中炸弹和水雷。这个计划也搁浅了，原因是战争的局势要求我们优先建造航空母舰。第三个计划是截断德国的铁矿石供应这个简单的战术，也就是将水雷布置在挪威水道。“耕种者第六号”（附录（10））是第四项计划，上次世界大战中出现了大屠杀，为了不让历史重演，我们需要有一个能把法国前线僵局打破的长远的方法。德国装甲车的突击将这个计划否定了，德国的这次突击显示出我们被自己发明的坦克摧毁了，进攻在此次战争中的优势也因此而得到了证明。第五项计划是“皇家海军”计划，也就是将漂浮水雷投放到莱茵河道中，摧毁莱茵河的航运。从开始执行这个计划起，它有限的作用就发挥出来，它的效果也被证明了。然而这个计划也被放弃了，原因是法国的抵抗。不管怎么说，想要让敌人受到损失，这个计划需要被长期执行才能有效。

总而言之，我认为防御的炮火对陆军战斗非常重要。在海战方面，我会在我职权以内不断坚持将主动进攻作为主要方向，如果敌人袭击的目标是我们庞大的海上贸易，那么我们的海上贸易被袭击的损失可以因为主动进攻而减少。我们庞大的贸易成为敌人海上袭击的目标，后果会是非常痛苦的，我希望这种做法能够减轻这种苦难。然而现在的战争是“晦暗不明的”，也就是美国人所说的“不真实的”，如果长期处在这种迷迷糊糊的战争状态，那么德国的突击报复是英法两国都不能承受的。当法国被击败以后，英国可以将它岛国的优势地位发挥出来，英国抵抗德国的民族意识才能从所经历的苦难和被灭亡的危险中形成。

* * *

这时传来了各种可信度不一的坏消息。陆军大臣在 4 月 3 日的内阁会议上说，陆军部已经获得德国将精兵集结在罗斯托克的情报了，德国有攻占斯堪的纳维亚的企图。外交大臣说，这个情报可以被来自斯德哥尔摩的消息证实。驻柏林的瑞典公使说，已经有二十万吨的德国船舶集中在什切青和斯维纳明德，谣言说有四十万人在船上。听说德国因为我们要进攻纳尔维克或者挪威的其他海港而感到不安，所以如果我们对这些地方发起进攻，这些军队就会予以反击。

很快，我们收到消息，“皇家海军”作战计划没有得到法国军事委员会的认可。对于在挪威水道布雷，他们是赞同的；但凡是可能引起德国对法国报复的事情，法国都不赞同。法国大使馆转达了雷诺总理的歉意。此时，积极的作战行动是张伯伦先生比较青睐的，所以法国的不赞同让他极为烦恼，他和科尔班进行的谈话中提到联合执行两个计划的问题，法国想要切断德国的铁矿石供应，英国可以照做，然而我们已经遭受或者正在遭受磁性水雷的威胁，所以法国必须同时执行“皇家海军”计划报复德国。虽然我对“皇家海军”作战计划比较热衷，但没有想到张伯伦对此也非常积极。这两个作战计划的目的都是结束这段“不明朗的”战争，是对敌人展开攻击的方法。我相信德国必然从延长这段不明朗的战争中受益。如果能让法国在几天以内同意执行这两项计划，那么再延迟几天“威尔弗雷德”计划，我也愿意。

在这个关键期内，我的观点得到了首相的赞同，看起来我们两个人想得一模一样。他说很明显达拉第在故意为难我们，他让我去巴黎说服他。英国大使馆在 4 日晚上举行了一次宴会，我在那里会见了雷诺先生和其他一些法国的部长。我们相谈甚欢。我邀请达拉第前来，但是他以已经有约而推辞了。所以，我们约定第二天早晨我去看他。我必须要将达拉第说服，所以我请求内阁允许我这样对他说：“威尔弗雷德”计划是必须要执行的，即使“皇家海军”计划没有被同意也是如此。

我和达拉第于 5 日的中午在圣多米尼克街见面，我们此次的谈话非常严肃。我批评他没有参加昨天晚上的宴会。他解释说他的确提前有约。我认为有一条很大的缝隙存在于法国的新旧两个总理之间。达拉第说，法国空军可能在 3 个月以后进行足够的改进，当我们执行了“皇家海军”计划以后，德国必然出现一定的反应，他希望这次改进能够应对德国的反应。他打算用书面申请的形式提出一个明确的日期。他极力强调法国的工厂没有抵抗力这一点。他最后向我保证，法国已经度过了政治危机的那段日子，接下来的日子他会和雷诺密切合作。我们说到这就分开了。

我电话报告给了内阁我们谈话的结果，内阁同意“威尔弗雷德”计划是必须要执行的,即使“皇家海军”计划没有被法国同意也是如此。不过希望双方正式换文解决这个问题。外交大臣在4月5日的内阁会议上，奉命通知法国政府，对于“皇家海军”计划，英国始终都认为应该尽早执行，同时将水雷布置在挪威的计划也要执行。我们可以按照法国政府的意愿做出让步，只执行第二个计划。最终确定4月8日为计划的执行日期。

* * *

1940年4月4日，星期四，乐观得不寻常的首相，对保守党和统一党协会全国联合会的中央委员会做了一份演说：

战争已经过去七个月了，相比于战争刚开始时，我对胜利的信心增加了十倍……我认为我们和敌人的相对地位在这七个月中提高了。关于我们与德国在方针方面的区别，请大家仔细考虑一下。德国的准备在战争爆发前就开始了。德国对增加陆地和空中的武装力量已经到了疯狂的地步。德国建立起了庞大的物资储备库，他们搜集了所有的资源制造装备和武器。可以说，德国就像一个全面武装的军队。然而，爱好和平的我们却在为我们的和平事业而努力。的确如此，我们的防御设施已经很久都没有使用了，但我们被逼着再次建起来，这完全是德国活动的结果。当我们发现和平已经不可能的时候，那些被我们延迟实行的、可能让我们国家参战的激烈措施被一再推迟执行。

这样做的结果是，我们在战争爆发的时候远远落后于德国的准备。所以，德国利用它的初期优势是我们料想之内的事情。德国应该在我们的缺陷还没有被弥补以前，打压我们和法国。然而德国似乎没有这种想法，难道这很正常？希特勒可能认为，他想要的一切，可以不通过战争的方式就能够轻易得到，也有可能是他们还没有做好充足的准备，不管什么原因，希特勒错过了最佳的时机，这一点是毫无疑问的。

所以，我们利用过去的七个月将我们的弱点消灭，让我们进攻或者防守的力量能够发挥出来或者得到增强，我们的战斗力增加了很多，对于将来发生的任何事，我们现在都能够冷静地面对了。

也许你们要说："敌人不也正在做准备吗？"我不否认这一点，敌人当然在做准备。我不看轻敌人的实力，也不看低敌人肆无忌惮地将实力发挥出来的决心，因为敌人认为我们被袭击后也不敢加倍报复。这些我都承认。然而我要说的是：敌人还能够继续挖掘的潜力是有限的，因为它已经准备得非常充分了。

事实证明这种说法缺乏考虑。这种想法的假设前提是，随着战争的发展，我们和法国的实力会逐渐增强，但这种假设是错误的。正如我在前面说的，我们的军火生产才刚刚开始，但德国已经疯狂地进行了四年。如果要和德国做比较，我们现在的成果相当于德国第二年的成果。除了这些，德国的陆军一个月一个月地发展，现在已经有四年的历史了，已经逐渐趋于完备，可以当作武器来使用。以前法国的陆军训练有素团结协作，但这些优点却在一点点地消失。我们就要经历一场重大的变故了，但首相没有预料到。我感觉就要开始陆地战争了。总之，首相所说的"希特勒错失良机"的说法，非常不幸地成了错误的说法。

所有问题都没有得到解决。我提出的次要战略已经被接受，然而英法双方的重要行动始终没有开始。我们现在的计划也只是封锁而已，也就是将水雷布置在北部的挪威走廊，将东南部供给德国的石油切断。德国战线的后方非常安静，没有一点动作。但谁也没想到，一场剧烈的风暴清理了盟国消极的小规模进攻策略。全面战争的意义很快就被我们领会到了。

第十二章　海上的交锋

1940年4月

引退的查特菲尔德勋爵——我被首相邀请主持军事协调委员会——这个安排令人尴尬——“威尔弗雷德”计划——奥斯陆——挪威被德国占领——中立的悲剧——全部舰队在海上——“萤火虫”号——交战的“声威”号和“沙恩霍斯特”号及“格奈森诺”号——卑尔根港外的本土舰队——英国潜艇的活动——沃泊顿-李的驱逐舰队在纳尔维克港——4月9日最高军事会议在伦敦开会——会议做出的结论——我于4月10日给第一海务大臣的摘要——愤怒的英国人民——4月11日的议会上发生一场辩论——纳尔维克港的德国驱逐舰被“沃斯派特”号及其驱逐舰队消灭了——国王的来信

1940年4月，我的位置有些变动，说完这点以后，我再继续说以前的事。

国防大臣的职位由查特菲尔德勋爵担任，但这个职位已经多余了。他在3日坦诚地提出了辞职，张伯伦先生接受了。唐宁街十号在4日发出了一份公告，不再派任何人担任这个职位，不过有其他的安排，军事协调委员会由军务大臣中资历最老的人来主持，也就是由海军大臣来主持。所以，从4月8日到15日期间，会议的主席由我来担任。每天开会的次数为一到两次。不过有效的指挥权并不在我手上，同时我还要承担额外的责任。战时内阁的成员还包括其他军务大臣，我和他们的地位相同，然而居于首席地位的人却是我，但做决定和执行决议的权力却不是我的。我一定要让其他军务大臣和他们的专业长官赞成我的想法，现在真正的战争已经开始了，而且局势不断变化，所以那些有真才实学的人可以在这段时间有权利和义务发表他们的意见。

三军参谋长每天都要与他们各自大臣对总的形势进行讨论，讨论过后大家要坐在一起召开会议。所以，他们各自做出的决定必然是非常重要的。第一海务大臣对我毫无保留，我了解到这一点的途径就是第一海务大臣或者三军参谋长委员会的会议记录或者摘要。如果我对他们的意见有疑问，我可以先在我的协调委员会中提出。三军参谋长们以个人身份参加这个会议，各军务大臣也经常一起参加，并支持他们参谋长的意见。大家在会议上的讲话连续不断而又礼貌有加，秘书们在会议结束以后草拟一份用词得当的报告，海陆空三个部门对这份报告进行核查，以确定没有任何问题。因此我们的工作氛围是愉快的、没有束缚的、伟大的，在这种工作氛围下，我们所有的人都参与每一件事的商议，充分利用大部分人的知识，为多数人的最大利益而努力。然而我们需要面临的战争却完全不是这样。我非常遗憾地说，我们的战争就像两个一个使用铁锤一个使用木棍的凶徒在打架，也可能是使用其他工具攻击对方鼻子的凶徒在打架。总之都是非常令人遗憾的现象。我们想要避免战争，想要在处理每一件事的时候都将少数人的利益考虑在内，将不同的意见如实地记录，希望有更好的方式沟通解决，其原因就在这里。

战时内阁国防委员会的会议几乎天天都在召开，军事协调委员会和参谋长委员会的各种报告都要被讨论。他们的见解和分歧又要上交给经常开会的内阁会议。我们要一再解释各个问题，形势往往在这些程序都走一遍以后有了新的变化。在战争时期，海军部是一个作战司令部，必然要立刻决定对舰队有重要影响的决议。如果有问题需要向首相提出，那么所提的问题一定是最严重的，但我们的意见基本都得到了首相的支持。这种程序不是总能与变化的形势相适应的，当某种行动与其他军事部门有关的时候就是这样。挪威战争具有特殊性，所以海军部在挪威战胜开始的时候就已经掌握了四分之三的行政事务。

我并不是想要说，不管我的权力怎样，都能够很好地决定我们面临的各种问题，或者为之提出更好的解决方法。我发现我要处理的事情非常复杂而且影响巨大，所以我很快就意识到，主持军事协调委员会还是需要首相的权威。15 日，我请张伯伦先生担任主席，从这以后，他几乎主持了挪威战争期间的所有会议。我们两人仍然步调一致，他以他的个人权威支持我的意见。当我发现营救挪威为时已晚时，我深深地陷入了为了完成这项工作所做的令人不高兴的努力中。首相在回答议会质疑的时候，宣布了更换主席的问题：

> 海军大臣向我提出了邀请，要我亲自出席协调委员会商讨与总的战争指挥有关的特别重要的事务的会议，我答应他的请求并打算出席。

各方面都表示出善意和诚恳的态度。我们的制度形式不固定，我和首相都发现了这个问题。当发生意外的时候体会更深。虽然在现阶段，海军部成为主导力量是必须的，然而军事协调委员会这样的组织还存在着，某个军务大臣不但负责自己部门的事务，负责海军的行动，还要协调其他军事部门的作战计划，人们提出反对意见也是必然的。首相亲临会议支援我的行为并没有解决这些困难，我打算继续在这个松散而和谐、不固定而重要的机构中任职，虽然我几乎每天都要处理由没有章法或者管理不当而产生的各种麻烦。

* * *

4 月 5 日，星期五，一些包括政府成员在内的重要人员被德驻奥斯陆公使邀请在晚上去公使馆看电影。电影的内容是德国怎样征服波兰，华沙是怎样被德国轰炸的，高潮是最为恐怖的画面，电影就在这时结束。电影的屏幕还打出了这样的字幕："波兰应该感谢他们的朋友英国和法国促成他们这样的结果。"在压抑和寂静的氛围中，这次集会散场了。英国的行动才是挪威政府最关心的。四艘英国驱逐舰在4月8日凌晨四点半到五点之间，将水雷布置在通往纳尔维克港航道佛斯特峡湾的入口处，英国伦敦的广播在早上五点公布了这个消息。英王政府在五点半照会挪威外交部长。这个早上，奥斯陆一直处于草拟抗议英国政府的文件的状态。英国海军部在这天下午比较晚的时候，告诉挪威驻伦敦公使馆一个消息，我们发现德国战舰沿着挪威沿海向北驶去，我们猜测它们要去纳尔维克。挪威首都也在这个时候收到一份报告，报告称在挪威南部沿海一带，波兰的潜艇"奥泽尔"号击沉了德国的运输舰"里约热内卢"号，当地的渔民救起了很多德国士兵，这些德国兵说，他们是为了帮助挪威保卫祖国不被英法袭击而奉命前往卑尔根的。还有更多的报告一批一批地传来。丹麦已经被德国入侵了，当挪威被入侵以后，这个消息才传过去。所以，没有正式的警告传到挪威去。虽然丹麦进行了抵抗，但德国击毙了一些忠勇的士兵后，轻易地就将丹麦占领了。

德国战舰在那天晚上靠近奥斯陆。外围的炮火发起炮击。一艘布雷艇"奥拉夫·特里格伐森"号和两艘扫雷艇就是挪威的防御力量。德国的两艘扫雷艇在黎明以后入侵峡湾入口，在海岸炮台附近，德国的军队登陆。"奥拉夫·特里格伐森"号击中了德国的一艘扫雷艇，德国军队在成功登陆后，将炮台夺了过来。两艘德国驱逐舰被勇敢的布雷艇"奥拉夫·特里格伐森"号阻挡在峡湾口，巡洋舰"埃姆登"号也被它击伤了。挪威的一艘武装捕鲸船装有一座大炮，它在没有收到命令的时候，立即加入到抵抗侵略的战斗中去。舰长的两条腿被炸断，船舰被敌人炮轰成碎末。舰长为了不让船员伤心，从甲板上向大海中滚去，英勇地牺牲了。在重巡洋舰"布吕歇尔"号的率领下，德国的主力舰队进入峡湾的入口，继续前进，目标是奥斯卡斯堡要塞保护的海峡。挪威开始用炮台展开袭击，有两个鱼雷是从距离五百码远的岸上发出的，“布吕歇尔”号被击中并且很快就沉没了。德国派来的高级行政官员和秘密警察分遣队也随之丧生大海。包括“吕佐夫”号在内的其他德国船只不得已撤退。“埃姆登”号因受伤而退出海战。海上来的敌舰并没有最终攻陷奥斯陆，敌人占领奥斯陆的方式是在峡湾登陆以及使用运输军队的飞机。

希特勒的计划犹如闪电般地迅速开始执行。克里斯蒂安桑、斯塔万格以及北面的卑尔根和特隆赫姆被德国派出的军队分别袭击。

在纳尔维克的袭击属于最大胆的一种。德国运送铁矿石的船只，在这一个星期以来，一直都借着挪威中立的优势，沿着走廊水域向北航行，按照以前的方式回到纳尔维克。这些船从外表看起来没有什么东西，但各种供应品和军火都藏在里面。在几天以前，德国的十艘驱逐舰各载着二百名士兵，在“沙恩霍斯特”号和“格奈森诺”号的护卫下，从德国出发，向纳尔维克开进，并于9日早上到达那里。

峡湾中停靠着两艘挪威战列舰“诺格”号和“艾兹沃尔德”号，它们准备坚持到战争的最后一刻。它们在黎明时分发现几艘高速行驶而来的驱逐舰，但无法判断这些驱逐舰是属于哪个国家的，因为当时正下着暴风雪。一个德国军官不久以后乘着汽艇而来，“艾兹沃尔德”号被要求投降。司令员的回答非常简短，是“我要进攻”，因此这名德国军官撤退了。然而鱼雷几乎同时发射出来，炸毁了这艘军舰，几乎没有一名船员生还。“诺格”号在这个时候开始炮击，但几分钟以后，鱼雷击中了它，很快就沉没了。

这次抵抗是非常英勇的，但根本没有一丝胜算，有二百八十七名挪威水兵在这两艘军舰上，但只有不到一百人被救起。敌人此刻非常轻易地占领了纳尔维克。我们再也不能利用这个至关重要的战略据点了。

*　*　*

几乎没有什么防御的挪威非常无辜地遭受了进攻，这场战役的特点是精准、残酷、出人意料。在各地最初登陆的部队人数，没有一个在两千人以上。德国使用了七个师的兵力，在汉堡和不来梅，主力部队登上军舰，在什切青和但泽出发的是后续部队。有三个师用于进攻，通过奥斯陆和特隆赫姆加以支援的是另外四个师。德国的作战计划中明显和非常重要的特点是，有八百架作战飞机，二百五十到三百架运输飞机。德国在四十八个小时内将挪威所有的主要港口都占领了。

*　*　*

7日这天是星期日，我们的侦察机在这天晚上报告说，在前一天发现包括一艘战斗巡洋舰、两艘轻巡洋舰、十四艘驱逐舰和一艘似乎是运输舰在内的德国舰队，穿过斯卡格拉克海峡口，向纳兹驶去。所有在海军部的人都对有舰队驶向纳尔维克感到难以置信。根据哥本哈根传来的情报，这个港口一直是希特勒想要占领的，然而海军参谋部的意见是，德国最多只会回到斯卡格拉克海峡。但我们仍然下达了采取这种行动的命令：包括“罗德尼”号、“却敌”号、“英勇”号、两艘巡洋舰和十艘驱逐舰在内的本土舰队，在4月7日下午八时三十分从斯卡帕湾出发；包括两艘巡洋舰和十五艘驱逐舰在内的第二巡洋舰分舰队，在这天晚上十点离开罗赛斯。安排给第一巡洋舰分舰队的任务是，在罗赛斯装载部队，当挪威被德国攻击，挪威的港口被德国占领时，根据命令将士兵送到岸上，能够将军械留在舰上最好，快速驶向海上，与舰队会合。正在执行相似任务的还有“曙光”号巡洋舰和六艘驱逐舰，它们在克莱德湾，奉命驶向斯卡帕湾。总司令同意了这些大胆的行动。总而言之，能够出动的军舰已经奉命出发了，这样做的前提是发生了重大的突发事故，虽然我们一点都不想这样。就在同一时间，在巡洋舰“声威”号、“伯明翰”号和八艘驱逐舰的护卫下，四艘驱逐舰开始在纳尔维克港外布雷。

凌晨一点，战时内阁召开会议，在凌晨四点半到五点之间，我们已经在佛斯特峡湾布置好水雷，我将这件事报告给了内阁会议。对于我们的舰队全部都驶向了海洋，我也做了细致的说明，此时德国主力海军正在驶向纳尔维克已经是显而易见的事了，我们对此非常确定。在舰队去铺设“威尔弗雷德”水雷区的途中，“萤火虫”号驱逐舰走散了，因为一个水兵在晚上不小心掉进了海里，“萤火虫”号只得在后面寻找。8日上午八点半，“萤火虫”号报告说，在佛斯特峡湾西南约一百五十英里的地方，它与德国的一艘驱逐舰有过接触。不久以后，它又报告说，它前面还有另外一艘驱逐舰。它后来又报告说它正在和处于优势地位的敌方舰队作战。它的电报在九点四十五分以后就停止了。此后便再也没有消息。根据这些信息分析，德国的舰队到达纳尔维克的时候应该是晚上10点左右，如果中途被截留则不是这个时间。我们很希望“声威”号、“伯明翰”号以及我们的驱逐舰会与它们遇上。所以，很快就要发生战斗了。我说过，战争中的意外是我们无法预料到的，虽然我们现在处于劣势，但我认为现在也不可能发生战斗。更何况本土舰队正在总司令的率领下从南方向战区靠近。他们现在所处的位置差不多是斯塔特兰对面的海域。我已经通知了他我们知道的所有内容，他没说话，这很自然。我们曾经收听到，当我们的舰队离开斯卡帕湾的时候，一艘在奥克尼群岛的德国潜艇发出了很长的一段电讯，据此猜测德国人应该已经知道我们的舰队驶向了海洋。第二巡洋舰分舰队正在阿伯丁港外，它们正驶向北方，这支舰队也报告说有尾随而来的敌机，估计袭击将要在中午左右开始。皇家空军和海军为了让战斗飞机飞向作战区，将一切可能的手段都使用了。没有航空母舰能在那个时候被使用，然而水上的飞机却可以处于活动状态，虽然有的地方雾气很大，但相信会有晴朗的好天气出现在北方。

我的发言被战时内阁记录下来，他们请我在收到德国舰队活动的信息后，告知挪威海军当局。总的来说，大家认为纳尔维克是希特勒的目的。

4月9日上午八点半，我们被张伯伦召集参加内阁会议，针对我们所知道挪威和瑞典被德国侵略的相关事宜进行讨论。战时内阁决定，为了将卑尔根和特隆赫姆的敌军肃清，本土舰队的总司令应该得到我的授权，任何可能的行动都可以采取。为了收复这两个地方，并将纳尔维克占领，参谋长委员会应该准备军事远征的工作。但远征军的行动的前提是海军的形势已经非常清楚了。

* * *

战争结束以后，我们从德国的记载中找到了“萤火虫”号的结局。在8日星期一的那个早上，一艘敌人的驱逐舰与它相遇，接下来第二艘敌舰与之相遇。因此双方在茫茫大海中开始追逐，当“希佩尔”号突然到来时才结束。“萤火虫”号在“希佩尔”号开炮时躲到了烟雾后面。“希佩尔”号想要穿过烟雾继续追逐，不一会儿，它在烟雾中发现附近有一艘英国驱逐舰全速行驶而来。“希佩尔”号没时间躲起来，“萤火虫”号与它万吨级的敌舰撞在了一起，在舰身侧面划开一个口子，足足有四十米宽。这时，“萤火虫”号已经残败不堪了，在燃烧的状态下继续行驶，没过几分钟就爆炸了。四十多名水兵被“希佩尔”号救了起来，舰长非常英勇，但却已经没有一丝力气了，在转移他到安全的地方时，他从巡洋舰的甲板上翻身掉入大海中不见了。从此，“萤火虫”号关闭了它的明灯，人们将永远铭记这件事。这艘军舰的舰长杰拉德·鲁普海军少校，被追赠一枚维多利亚十字勋章。

德国竟然敢在这么遥远的海域发起战斗，“萤火虫”号的信息突然中断以后，我们一直希望能将德国的主力舰队引过来，并且与之对战。星期一，我们的优势舰队已经集中在敌人舰队的两侧了。根据可能需要清理的海域猜测，我们和他们的接触是非常有可能的。一旦有接触的机会，就一定会集中进攻德国军舰。此时德国的军队正在“希佩尔”号的护卫下前往特隆赫姆，然而我还不知道这一点。它进入特隆赫姆的时候是这天晚上，而此时，这艘强大的军舰因为“萤火虫”号缘故，在一个月内都无法发挥它的战斗力了。

当“萤火虫”号的电讯被“声威”号的海军中将惠特沃思接到以后，“声威”号驶向南方，希望能将敌人拦住。但从后来的情报和海军部的命令看，它去防守纳尔维克港的入口了。9日，星期二，这一天下了一场暴风雪，大风非常强烈，海上巨浪滔天。早上，“声威”号模模糊糊地看见两艘船影在佛斯特峡湾靠海方向约五十英里处，它们是完成了护送军队到挪威任务的“沙恩霍斯特”号和“格奈森诺”号，“声威”号误认为它们中有一艘是战斗巡洋舰。在距离一万八千码的地方，“声威”号发起了炮击，“格奈森诺”号很快就被击中了，它的主要控制大炮设备被毁坏，在短时内不能进行开炮活动。为了掩护它，伴舰放出烟雾，两艘军舰开始向北逃去，一时间追逐代替了战斗。它们两次击中“声威”号，但“声威”号受到的影响不大，“格奈森诺”号第二次、第三次被击中。虽然当时海浪凶猛，但“声威”号仍然以最大的速度前进，不久以后，速度只得下降到二十海里，因为有断断续续的暴风雪和德国战舰烟雾的存在，双方炮火的效果并不明显。德国军舰虽然被“声威”号紧追不舍，但还是很快就在北方不见了。

* * *

主力舰队在福布斯海军上将的率领下，于4月9日早上陈列在卑尔根港口外。早上6点20分时，他打电话询问海军部德军在当地的驻守情况，他和海军部有一个共同的想法，想要莱顿海军中将指挥一队巡洋舰和驱逐舰，对能找到的所有德国军舰发起进攻。海军部在8点20分给他发出了电报：

制定准备袭击德国驻守在卑尔根港内战舰和运输舰的计划，如果挪威控制着这个海港的防务，就将港口的入口控制住。如果你有同时兼顾的足够力量，也可以将这个计划用于特隆赫姆港。

福布斯海军上将进攻卑尔根的计划被海军部核准了，不过后来又给他下了一条指令：不要认为做防御工作的是我们的好朋友。为了不出现兵力不集中的情况，推迟进攻特隆赫姆的计划，等到德国的战斗巡洋舰被发现以后再执行。在海军中将的指挥下，四艘巡洋舰和七艘驱逐舰在中午十一点半左右的时候，向八十英里以外的卑尔根进发，因为是逆风行驶，而且风浪非常大，所以行驶的速度只有十六海里。很快，飞机报告称有两艘巡洋舰在卑尔根港内，而不是只有一艘。我们只有七艘驱逐舰，所以胜算不大，只有我们的巡洋舰也同时进入港内才有可能胜利。第一海务大臣认为我们的舰只遇到的风险太大，有空袭和水雷的双重威胁。当我从内阁会议回来时，他立刻找我商议。当我阅读了早上的电讯，并且在作战室简单地与他讨论以后，支持了他的想法。于是这次进攻取消了。现在再回忆起这件事，我发现总司令被海军部控制得过严了。当我们知道他有强行进入卑尔根港的想法后，仅仅向他提供情报才是我们应该做的。

敌机在这天下午进行了强烈的空袭，莱顿海军中将的舰只受到的袭击最为集中。敌人击沉了“廓尔喀”号驱逐舰，离爆炸处较近的“索斯安普敦”号、“格拉斯哥”号巡洋舰受伤了。另外，敌人还击中了“罗德尼”号旗舰，但“罗德尼”没有受重伤，因为它的甲板比较坚固。

当取消了使用巡洋舰进攻卑尔根的计划时，福布斯海军上将提出了一个想法，让航空母舰“狂暴”号上装载鱼雷的海军飞机在 4 月 10 日傍晚出动。海军部赞成这个想法，同时准备在 9 日晚上将皇家空军的轰炸机派出，10 日早上由哈茨登（奥克尼群岛）派海军飞机发动袭击。另外，所有的入口都要被巡洋舰和驱逐舰封锁住。此次空袭非常成功，海军飞机的三枚炸弹击沉了德国的“克尼希堡”号巡洋舰。我们的侦察机报告，敌人的两艘巡洋舰、两艘驱逐舰在特隆赫姆港内，所以“狂暴”号转而驶向特隆赫姆。我方的十八架飞机在11日早上出去，只有两艘驱逐舰和一艘潜艇被发现，其他被发现的都是商船。“希佩尔”号受伤并且在晚上就离开了，我们没有发现任何一艘巡洋舰，这是非常不幸的事。因为我们的鱼雷在没有攻击到敌舰以前，就搁浅在水中了，所以我们对两艘德国驱逐舰的袭击失败了。

此时，在斯卡格拉克海峡和卡特加特海峡，有我们正在活动的潜艇。潜艇在8日晚上发现敌人的船只由波罗的海向北驶去，就发起了袭击，但失败了。“游荡者”号于9日在克里斯蒂安桑港将“卡尔斯鲁厄”号击沉。10日晚上，德国的袖珍战列舰“吕佐夫”号从奥斯陆返回，被“金枪鱼”号潜艇的鱼雷击沉。我们潜艇的胜利不止这些，至少有九艘敌人的供应船和运输舰在这一个星期内被击沉，敌人的很多海员因此而丧失。我们的损失也不少，波罗的海在4月份的防御非常严密，被击毁的英国潜艇有三艘。

* * *

纳尔维克方面的形势在9日早上还处于不明朗状态。总司令希望这个港口被德国占领以前，被我们占领。所以，他下令海军上将沃伯顿－李指挥驱逐舰队进入峡湾，敌人的任何登陆行动都可以阻止。海军部将一个报刊上的报道转给他，内容是港湾内已经有一艘敌舰了，一支小军队已被派去登陆。电讯的内容还有：

> 逼近纳尔维克，将敌船捕获或者击沉。如果你认为你可以将纳尔维克从敌人手中夺回来，可以考虑派遣军队登陆。

因此，海军上校沃伯顿－李让小型舰队中的“哈代”号、“猎人”

号、“哈沃克”号、“霍特斯珀”号和“敌忾”号这五艘驱逐舰进入佛斯特峡湾。挪威在特拉诺埃内的领港人员说，已经进入峡湾的是德国六艘比他的军舰更大的军舰以及一艘潜艇，他们已经将水雷布置在湾口的航道内了。这个情报被他用电报的形式汇报给我们,同时还说“预计的进攻时间是清晨”。收到这个电报的是惠特沃思海军上将，他在考虑为了加强进攻军舰的实力，是不是应该将他自己已经扩大的分舰队派过去。不过，他认为当时情势危急，如果贸然干涉可能会耽误军情。实际上，海军部的人员也不认为派出“声威”号去冒险是应该的，因为我们只有三艘战斗巡洋舰，“声威”号就是其中之一。沃伯顿－李海军上校收到的最后一份电报是：

德军可能已经掌握了挪威沿海一带的防守舰只，你自己判断是否应该在这种情况下发起进攻。我们全力支持你的任何决定。

他的回复是：

进攻马上就会开始。

在厚重的雾气和暴风雪交加的 4 月 10 日，英国的这五艘驱逐舰驶入了峡湾。到达纳尔维克港外的时候已经是黎明了。有五艘敌人的驱逐舰停泊在港内。在第一回合的进攻中，一艘挂着德国海军准将的三角旗的军舰被“哈代”号的鱼雷击中，海军准将立刻就没命了。两艘鱼雷击沉了另一艘驱逐舰，我们的炮火遏制住了敌人的其他三艘驱逐舰，它们的抵抗是无效的。有二十三艘各国的商船在港内，其中五艘是英国的。六艘德国的商船被击毁。直到现在，我们五艘驱逐舰中只有三艘在进攻。后备力量是“霍特斯珀”号和“敌忾”号，它们的用处是在德国的新舰只驶来或者海岸上的炮台袭击时做出反应。在第二回合的袭击中，它们加入进来，德国的两艘商船被“霍特斯珀”号的鱼雷击沉。敌人停止炮火袭击时,沃伯顿–李海军上校的军舰毫发未伤。当一个小时的战斗结束后,没有发现海湾内的任何方向有敌人的舰只进行袭击。

我们的运势有了转变。当第三回合的袭击结束后,沃伯顿–李海军上校发现从赫简斯峡湾新驶来三艘敌舰。它们看起来没有拉近距离的打算,战斗在相距七千码的时候打响了。突然又有两艘战舰从前面的大雾中出现。它们不是盼望来援助的英国军舰,而是德国驱逐舰,这些军舰曾停泊在巴兰根峡湾,德国的军舰安装着重型大炮。大炮的威力很快就发挥出来,"哈代"号的舰桥被摧毁,沃伯顿–李身受重伤,所有的军官和同伴要么死亡要么受伤,幸免于难的只有他的秘书斯坦宁海军上尉。于是斯坦宁开始驾驶这艘军舰。后来,引擎内有一个炮弹爆炸了,这艘驱逐舰由于敌人的炮火过于凶猛而不得不搁浅。"继续作战"是"哈代"号舰长向他的小舰队发出的最后一个电讯。

与此同时,敌人击沉了"猎人"号,击伤了"霍特斯珀"号和"敌忾"号,"哈沃克"号便驶向了公海。刚开始进行阻拦的敌舰已经无力再阻拦了。它们在半个小时以后与一艘从公海驶来的大船相遇,这艘船被证明是"劳恩费尔斯"号,它是一艘运输德国后备弹药的船只。"哈沃克"号开炮击中了它,没过多久它就爆炸了。"哈代"号的幸存者将司令官的遗体带上了岸,这名司令官被追赠维多利亚十字勋章。不管是对敌人,还是对我们海军的历史,他和他的同伴们的业绩都是不能忘记的。

* * *

雷诺和达拉第以及达尔朗海军上将在9日乘飞机抵达伦敦,最高军事会议在下午召开。"德国因为我们在挪威领海内布雷而采取的行动"是会议的议题。张伯伦先生立刻表明,敌人是有计划采取这项措施的,并不是我们行动的结果。这是非常明显的事实,即使在当时也能看得出来。雷诺先生说,法国总统在那天早上主持了法国军事委员会的会议,制定了一个基本原则,如果德国发起进攻,盟国的军队将要开往比利时。他说，如果想要将德国在西线的优势抵消，除了使用缩短战线的方法以外，还可以在比利时增加十八到二十个师。法国准备将在莱茵河投放漂浮水雷的计划和这个计划联系在一起。他接着说，从来自比利时和荷兰的情报可以发现，德国很快就要对低地国家发起进攻了。有的人认为“很快”是几天，也有的人认为是几个小时。

陆军大臣提醒注意将远征军派遣到挪威的问题，英国以前召集了两个师准备援助芬兰，但它们已经被派到法国去了。只有十一个营是英国国内可以调遣的军队。准备当晚出发的有两个营。在未来的三四天内，其他的营由于不同的原因都不能出发。

会议认为，需要将一些精良的军队派遣到挪威沿岸可以登陆的港口去，并且将联合计划制定出来了。在两三天内，有一个法国阿尔卑斯的步兵团将要上船出发。我们可以调遣两个英国营在那天晚上出发。在三天内，可以将五个营调遣；在十四天内，可以再增加的营有四个。这些加起来一共有十一个营。如果英国想让更多的军队前往斯堪的纳维亚半岛，就必须抽调在法国的军队。我们应该想方设法将法罗群岛占领，并且向冰岛保证，我们可以保护它。我们还商量好，如果意大利开始干预，我们在地中海的海军将怎样部署。同时还决定，向比利时政府发出紧急提议，让他们邀请盟国将军队发往比利时。最后确定一点，如果比利时受到德国的侵犯，或者德国在西线发起进攻，“皇家海军”计划应该立刻执行。

* * *

我对挪威目前所发生的一切非常不满。我给庞德海军上将写了一封信：

1940年4月10日

包括纳尔维克在内的挪威沿岸的各个港口已经被德国占领了，如果我们想把他们从任何一个港口中赶出来，那么就避免不了发生大规模战斗。挪威保持中立，我们尊重中立，这样做的结果就是这次残忍的突袭不能被我们阻止。我们必须要采用新的想法。敌人空袭我们北部基地的距离缩短了，我们因此而处于不利的地位，但我们必须忍受。我们为了封锁卑尔根，必须让水雷区时时刻刻保持警惕。我们要集中兵力进攻纳尔维克并占领它，激烈的战斗必然是长期存在的。

我们必须有一两个加油基地建立在挪威海岸，我们的选择余地还比较大，这个问题正在被参谋部研究。德国已经在挪威沿海岸拥有基地了，如果我们没有，那么我们做任何事都会非常困难，我们也需要在挪威沿海有个基地，哪怕只是临时的，这对我们也有好处。海军参谋部正在选择可以使用的地点，要求是这个地方与内地没有交通联系，有一定的利于防御的停泊场所。在如今新的形势下，只有当我们很快就拥有这样的基地时，我们才能与德国人对抗。

法罗群岛的便利条件是我们应该尽快就利用的。

我们必须竭力争取到纳尔维克。虽然敌我实力悬殊，但也不能认为敌人不会因为此次战争过于持久而没有我们的消耗大。

有各种谣言和情报在这三天里从中立国传出。德国更是吹嘘他们的战绩——英国海军在与德国海军的对战中损失惨重，德国在英国海军处于绝对优势的情况下，巧妙地将挪威占领了。英国很明显已经落后了，甚至来不及御防。就像我写给第一海务大臣信中说的那样实力悬殊。全国人民对此都气愤异常，而海军部绝对排在第一位。11日，星期四，下院已经义愤填膺而又群情激昂了，然而我必须得应对。在这种情况下，将事实的经过和细节平心静气地讲出来是最好的处理方式，对于不好的事情更是应该这样做，我一向采用这种方法，这次也不例外。德国自开战以后就滥用“受掩护的航道”或者走廊水域，我们因此而处于不利的地位。我们对此有担心，但现在这种担心已经被克服了，我第一次将这个情况告诉了所有人。“我们的荣誉是因为这种顾虑而来的，但我们的损失也是因此而来的。”

如果这些中立国在遭受到德国有计划有步骤的进攻以前，与我们的关系时而亲近，时而疏远，那么他们就没有理由谴责从盟国获得的援助和保护不够。挪威现在的处境非常不妙，我们能够给它的援助也不多，这完全是它过于保持中立的原因。我相信其他中立国会注意到这个事实的。德国可能会在明天、一个星期内或者一个月以后，将周密的计划用在这些中立国上，毁灭并奴役这些国家。

我讲到的内容还包括：我们舰队再次使用斯卡帕湾的经过；为了在北方阻截德国的舰队，我们立即采取了一些行动；我们的两个优势舰队已经在实际上对德国的舰队造成了夹击的困扰。

不过还是让它们跑了……大家看看地图上插着小旗子的各个点，可能会发现它们是我们的囊中之物。然而海上的情况是不一样的，茫茫大海没有边际，狂风很大，雾气非常浓，夜晚极其黑暗，还有一些其他变化是根本不能预料到的。大家认为的适用于陆军行军的条件，在海战的危险环境中根本就行不通……再说说制海权，我们不能在同一时间或者在任意时刻能都将海洋的每个部分都控制住。这句话的意思是，成为战场的海域的任何一部分都凭我们的意愿决定，这也使得我们的意愿可以决定在任何一个海域开战。有一种非常愚蠢的想法是，为了防止希特勒打击我们，皇家海军应该用实力和生命，在丹麦和挪威沿海不停地巡逻，这样我们的舰队就成为任凭德国潜艇袭击的目标了。

我接着将我刚刚收到的消息讲述了一下，“声威”号在星期二与敌舰有过接触，英国舰队在卑尔根港口外遭到了空袭，讲到了进入纳尔维克港作战的沃伯顿－李的舰队，下院在听到这些以后，不满的情绪逐渐减少了。我在最后说：

有一种类似于赌博的做法是不可取的，也就是让德国的所有舰队都卷入到海上战争中，为了这一场特别的战役而将所有的赌本都投入进去，这种做法是非常草率的……我感觉这是一场将要付出重大代价的、破釜沉舟式的、赌博性质的战役，如果有重大的事件发生在陆地上，这就可以被看作是一段前奏。我们似乎迎来了开战以来的第一场大规模战役。

下议院的态度原本非常淡漠生疏，过了一个半小时，他们的态度似乎有些松动。没多长时间后，我还要叙述更多的事情。

* * *

“沃斯派特”号在4月10日早上，加入了总司令的舰队，此时舰队正在向纳尔维克开进。这天早上，沃伯顿－李海军上校的舰队发起了袭击，当我们得知这个消息以后，有再次尝试进攻的打算。我们向“佩内洛普”号巡洋舰发出命令，让它在驱逐舰的护卫下，“吸取今天早上的经验教训，如果遇到合适的作战时机，向敌人发起进攻”。然而，当电讯正在传送的时候，“佩内洛普”号非常不幸地在博多港外搁浅了，当时它正在寻找报告中所谓的敌人的运输舰。纳尔维克港内的敌方船舰在第二天（12日）遭到了“狂暴”号派出的俯冲飞机的空袭。当时的天气非常不好，可见度很低，虽然空袭进行得非常艰难，但仍在尽最大的努力。据说敌人的驱逐舰有四艘被击中，我们的两架飞机在此次空袭中损失了。还不仅仅是这些。我们急需得到纳尔维克，所以下定决心一定要清理德国的海军，战斗已经愈来愈激烈，直达高潮了。

“声威”号因为过于宝贵而没有参与到战斗中去。“沃斯派特”号被惠特沃思海军上将改为旗舰。它在13日中午，进入了峡湾，护送的舰队包括驱逐舰九艘和“狂暴”号的俯冲轰炸机。这一地带并没有水雷。但驱逐舰将一艘潜艇赶出去了，“沃斯派特”号的双翼海上飞机击沉了一艘潜艇。有一艘德国驱逐舰隐藏在海湾内，它有悄悄地用鱼雷袭击我们战列舰的企图，但这被我们的飞机发现了，很快飞机就击毁了这艘驱逐舰。我们的舰只下午一点半穿过海峡。在距离纳尔维克港十二英里的地方，我们发现五艘敌人的驱逐舰在前方的烟雾中。双方的舰只都迅速调动并且开炮，激烈战斗立刻开始了。“沃斯派特”号发现在岸上没有可以进攻的炮台，所以就将猛烈的炮火投入到驱逐舰的战役中去。“沃斯派特”号的大炮是十五英寸口径的，于是在四周的山谷中，响起了丧钟般的炮声。敌人的舰队因为完全处于劣势地位而不得不撤退。于是，分散在各处的一个个规模比较小的战斗组成了这场海战。在纳尔维克港，我们有些舰只已经进去消灭敌人的舰队了。“爱斯基摩”号率领其他军舰追逐德国的三艘军舰，这三艘军舰正打算躲在罗姆巴克斯峡湾上游，它们被我们的军舰击毁。鱼雷击毁了“爱斯基摩”号的舰头。这是在纳尔维克港外发生的第二次海战，英国没有损失一艘军舰，但德国的八艘驱逐舰要么被击沉，要么被损坏，它们之前都是在与沃伯顿－李的较量中的幸存者。

惠特沃思海军上将想要在海战结束后，派遣登陆部队将城市占领，登陆部队是由水兵和陆战队组成的。他认为，暂时不会有任何抵抗出现在这里。德国士兵占有数量上的优势，他们一定会反击的，只有在“沃斯派特”号火炮的威力能将全局控制住的情况下除外。潜艇和空中的危险仍是存在的，他认为暴露这支优秀的舰队是不应该的，很可能有意外危险找上门来。这一点被下午6点出现的十二架德国飞机证实了。

所以，他在第二天早上对装载了受伤人员的驱逐舰队下了撤退的命令。他说：“我记得，今天的战斗让纳尔维克的敌军深深地震惊了，我建议占领这个城市的任务应该由主要的登陆部队立刻完成。”在港口外，有两艘驱逐舰正在警戒，以面对可能发生的变故，“哈代”号在岸上等待救援的幸存者被其中一艘驱逐舰救了出来。

* * *

英王陛下本性中就喜爱海军，他被英德的此次北海战役鼓舞，所以写了一封鼓励我的信：

白金汉宫

1940 年 4 月 12 日

亲爱的丘吉尔先生：

最近北海发生了一件大事，我一直想和你好好谈谈。我是海军出身，我必然对这件事情的经过十分感兴趣。我努力告诉自己不要让你的时间浪费在我这里。因为兼任协调委员会主席以后，你将承担更加繁重的责任，工作十分辛劳，这一点我很清楚。不过，我很希望你在形势有所稳定的时候来看我。我要祝贺你，你指导的海军做得非常漂亮，斯堪的纳维亚正受到德国的侵略，海军的抵抗很有力。请你多多保重，虽然现在的形势危急，但也应该多多休息。

你的真挚的国王乔治

第十三章　纳尔维克

挪威遭到了希特勒的暴行——费尽心思的诡计——发起反抗的挪威人——向盟国呼吁——瑞典的地位——远征纳尔维克——将训令给麦克西将军——将训令给科克勋爵——有关直接进攻的问题——麦克西将军持反对意见——在纳尔维克港集中围攻是我希望的——战时内阁在4月13日的结论——商讨特隆赫姆计划——纳尔维克的消息真令人沮丧——我在4月17日给军事协调委员会的摘要——我们给海陆军司令电报——陷入僵局的纳尔维克

挪威人的朴素坦率已经不知道延续了多少代了，不管外部世界的政治有多乱，他们从不参与其中，贸易、航海、渔业、农业是他们的主要经济活动。北欧的海盗在以前曾经突然大批出动过，他们征服或掠夺了当时世界上的很多地区，但这个时代已经一去不复返了。挪威在百年战争、三十年战争、威廉三世和马尔巴罗的战争、拿破仑的骚动以及后来的大小战争和冲突中，从丹麦中独立出来。这些战争并没有给挪威太大的影响，挪威并没有受到损失。所以，中立是很多挪威人到现在还持有的想法。挪威这个国家或者民族，只有一支小小的军队，他们位于北半极的山区，想要过着安乐的日子，但却因为德国的侵略战争而要被牺牲了。

德国多年实行对挪威真诚友好的政策，有几千德国儿童在上次大战以后，寄宿在挪威人的家庭中。这些孩子已经在德国长大了，很多都成了忠诚的纳粹党分子。挪威境内有一个小规模的模仿法西斯运动，是在一个名叫吉斯林少校的带领下，少量的青年人建立起来的。德国在过去的几年经常召开北欧民族会议，很多挪威人被邀请参加。为了促进共同的文化，挪威接待了很多访问的德国讲演者、演员、歌唱家和科学家，这都是希特勒在挪威内部实施亲德阴谋活动的一部分，与希特勒的军事计划部署密切相关。德国驻奥斯陆的公馆对这些德国外交官和领事人员或者其他德国贸易的代理机构都下达过指示，要求从事各种活动。历史上有西西里人对法国侨民的大屠杀，有过圣巴托洛穆节大屠杀，德国现在的阴谋活动和所做的丑行与这些活动都差不多。挪威国会议长卡尔·汉布罗曾写道：

从波兰以及后来荷兰和比利时面临的问题看，双方都经历过照会和最后通牒的过程，不过挪威与它们的情况不同。德国人带着友好的假面具，想要在月黑风高的夜晚，在没有宣战又没有警告的情况下，偷偷地、恶毒地将挪威灭掉。挪威人发现，有比德国的入侵更让人恐慌的事情，那就是曾经看起来非常友好的朋友成了势不两立的敌人。我们曾经热烈欢迎一些德国男女到我们家中做客，与他们进行商业或者技术方面的沟通，但现在发现他们都是一些间谍和破坏分子。挪威人多年来将德国看作是自己的朋友，但却发现朋友们正在掏空心思地制定侵犯自己国家的详细计划，挪威人对此感到非常震惊。就连破坏和约或者国际义务都没有这一点让人感到惊讶。

当这一切被挪威的国王、政府、陆军、人民所明白的时候，已经太晚了，大家只能感到气愤。他们的眼睛在过去被德国的宣传和渗透蒙蔽，现在他们的抵抗能力被削弱。德军控制的电视台上出现了吉斯林少校，这位亲德的统治者成为这个被征服的国家主宰了。几乎没有一个挪威官员愿意为他效劳。鲁格将军指挥已经动员的陆军，即刻同由奥斯陆向北推进的入侵者战斗。能够得到武器的爱国人士都去了山林中。距离奥斯陆一百英里的哈马尔，是挪威国王、内阁、国会最先撤退到达的地方，紧追在后面的是德国的装甲车。德国想要消灭他们，采用的方法是从空中投掷炸弹或者机枪扫射，这真是残酷的做法。国王、内阁和国会继续向全国发布作战的抵抗命令。鲜血般的事实已经将一部分人威胁或者恐吓倒了，这些人只能悲痛地屈服，不知道应该做什么。挪威半岛有一千英里长，地广人稀，公路铁路稀疏，这个特点在北部尤为明显。希特勒用闪电般的速度征服挪威的战略是非常有效的，这也是德国纯粹的残忍和恶毒的铁证。

挪威政府曾经害怕德国，因此对我们非常不热情，现在向我们提出了紧急的求救，希望我们能够提供援助。我们从一开始就不能对挪威的南部采取有效的措施。我们所有经过训练的和许多半训练的部队基本都到法国去了。我们空军的数量不多，但却在逐渐增加，不过他们有的正在接受训练，有的用于援助英国远征军，有的正在担任本土防卫工作。我们用于保卫容易被袭击的重要地点的高射炮，竟然没有总需求量的十分之一。但对于援助挪威的事宜，我们感觉自己还是有责任承担一些的。哪怕与我们自身的利益或者准备有冲突，也应该去援助他们。从盟国整体利益角度看，我们一定要占领并且防守住纳尔维克。挪威国王可以在这里挂上他的国旗，表示这个地方并没有被征服。大家需要同样全力战斗以保护特隆赫姆。这样，在我们将特隆赫姆占领并成为我们的军事基地以前，德国向北的侵略可以因此而被延迟。可见，从海上支持这个基地所需要的力量，要超过任何一个陆地上经过了五百英里山地而来的军队。只要一项措施能够援助和保护纳尔维克和特隆赫姆，内阁就一定会赞同。有两支军队已经做好准备就要出发了，一是为了进攻纳尔维克而留存的精兵，二是为了援助芬兰但没有使用的部队。这些军队缺少飞机、高射炮、反坦克炮、坦克以及运输和训练。深厚的大雪已经覆盖住了挪威的整个北部地区，这些都是士兵们从未看见、感觉或者想象过的。雪鞋是我们所没有的，雪橇也是我们所没有的，善于滑雪的人，则更是没有了。即使这样，我们仍然应该将我们最大的努力发挥出来。虽然这场战役就要开始了，但这却是一场匆忙而不慎重的战役。

* * *

我们应该相信，德国或者苏联下一个目标就是瑞典了，瑞典还有可能是他们两国共同的目标。瑞典的邻邦挪威正在受苦受难，如果此时瑞典伸出援助之手，那么军情就会有些变动。瑞典的军队是比较不错的军队，进入挪威对他们来说十分容易。在德军还没有到达的时候，瑞典可以将大批军队集结在特隆赫姆，我们还可以和他们在那里会师。但瑞典的命运在以后的几个月会怎样？它会受到希特勒毁灭性的打击报复。它还会受到大熊苏联来自东方的伤害。另外，瑞典为了保持中立，可以在夏季供给德国所需要的铁矿石。瑞典应该选择被征服，还是选择有些收益的中立呢？虽然瑞典的立场和我们这个没有准备但热情的岛国的看法不一样，但我们也不能指责它。

我在4月11日早上的内阁会议后，写了一段摘要，将我们因为国际法和小国的权益所做的牺牲写了出来，所以我提出以下观点是有充足理由的：

首相、外交大臣：

我对今天早上讨论的结果和我个人提出的意见没有感到完全的满意。让瑞典不中立，并且对德国宣战，才是我们需要的。将用于芬兰计划的三个师支援瑞典，或者在战争期间将足够的粮食供应给它，或者当敌人轰炸斯德哥尔摩时我们轰炸柏林，这些做法并非是我们所需要的。我们此刻下注是不划算的。此外，为了鼓励它参战，我们应该将一般性的保证提出来，这些保证可以是：我们尽量给它提供支援；在斯堪的纳维亚，我们的军队会积极地活动；我们不会抛弃它，不会在它的地位没有恢复时，单方面的与德国达成和解；我们与它是友好的邦友的关系，与它团结协作等。英法军事代表团是不是应该被要求有这种意识？如果还没有，我们要抓紧时间补救。另外，我们要积极开展在斯德哥尔摩的外交活动。

我们应该知道，假如我们提出耶利瓦勒铁矿由我们保卫，那么一定会收到瑞典“谢谢不用”的推辞，因为它认为自己在保护铁矿方面毫不费力。我们很难援助的南部才是它要遇到的麻烦。如果我们对它做出这样的保证，我们的主力部队尽早地从大西洋经过，将纳尔维克通向瑞典的线路打开，为了便于打开其他通道，我们会将德国在挪威沿海的据点按照顺序一一肃清，这些可能对它还有些用处。

如果佛兰德爆发了大战，德国就没办法在斯堪的纳维亚驻扎太多的军队。另外，如果德国在西线没有发起进攻，我们可以将军队派往斯堪的纳维亚去，人数参照德国从西线撤下的军队的比例。法国有劝说瑞典参战的意向。我们不应该对此泼冷水。最不幸的事情就是，听凭瑞典保持中立，让它为了收买德国而将铁矿石由耶利瓦勒沿波的尼亚湾运走。

非常抱歉，对于这个问题，我今天早上的时候还不算太理解。然而我还没有参加会议的时候，会议已经开始讨论这个问题了，我在表达上也存在不清楚的问题。

我感觉外交大臣的回答能够让我信服。他说，他和首相大体上赞成我的意见，但怀疑我提出的与瑞典进行交涉的方法。

1940年4月11日

瑞典与盟国比较友好，我们从那里获得了一些情报，从这些情报中可以发现，只要我们的建议能让他们感到一丝我们有将他们卷入战争的想法，就会产生与我们预期完全相反的结果。他们最直接的理解是，我们没有立足于挪威的一个或者多个港口以前，对于我们不愿意做或者不能做的事，我们就想让他们做。所以，我们可能得到弊大于利的结果。

*　*　*

纳尔维克远征军在几天以前被解散了，但那支军队比较小，现在很容易再次让他们集中起来。就要开始登船的部队是英国的一个旅和它的辅助部队。第一批护送舰只于4月12日向纳尔维克驶去。法国的阿尔卑斯步兵团的三个营和其他法国部队在一两个星期以后出发。挪威的军队在纳尔维克的北面驻守，我们的登陆活动可以借助他们的帮助。4月5日，派往纳尔维克的军队指挥人员被任命为麦克西陆军少校。我们要求友好的中立国给我们提供某种便利，他收到的训令中的措辞在这一点的表示上是恰当的。训令的附录谈到了轰炸的问题，有这样的指示：

如果一个地方的人口比较密集，我们虽然有确切的可以轰炸的目标，但是当目标的位置不能确切地认定，或者不能保证不出任何错误的时候，就不能轰炸。此时的轰炸视为违法。

德国的进攻非常激烈，所以在4月10日给麦克西将军又发了一份训令，这份训令比较坚决，给予他较大的自由展开行动，不过我们并没有取消上次发出的训令。这次训令的内容是：

英法两国政府决定将一支野战部队派到挪威北部参加对德作战。将纳尔维克区内的德军肃清并占领纳尔维克是这支部队的目的。……将部队驻守在哈尔斯塔是你们最初的任务，你们要保证能联系上目前可能还在当地的挪威军队，为你的进一步行动搜集必要的情报。我们不需要你们不顾敌人的抵抗而强行登陆。你们可能会遭到抵抗，因为对方会将你们误认作敌人。所以，在你将登陆的打算放弃以前，你应该把你部队的国籍以一定的方式告诉对方。你在与高级军官商量以后，再做出是否登陆的决定。如果登陆活动不能在哈尔斯塔完成，就应该想办法在其他地方试探几次。如果你军队的数量足够多，就必须要登陆。

艾恩赛德将军是帝国总参谋长，他在此时还给麦克西将军写了一封私信，信中说：

如果有海战的机会可以利用，就大胆地利用。

他的语气完全不同于正式训令的口气。

我与科克－奥里瑞勋爵在几个月的漫长的波罗的海战略的讨论中有过密切接触。虽然我们对“凯瑟琳”计划持有不同的见解，但他与第一海务大臣相处得非常融洽。我在充分理解长期艰苦的经验基础上，大胆地用书面的形式写出来，讨论和检验这些经验。脑力上的探讨和完成实际工作之间，存在着一定的差距。我和庞德海军上将与他的观点略有不同，我们认为应该由科克勋爵担任在北方冒险进行海陆两栖作战的海军司令。我们劝他不要因为有风险而犹豫不定，我们应该勇敢地向前进，将纳尔维克占领。因为我们持有完全相同的意见，所以我们的讨论比较充分，他被我们授予了特殊的见机行事的权力，而不是收到一份书面命令。我们所想要的能够被他真正地理解。他在报告中说：“我对离开伦敦的事情记得非常清楚，英王陛下政府希望我尽早地把纳尔维克的敌人赶出去。为了达到这个目的，我会尽量迅速行动的。”

然而此时，战争经验还没有锻炼我们的参谋工作。除了军事协调委员会刚刚被我主持的那些会议以外，各个军事部门都缺乏一致的行动步骤。陆军部给麦克西将军的训令内容竟然是海军部和我这个协调委员会的主席所不知道的。因为科克勋爵收到的训令是口头的，所以陆军部也没有可以参考的书面文件。这两份训令来自两个军队，虽然它们的目的是一样的，但却有着不同的语气和重点。不久以后，海军部和陆军部发生了分歧，可能就与这有关。

4月12日晚上，科克勋爵乘“曙光”号从罗赛斯出发，迎风破浪地前进。[①]瓦格斯峡湾欣诺易岛上有一个被选作军事基地的小港湾，名叫哈尔斯塔，距离纳尔维克约有六十英里。他希望能与麦克西将军在哈尔斯塔见面。科克在14日收到了“沃斯派特”号舰上惠特沃思海军上将的电讯，所有的德国驱逐舰和供应船已经被“沃斯派特”号在前一天全部击毁。来电中说道：“对于占领纳尔维克，可以使用直接袭击的方式，我相信不会有顽强的抵抗在我们登陆过程中出现。我想只要一支极小的部队，就可以充当登陆的主力……”因此，科克勋爵改变“曙光”号的航线，驶向罗弗敦群岛的希尔峡湾，侧击去纳尔维克的通路，命令“索斯安普敦”号与它在此会合。组建一支直接进攻的军队是他的目的，这支部队包括“索斯安普顿”号装载的苏格兰卫兵两个连、“沃斯派特”号和已在希尔峡湾的其他舰只上的水兵和陆战队。但他只有经过海军部才能与“索斯安普敦”号取得联系，这样做就避免不了推迟。有这样一句话在海军部的答复中：“我们认为你务必要与麦克西会师，双方同时出动。进攻的前提必须是你们联合作战。”于是他离开希尔峡湾，向哈尔斯塔驶去，运送第二十四旅的护航队在他的率领下在15日早上进入到了港内。第四十九号德国潜艇正在附近兜游，但被他的护卫驱逐舰击沉了。

科克勋爵正在竭尽全力促使麦克西珍惜这个可能摧毁全部德国海军实力的机会，进攻纳尔维克宜早不宜迟。然而麦克西将军却说，港口被敌人的机枪阵守卫着，他还说道，运输舰装载的部队和物资就是

---

① 有一张纳尔维克作战图在原书的591页。——原注

用于不受抵抗的登陆使用的，不能用于进攻。他将司令部建立在哈尔斯塔的一个旅馆中，军队登陆的地点就在附近。他在第二天说，从情报上看，我们不太可能在纳尔维克登陆。就算有打掩护的海军排炮，也没有可能成功登陆。然而科克勋爵的观点是，如果军队在纳尔维克登陆，火炮的优势不会让登陆部队遭受到重大损失。麦克西将军否决了这一点，并用训令中的话作为理由回复。主张进攻是海军部的观点。因此有一个僵局存在于陆军与海军的首脑之间。

此时，天气发生了骤变，下起了大雪。我们的军队没有装备应对这种情况，同时缺乏应对这种天气的训练。所以，一切几乎进入了死局。这时候，纳尔维克的德军摆好了机枪阵，让我们越来越多的海军不能前进一步。这种阻碍完全是我们没有想到的。

* * *

这次战役是临时准备的，我处理了大部分事务，所以我尽可能地将我当时的言辞记录加以利用。占领特隆赫姆和纳尔维克是首相和战时内阁的强烈愿望。这个战役的代号是“莫里斯”，它成为伟大战役的可能性非常大。4 月 13 日军事协调委员会的记录是：

（我）怕我们想要将纳尔维克占领的意愿会因为人们提出的建议而弱化。我们一定要将这个地方占领，不允许存在任何阻挠行动的障碍。我们非常严密地制定了进攻纳尔维克的计划，如果计划顺利而又没有变动，我们有很大的可能成功。此外，我们对特隆赫姆的进攻有赌博的性质。在纳尔维克被我们占领以前，我不能赞同任何将法国阿尔卑斯步兵团调遣过去的建议。不然，我们只能在沿海一带进行没有意义的战斗，这些行动必然都将是失败的。

我们同时已适当考虑特隆赫姆地区，并且已经将计划制定出来了。如果一定要进行大规模作战，登陆地点应该在那里。海军于那天下午在纳姆索斯进行了小规模登陆。有五个营的兵力被帝国参谋长集中起来，在4月16日，有两个营可以在挪威沿岸登陆。如果有必要，还可以加派三个营在4月21日登陆。那天晚上再确定登陆的确切地点。

麦克西刚开始接到的命令是，在纳尔维克登陆以后，迅速地向耶利瓦勒铁矿区推进。然而他现在遵守命令不超越瑞典的边界，因为我们可以因为瑞典的友好态度，而无需担忧铁矿区。如果瑞典对我们存有敌意，那就要面临很大的困难才能将铁矿区占领。

我又说：

我们有必要围攻纳尔维克的德军。我们不应该止步于围困，除非我们进行了一次非常坚决的战斗。我愿意根据这个意思给法国发一份电报，说明我们不仅希望，而且认为，出奇制胜的袭击能够让我们将纳尔维克成功地占领。此外，我还要说，因为改变了命令，这种做法变得比较容易，越过瑞典边界进行远征已经不需要了。

对于纳尔维克和特隆赫姆两地的战役，战时内阁认为可以进行尝试。陆军大臣的眼光比较长远，他警告我们，我们驻守在法国的力量可能在不久之后就要抽调出来去增援挪威。他建议我们早一点向法国提出这个问题。这个意见我很赞同，但和法国商量不需要在这一两天内进行。这个意见已经被接受了。另一个也被战时内阁批准的建议是，告知挪威和瑞典政府，我们有再次将纳尔维克和特隆赫姆占领的想法。作为战略中心，我们认为特隆赫姆是非常重要的，另一件比较重要的是夺取纳尔维克，将其作为海军基地。

我们没有派遣军队越过瑞典边界的意图也要说出来。我们要请求法国政府给予我们任意使用阿尔卑斯步兵团的权力，在纳尔维克以外的地方，也可以将这支部队派过去作战，并且告诉他们所有瑞典和挪威政府的信息。对于将兵力分散的做法，我和斯坦利先生都不认可。我们应该集中兵力对纳尔维克发动进攻，但为了牵制某些地区，可以分散一部分兵力。在多数意见面前，我们服从了，这些意见也是有一定道理的。

* * *

纳尔维克那边在16日到17日晚上传来的消息让人感到失望。在近距离排炮的掩护下直接攻城的做法似乎没有得到麦克西将军的认可，科克勋爵也没办法说服他。对于当时的局势，我向我的委员会作了说明。

4月17日

(1) 从科克勋爵的电报中发现，麦克西将军提议，将纳尔维克入口处两个不曾沦陷的地方占领，然后在那里驻扎下来，等到解冻以后进行下一步动作。在本月底以前，可能要一直等待。麦克西将军希望他能调遣第一个阿尔卑斯步兵团的半个旅，这是绝不可能发生的。如果这种做法被实施，我们在纳尔维克前线将要停留几个星期不动。德国必然在这个时候对外宣传说，因为德军的缘故，英法两国已经寸步难行了，表明他们掌握着纳尔维克。中立国和挪威都会因此而受到不利影响。而且，德国会继续加强它在纳尔维克的防御工事。当我们的占领时机终于被等到的时候，我们要花费更多的努力。很明显，这个意想不到的消息让人感到非常不高兴。这是在浪费正规军团中一个最精锐的旅，如果士兵在此期间患病，战争会因为这个损失得不到任何好处。我们要考虑发给麦克西将军和科克勋爵的电报是不是该这样写：

“纳尔维克会因为你们的建议而陷入我方不利的境地，我们一个精锐旅的兵力作用将无法发挥出来。我们不能派给你们法国阿尔卑斯步兵团。在两三天内，别的地方需要将‘沃斯派特’号调过去。所以，你们应该考虑这个问题，趁着‘沃斯派特’号在的时候，在它和驱逐舰的保护下，进攻纳尔维克。军舰作战的地点可以是罗姆巴克斯峡湾。我们会因为占领这个港口和城市而取得巨大的胜利。对于为什么你们不能这样做，我希望得到你们的回答，我们想要知道你们对将要遇到的海边阵地抵抗程度的估计。这是一件非常紧急的事。”

(2) 我们要做的第二个决定是，对于法国阿尔卑斯步兵团，我们是让他们简单地留在斯卡帕湾，与进攻特隆赫姆的主力部队一起在 22 日或者 23 日参加特隆赫姆的战役，还是派到纳姆索斯或者比纳姆索斯更远的地方，与卡顿·德·维阿尔特将军会合。

(3) 在今天天亮以前，第一四六旅的两个营希望能在纳姆索斯和班德桑德登陆。第三营在“克劳布里”号上，他们要在明天到纳索姆斯去，途中的航行会非常危险，如果能在黄昏前后到达和登陆，那将是一件非常顺利的事。整个下午，利勒约纳斯的停泊处一直处于被轰炸的状态。幸运的是，两艘运输舰没有被击中，目前那艘大运输舰已经卸载完毕了，这艘重达一万八千吨的运输舰在回斯卡帕湾的路上。如果法国阿尔卑斯步兵团的先头部队要将它用在纳姆索斯，它就不需要到利勒约纳斯会合，直接去纳姆索斯即可。

(4) 我们还有没有足够用于特隆赫姆的主力部队？今天必须要将这个问题确定下来。需要装备的两个卫兵营还没有动员，估计不能够按时准备好。两个法国外籍军团可能不会按时到达。20 日，从法国来的一个正规旅可以从罗赛斯出发。能够及时到达的还有法国阿尔卑斯步兵团的第一旅和半个第二旅。一千名加拿大军队已经准备好了。另外还有一个营的本土防卫队。想要战胜德国在特隆赫姆的军队，这些军队是不是已经足够了？如果我们继续拖延，将有非常严重的危险，这一点不需要再多说了。

(5) 今天晚上，霍兰德海军上将将要出发。本土舰队总司令已经在18日回到斯卡帕湾，他要带着完整而具体的决议与霍兰德海军上将见面。海军部当然高兴将军队运往特隆赫姆。

(6) 为了将昂达尔斯内斯占领，今天晚上或者明天早上可能就有战斗发生。日出的时候，敌人的五艘驱逐舰可能发动袭击，我们的想法是，先头部队从“加尔各答”号巡洋舰登陆，将足够的巡洋舰调动起来，用来应对敌人的袭击。

(7) 从今天早上开始，海军部将要向斯塔万格飞机场发起排炮攻击。

这个电报被委员会同意后发送出去了。但没有产生效果。每个人都对这种袭击能否成功持有个人见解。虽然雪上行军不在这次袭击中，但我们要在敌人机枪扫射的情况下，在纳尔维克港和罗姆巴克斯峡湾内，在没有掩护的条件下，强行从军舰上登陆。我们希望这艘大型军舰上的巨型火炮将近距离炮击的威力发挥出来，使德军的沿海机枪阵地都被它摧毁，除了被炮弹激起的积雪和泥土外，只有一阵阵的浓烟留下。海军部已经将合适的高度爆炸性炮弹提供给战列舰和驱逐舰了。在那里，科克勋爵可以将炮击的性质估计出来，所以这种袭击是他所赞同的。将卫兵旅和海军陆战队计算在内，我们最精锐的正规军已经有四千多名士兵了。如果他们登上陆地，与德国军队面对面的激烈战斗就会立刻发生。将被击沉的驱逐舰上获救的水兵排除在外，我估计德军人数不足我们的一半。现在我知道我猜对了。如果上次大战的西线发生了这种力量对比，那么必然被认为是处于有利地位，然而这里没有其他的新因素出现。这样的袭击在这次大战的后来出现了几十次，我们经常获得成功的结果。我们用明确的措辞和紧急的语气给司令官们发出了命令，我们已经将重大损失考虑在内了，所以他们需要服从。

更何况，假如他们发起了进攻，但是敌人又将他们击退了，而且遭受的损失又比较大，那么负责任的必然是国内的当局，我就要负直接责任。这种责任是我愿意承担的。然而麦克西将军不能被我或者我的同事科克的所说所为所打动。他非要等着积雪融化。他引用训令中不能伤害平民的一节应对我们提出的炮击问题。敌人进行了长期积累的研究，愿意付出生命，愿意破釜沉舟，他们的战斗士气接近疯狂，并且因此而有过很多次精彩的胜利，我们将麦克西的态度与敌人的情况进行对比后很明显地发现，我们此次战斗面临的各种条件对我们非常不利。

第十四章 特隆赫姆

一个主要的目标——一个清楚明白的计划——“铁锤”作战计划——本土舰队总司令的态度——选择指挥部队的将领——发生的意外——4 月 14 日的形势——4 月 17 日的形势——参谋人员重新考虑——空军在没有遇到抵抗时的威力——变更计划——罗杰·凯斯爵士的意愿和成果——我在 4 月 19 日给军事协调委员会的报告——“铁锤”作战计划被战时内阁放弃——进攻纳尔维克的紧急性在 4 月 20 日被谈及——伊斯梅将军作出了总结

如果我们将特隆赫姆掌握在手，在挪威中部重要的战役中，它将会非常重要。特隆赫姆港是一个安全的港口，它拥有码头和船坞设备，如果此处被我们占领，这些都将被我们获得，我们可以将这里作为根据地，建立起一支五万人或人数更多的部队。这附近有一个机场，容纳几个战斗机中队根本不在话下。如果特隆赫姆被我们占领，瑞典参加战争的可能性就会变大，因为和瑞典相通的铁路就在这里。如果敌人袭击了瑞典，我们进行援助和互助的程度也增加了。要想将德国从奥斯陆向北推进的步伐阻止住，也需要从特隆赫姆开始。从广义方面理解，无论是政策层面，还是战略层面，如果希特勒想要到达的目的地是挪威的中部，盟军和他最大规模的战斗也应该发生在这里。远在北方的纳尔维克，可以随时被攻击或者被占领，保卫工作不能有一刻的大意。我们拥有的制海权非常强大。对于空中方面，如果我们能将挪威的飞机场占领并加以巩固，即使有严重限制我们双方的条件存在，我们也能够没有丝毫犹豫地与德国展开任何一场战斗。

这些被法国军事委员会、英国的内阁和两国的顾问所相信。英国首相和法国总理有着完全相同的想法。甘默林将军愿意将英法两国在西线的军队也派到挪威去，依据是德国将西线的军队派往挪威的程度。这场长期大规模战役发生在特隆赫姆以南的地区，是他非常愿意看见的，因为对于防御战争来说，那片区域的地面几乎都能提供有利条件。德国运输军队和供应品的线路是从奥斯陆沿着唯一一条公路和铁路向北；我们的路线是从海上通过特隆赫姆运送到作战区域。很显然，德军的速度远不如我们。此外，炸弹和空中部队能够非常容易地将他们后面的铁路和公路切断。我们现在面临的唯一一个问题是，特隆赫姆能否被我们及时地占领。敌人主力部队要从南部到达那里，我们有没有先于敌人到达那里的能力？我们为了实现这个愿望，能不能在他们具有绝对的空中优势的条件下，给自己一个短暂的喘息的时间？

不止是内阁赞同进攻特隆赫姆，还有很多人持赞成意见。这场战役带来的利益显而易见，能够被所有的人充分地理解。这项政策在过去的几天内被公众、俱乐部、报纸及其军事记者自由地讨论着。海军元帅罗杰·凯斯爵士是我的好朋友，他在泽布勒赫之战中胜利了，是一位英雄人物，他主张将达达尼尔海峡打开。让本土舰队或者部分舰队在他的率领下，穿过炮台冲向特隆赫姆，登陆攻城是他非常希望做的。科克勋爵同样是海军元帅，海军总司令福布斯上将是他的后辈，科克勋爵奉命指挥纳尔维克方面的战役，所以这相当于解决了军阶方面的问题。现役名单上一向留着海军元帅们的名字，凯斯和海军部的接触时不时就会发生。他不止一次兴奋地对我说，甚至写信提醒我达达尼尔海峡的事，他说如果并没有胆小的骚扰者在那次战役中给我们带来阻碍，我们打开海峡的战役将非常容易。我也经常想起攻打达达尼尔海峡的经验教训。如果我们将当时的情况与如今特隆赫姆的炮台以及可能存在的水雷区做对比，就会发现现在的问题非常微小。然而飞机也是如今问题的一方面，英国海军在海洋上的力量就是一些军舰，而且少数庞大的军舰没有甲板保护，它们可能会受到飞机投掷炸弹的袭击。

尽管这次行动要冒险，但海军部中，第一海务大臣和海军参谋部并没有退缩。海军部在 4 月 13 日正式通知总司令，最高军事会议准备将军队派去占领特隆赫姆，积极地询问总司令为了打开这条通路，是否应该将本土舰队派出去。

（电讯中继续询问）我们想要将岸上的炮台摧毁或者击倒，让运输舰向港内驶去，你认为这样做可以吗？如果可以，你认为所使用舰只的数量和类型应该是怎样的？

福布斯海军上将要求立刻告诉他特隆赫姆的防御情况。他表示同意说，如果有合适的炮弹在战列舰上，将炮台摧毁或者击倒的行动可以在白天进行。然而这种炮弹在当时却不被本土舰队所拥有。他说到，第一，保护运输舰是最重要的任务，入口的海域只有三十英里，当运输舰经过这里时，要保护它们不会受到强烈的空袭；第二，它们要敌前强行登陆，我们已经对此提出了足够的警告。他认为，目前的条件进行这个计划是不可行的。

海军参谋部仍然坚持自己的看法。我也强烈赞同，所以海军部在 4 月 15 日的回答是：

我们还是认为应该进一步研究所说的作战计划。不过不会在七天之内实行这个计划，我们的准备工作将要在这几天内全力进行。只要是大型运输舰进入危险的水域，都会遇到不能减少的空中危险，这与所在的地点无关。我们有这样的想法，在让皇家空军对斯塔万格机场进行轰炸以外，当黎明到来的时候，让“萨福克”号用高度爆炸性的炮弹袭击，让敌人无法使用这个飞机场。另一方面，我们可以先让海军航空兵部队的轰炸机轰炸特隆赫姆的机场，然后再派出排炮上场。已经将指定十五英寸口径大炮用的高浓度爆炸性炮弹运往罗赛斯了。担任这个任务的是“狂暴”号和第一巡洋舰分舰队。所以，你们要进一步考虑这个重要的作战计划。

虽然福布斯海军上将没有完全认定这个计划已经安排妥当，但他在看了这个电报以后，逐渐试着用赞成的态度准备执行这个计划。他在后来的一次回电中说，海军方面的问题是登陆时，运输舰无法被空军保护，除此之外，没有特别严重的困难。他认为“光荣”号的防空工作应该由“英勇”号和“声威”号来担任，袭击任务由“沃斯派特”号担任，此外，还需要具有防空炮火的巡洋舰四艘、驱逐舰二十艘左右，这些都是这次行动所需要的海军力量。

* * *

现在正在用最快的速度准备从海上直接进攻特隆赫姆的计划，与此同时，已经开始另外两个辅助登陆计划了。从陆地逐渐向前逼近，将这个城市包围是这两个计划的目的。在北面一百英里的纳姆索斯，正在进行第一个登陆计划。指挥这支军队的是卡顿·德·维阿尔特少将，他是维多利亚勋章的获得者，“将特隆赫姆地区占领”是他要执行的命令。他听说，为了将据点守住，为他的部队登陆做好准备，进行初步阵地占领的是三百名海军。当时的想法是，在此处登陆的部队是法国阿尔卑斯步兵团的一个轻装师和我们的两个步兵旅，他们的任务是呼应“铁锤”计划，也就是海军主力进攻特隆赫姆的计划。从纳尔维克调来的第一四六旅和法国阿尔卑斯步兵团，都是为了这个目的而来的。敌人在15日傍晚进行了大规模空袭，卡顿·德·维阿尔特少将乘水上飞机出发，穿过空袭并到了纳尔维克。他的参谋官受伤了，所以他要在现场进行有效指挥。在昂达耳斯内斯距离特隆赫姆西南沿公路一百五十英里处，正在进行第二个登陆计划。在这里，也是让海军先将阵地占领，4 月 18 日，摩根准将将要率领一支陆军到达，并且担任指挥。梅西中将担任在挪威中部作战的所有部队的总司令。因为在大西洋对面没有能够当他总司令部的地方，所以他的指挥处只能在陆军部。

* * *

我在 15 日提出了一份报告，指出这些进行中的计划遇到非常严重的困难。在纳姆索斯，积雪厚达四英尺，没有任何掩蔽可以应对空袭，敌人对这里的控制是彻底而绝对的。高射炮是我们所没有的，可供军队利用的飞机场是我们所没有的，因为空袭的危险非常大，所以在特隆赫姆强行登陆并不被上将看好。因此，让皇家空军对敌机向北必然经过的斯塔万格机场进行袭击是最重要的。4 月 17 日，带有八英寸口径大炮的“萨福克”号将要对这个机场发动炮击。这个意见已经被批准，所以正按期进行排炮袭击计划。飞机场有一定的损失，在连续七个小时的炮击结束后，“萨福克”号才回来。“萨福克”号受伤很重，第二天它到达了斯卡帕湾，那时水已经浸过甲板了。

* * *

现在必须有一个陆军司令官被陆军大臣派出去，然而陆军大臣的选择并不顺利。霍特布拉克少将在当时的名声很大，斯坦利上校最初选择了他。海军部在 4 月 17 日举行了三军参谋长会议，霍特布拉克少将听取了他需要担任的工作详情。他在晚上十二点半旧病复发，在“约克公爵台阶”上倒了下去，并且没有了知觉，过了一会儿，有人发现了他。还好，他的参谋人员研究了他交的文件。第二天早上，他被伯尼－菲克林准将派去仍然承担他以前的工作。比较详细的指示也告知他了，他要坐火车去爱丁堡。他和他的参谋人员在 4 月 19 日乘飞机去斯卡帕湾。在柯克沃尔机场，他的飞机坠毁了，飞行员伤势严重，但此时已经没有多少时间耽搁了。

我在4月17日向最高军事会议，将参谋部为了在特隆赫姆登陆而制定的计划做了简要的说明。只有法国调来的一个（约有两千五百人）正规旅、一千名士兵的加拿大军队，可以立刻使用。后备部队可由本土防卫队的一个有一千名士兵的旅充当。然而军事委员会接到了有充足的士兵可以使用的报告，报告还说，这次冒着巨大风险的行动是很划算的。舰队全力支持这次作战，增派两艘航空母舰，它们载有飞机一百架，其中包括战斗机四十五架。4月22日被临时定为登陆日期。4月25日，法国阿尔卑斯步兵团的第二个半旅必须到达，这样才能到达特隆赫姆。希望他们能在那一天登上特隆赫姆的码头。

在当时的会议上，三军参谋长被询问是否同意上述计划。空军参谋长代表所有的参谋长，在众参谋长的面前表示同意。这次战役的风险相当大,但冒险是值得的。首相也这样认为,对于空军配合的重要性，他着重强调。战时内阁热情地赞成这个计划。我也在尽自己所能地让这个计划能够实现。

到目前为止，对特隆赫姆实行中间突破战术，似乎是所有参谋长和他们的首长同意并坚定支持的。福布斯海军上将对进攻的准备非常积极。在当时否认进攻日期为22日似乎是没有任何理由的。进攻纳尔维克是我非常喜欢的，我的信心与日俱增，愿意大胆地尝试这个有风险的行动，让舰队冒一次险也是我所愿意的，这些风险可能是在峡湾入口处遇到的小炮台轰击，可能是会遇到的水雷区、空袭等。空袭是最严重的危险，在当时认为很强大的高射炮装备在舰只上，当舰群联合向空中发炮时，飞机将因为无法处于准确投弹的高度而不能发起袭击。我要说的是，当空军没有遇到反抗时，它的力量是非常恐怖的。如果飞行员想要低空飞行，他就可以任意地低空飞行。飞机距离地面五十英尺的时候，比它处在高空更加安全。这时它们的投弹非常准确，还可以对地面上的士兵进行机枪扫射。恰巧被步枪击中是它唯一可能遇到的危险。我们在纳姆索斯和昂达耳斯内斯的小规模远征军就要遇到这些不利的条件，但是他们不得不继续战斗。然而有高射炮和一百架水上飞机成为舰队的实力，那么在实际作战中，敌人任何可以派到那里的空中力量都比不上舰队的实力。如果占领了特隆赫姆，我们就会得到附近的韦纳斯机场，我们在几天之内，让大量驻军到城区去，参与战斗的部队还可以包括几个皇家战斗机中队。如果我个人有任意行事的权力，那么纳尔维克是最让我感兴趣的战役，我刚开始就对此感兴趣，而且还会一直坚持下去。我任职的内阁是非常友好的，我的首相是值得尊敬的，这个计划是让人振奋的，所以我只要希望这个计划能够成功即可。这个计划甚至被一些谨小慎微的大臣们大力赞成，几乎整个海军参谋部和所有的专家也都支持它。17 日的形势就是这样的。

我在当时认为，这个计划应该得到挪威国王和他的顾问们的理解，我们要为此尽全力，所以应该派一个人拜访挪威国王，这个人应该熟悉挪威的情况，同时还有一定的权威性。比较满足这个要求，可以承担这份责任的就是海军上将爱德华 · 埃文斯爵士。所以，爱德华 · 埃文斯爵士乘坐飞机途经斯德哥尔摩最终到达挪威，到挪威国王的总部去，并且还要联系他。爱德华 · 埃文斯爵士此行的目的是尽全力帮助挪威政府进行抵抗，将英国政府为了援助他们而采取的各种措施告诉他们。他和国王及挪威当局从 4 月 22 日起连续商议了好几天，他将我们的计划和困难让对方知道，让他们能够了解。

* * *

三军参谋长的意见在 18 日发生了剧烈的、至关重要的变化。主要原因有：第一，让我们的精锐主力舰队参与此次冒险行为的风险很大，而且他们越来越感觉这种风险实在太大。第二，陆军部认为，即使舰队能够安全驶入驶出港内，但我们的军队要面临德国空军的威胁，敌前登陆仍然是十分危险的行为。第三，这些当局认为，如果想要冒险少一些，可以在特隆赫姆的南面或者北面登陆。因此，三军参谋长拟定了一个很长的反对“铁锤”计划的报告。

在这个报告的开始，就让人们警惕，如果一场联合战役包括敌前强行登陆，这场战役就是战争中最艰难、最危险的作战方式之一。三军参谋长一致认为，这种战斗是特殊的，更是万分危险的，在紧急的形势下，没有时间将这种作战计划的准备做得精密而详细，在我们没有空中侦察和空中摄影的条件下，战斗依据只有地图和航海图。而且，在敌人可以袭击的范围内，我们几乎集中了全部的本土舰队，这是这个作战计划的另一个缺点。另外，还应该将其他新因素纳入对形势的分析和考虑中。在纳姆索斯和昂达耳斯内斯，我们已经夺得了登陆据点，我们将部队驻扎在了岸上。有可靠的报告称，特隆赫姆的防御正在被德军改进。报刊上已经发表了我们打算在特隆赫姆直接登陆的消息。根据这些新的因素，三军参谋长重新考虑原来的计划，他们最终一致认为计划需要变更。

将特隆赫姆占领，并将其作为我们在斯堪的纳维亚半岛的根据地，仍然被他们认为是有必要的。但直接的正面进攻是他们不主张的。他们认为，我们在纳姆索斯和昂达耳斯内斯的军队在登陆时取得了意想不到的成功，这一点应该加以利用，在包抄特隆赫姆的时候，用钳形攻势从北向南逼近。他们认为，我们原来的行动是极其冒险的，修改后的行动遇到的危险非常少，但能取得的效果却是一样的。如果我们变更了计划，我们会从报纸对我们意图的报道中受益，因为如果我们原有的企图被故意泄露出去，敌人可能认为我们会按照原计划行事。所以，三军参谋长建议，我们应该将最大的兵力投入到纳姆索斯和昂达耳斯内斯，将通过当博斯的公路和铁路交通线占领，从南北两面将特隆赫姆包围。在纳姆索斯和昂达耳斯内斯两地的主力登陆以前不久，我们应该从海上用排炮对敌人在特隆赫姆的外围炮台发动袭击，让敌人误以为我们还有直接进攻的打算。我们应该在海上封锁特隆赫姆，并从陆地上包围它。虽然按照原计划我们占领城市早一些，但相对于完成登陆而言，按照我们的新计划，时间要更早一些。最后，三军参谋长选择了包抄的计划，将直接进攻的计划放弃了，这样我们舰队中大量珍贵的舰只就可以参加到其他地方的战役中去，例如参加纳尔维克战役。提出这个建议的不仅包括三军参谋长，三个能力较强的副参谋长也联名提出了，当然新近任命的汤姆·菲利浦斯上将和约翰·迪尔爵士也包括在内。

这个两栖作战计划是一个积极的作战计划，我们很难想象这个计划本身的最终决定作用比不上它的任何一种反对意见。此外，我也没见过能够压倒这个计划的内阁或者大臣。三军参谋长在现行的制度下组成了一个独立的工作机构，这个机构是单独的，首相或者最高军事机构的任何权威代表都不能对它进行监督指导。对于整个战局的全面看法，海陆空三军的首长尚未形成，他们的想法都过于是从本部门的角度出发的。在各部门的大臣与三军参谋长们讨论以后，参谋长们开会商讨，发表重要的备忘录或者摘要。我们当时指挥作战制度中最遗憾的一项缺点就是这一点。

我对这种后来的转变非常愤怒，于是追问相关军官到底是什么原因。不久以后，我知道了，那些专家们在几天以前，还在拥护这个作战计划，但现在他们持反对意见了。当时也有不是墙头草一样的人，比如罗杰·凯斯爵士就是其中之一。他对荣誉和战斗非常热衷。这些后发的恐惧和几经犹豫的思考正是他嘲笑的。他毛遂自荐说，他愿意率领少数旧舰只和必要的运输舰，趁着德军还没有更强大的时机，进入特隆赫姆峡湾，开始登陆并且攻下这个地方。凯斯曾有过的功勋非常伟大，他是个热忱豪放的人。5 月份的辩论中，有人说道“我对达达尼尔海峡之战倍感心痛”，意思是我曾经的离职就是因为那次战役，所以我没有资格再次冒险，这当然不是真的。当处在附属地位的时候，采用激烈的行动是不能避免的，其中必然遇到非常大的困难。

另外，当时的高级海军将领之间还存在特别的个人关系。总司令和第一海务大臣的资历不及罗杰·凯斯和科克勋爵高。庞德海军上将在地中海时在凯斯手下担任了两年的参谋官。如果罗杰·凯斯的意见被我采纳，庞德的意见被我拒绝，庞德辞职这样的事可能就会发生，海军上将福布斯可能也会提出请求解职的要求。如果我这个时候从我的职位角度考虑问题，仅仅因为一个作战计划，让我和我战时内阁的同事们不得不面对，就要在这个时候引出这些人事上的问题，这种做法是非常不应该的。此外，虽然这是一个很重要的、很吸引人的作战计划，但对于挪威战役和整个战局来说，它还是处于次要地位。因此，我没有任何犹豫地认为参谋长们的意见是必须要接受的，即使他们改变了自己的想法，他人也提出了有力的理由反对参谋长们删减过后的计划。

因此，放弃“铁锤”计划的决议被我接受了。18 日下午，我将这件事汇报给了首相。首相虽然感到非常失望，但和我一样没有其他选择了，只能接受这种新的局面。战争和人生一样，我们可能会遇到一个非常想要实现的计划，但这个计划又常常以失败告终，不得已选择替代计划中最好的那一个。如果情况就是这样，聪明的做法就是努力促使新计划实现。所以，我调转了枪口。4 月 19 日，我给军事协调委员会这样一份书面报告：

(1) 因为卡顿·德·维阿尔特那里取得的进展很大，在昂达耳斯内斯和南峡湾中其他港口，我们的登陆进行得非常轻松，我们攻打特隆赫姆的机密计划已经被报纸报道出来了，此外我们要使用很大的海军力量实行这个“铁锤”计划，我们需要冒的风险也非常大，在很长一段时间内，我们的一些非常重要的舰只都要处于近距离的空袭威胁之下，所以，三军参谋长和副参谋长们提出了新的想法，也就是我们要改变中间突破和钳形攻势的侧重点，即南北的钳形攻势是我们的主力应该投放的地方，我们中间对特隆赫姆进行示威性的进攻。

(2) 现在的局势和意见变动得非常迅速，上述决定是我们必须采用的，这已经得到了首相的核准，命令就要在现在发出。

(3) 这种提议应该让人相信，我们就要发动对特隆赫姆的正面进攻了，如果有合适的机会，为了强调直接袭击活动，主力舰的排炮要向外围炮台发动袭击。

(4)为让炮队增援卡顿·德·维阿尔特，我们应该尽最大的努力。他的军队在没有炮队的情况下不能称之为完整的组织。

(5) 我们曾经为了“铁锤”计划而将所有的军队集中起来，现在应该尽快将这些军队用大量的战舰运送到罗姆斯德尔峡湾的各港口，逼近当博斯。在到达当博斯以后，大部分兵力应该转到北面，去往特隆赫姆，留下一部分阻截部队向南开进，直到挪威的主要战线以外。有一个旅的兵力（摩根的）和六百名陆战队队员在过了昂达耳斯内斯一些的地方登陆，很快在这里参加战斗的部队还有从法国调过来的一个旅和辅助本土防卫队的一个旅。如果这样，当博斯应该可以被攻下，而且从奥斯陆到特隆赫姆两条挪威铁路中靠东面的一条也将纳入我们的控制范围。有一个据点比较有利，那就是斯特伦。其他的军队还包括法国阿尔卑斯步兵团的第二个半旅、一千名加拿大士兵、法国外籍军官的两个营。今明两天暂时不决定他们的目的地。

(6) 我们仍然认为纳姆索斯的军队处于有危险的地位，但他们的司令员对冒险已经习以为常了。此外，我们没有理由不将至关重要的优势兵力向昂达耳斯内斯—当博斯铁路线推进，让他们在有利的时机越过这个重要的据点，孤立并占有特隆赫姆。

(7) 虽然对侧重点的变更，似乎是挖苦改变计划的表现，但我们也应该知道，我们曾经计划的危险性非常大，我们现在计划的危险性比较小，我们做了一个转换，海军因为“铁锤”计划而要承受非常重的负担，现在这种负担减轻了。对于我们的目的，使用这个比较稳妥的计划也能达到。新计划未必会延迟我们实现目的的时间。相对于旧的计划，使用新的计划可以让我们更早地将更多的士兵运送到挪威去。

(8) 既然在纳尔维克进行激烈的战斗得到我们的强烈赞成，那么我们就不能在这个时候将纳尔维克的战舰调走。在接到命令以后，“沃斯派特”号已经又回去了。我们需要进一步增援纳尔维克，必须要研究这件事，同时也应该考虑加拿大军队。

(9) 与此同时，现在已经可以进行斯卡格拉克海峡的扫雷工作了。这有助于我们将敌人的反潜艇船只肃清，让我方的潜艇能够顺利地开战活动。

我在第二天将我们取消直接进攻特隆赫姆的形势向内阁做了说明，并且再次强调新的计划已经被首相赞同了。从总体上说，这个计划是让卡顿·德·维阿尔特将军使用法国阿尔卑斯步兵第一轻装师的全部兵力，从北方对特隆赫姆发起进攻，另外摩根准将已经在昂达耳斯内斯登陆，就要去占领当博斯，我们用从法国调来的几个正规旅去增援他。派往南线的是另一个本土防卫队的旅。部分在南面的兵力，可能要一直向前推进，给予在奥斯陆前线的挪威军队援助。让我们感到幸运的是，(除了运输摩根准将的车辆船只外) 直到现在，我们的登陆部队都没有遭受到任何损失。根据现在的计划，应该有两万五千人在5月的第一个星期结束后上岸。法国曾经说到可以额外派出两个轻装师援助我们。我们军队目前主要问题是缺少供给的基地和交通线，现有的基地非常容易遭受到敌人强烈的空袭。

陆军大臣继续说，和对特隆赫姆进行直接袭击的计划比，新计划的危险也很多。我们无法在将特隆赫姆的飞机场占领以前，抵抗敌人规模巨大的空袭。另外，对特隆赫姆的“钳形攻势”也未必在新计划中体现出来，虽然在不久以后，特隆赫姆会受到北面军队的压力，然而，巩固自身地位，抵抗从南面来袭的德军，是南面军队的首要任务。所以，可能要在一个月以后，才能实现从南面对特隆赫姆采取的重要行动。这是一个切中要害的批评。这个新计划被艾恩赛德将军大加赞赏。他希望，取得法国增援以后的卡顿·德·维阿尔特将军，能够调遣的军队是规模巨大而又机动灵活的军队，甚至有跨过特隆赫姆通往瑞典铁路的能力。因为大炮和运输工具是驻在当博斯的军队所没有的，所以他们只能防守。所以，我又说道，大家认为正面进攻特隆赫姆将给我们的登陆部队和舰队带来很大的危险。假如我们的舰队因为敌人的一次成功的空袭而丧失一艘主力舰，我们在战争中的成功就会被这个损失抵消。另外，登陆部队要承受巨大的伤亡，这是必然的。梅西将军的想法是，风险与希望得到的收获未必是对等的，尤其是我们可以通过其他方式得到同样收获的时候。虽然陆军大臣明确地说明，我们使用的其他方式未必是最妥当的，也未必是让人感到满意的，但也愿意试一试。我们大家都非常清楚，我们的行为是非常被动的，这些方法都不能让人感到很高兴，但也不得不在其中进行选择。所以，修改过的进攻特隆赫姆的计划被战时内阁批准了。

关于纳尔维克的问题，我们需要再说一说。当我们放弃了正面进攻特隆赫姆的计划时，进攻纳尔维克的计划显得更加重要，更加可行了。所以我给军事协调委员会写了这样一份摘要：

(1) 纳尔维克的重要性是怎样都说不尽的，我们必须要对这个问题作出决定。我们会因为战争的静止状态一直持续而处于更加不利的地位。最多再过一个月，波的尼亚湾就要解冻了。到了那时，瑞典就会被德国要求允许在铁矿区内任意穿梭，德国甚至要求将铁矿区控制在自己手中，他们在纳尔维克的军队就会获得增援。他们可能会对瑞典做出这样的承诺，如果德国远在北部的这些行动被瑞典同意，德国可以保证不骚扰瑞典剩下的地区。不管怎么样，我们都应该知道，德国为了增援他们在纳尔维克的驻军，一定想要进入瑞典的铁矿区，无论是使用怀柔的方式，还是武力的方式。所以我们充足的时间最多只有一个月了。

(2) 我们不但要在这个月内将那个城市攻下来，将在那里登陆的德军降服，还要在一个湖泊上，拥有一个有用的、布防到位的水上飞机基地，所以要沿着铁路线向瑞典的边境逼近。如果这样，即使铁矿区不能被我们控制，那么在德国控制之下的铁矿生产也可以被我们阻止。因此，需要立刻派往到纳尔维克的士兵至少还要再（额外）增加三千人，最晚在5月的第一个星期，他们就应该到那里了。应该在现在就将这个命令发出去，因为如果形势变得明朗起来，很容易将军队派往其他地方去。如果这些士兵都来自英国，那么将会方便我们的管理。但如果因为各种原因而不能做到这一点，那么第二法国轻装师的主力旅是不是要派往纳尔维克？让一艘巨舰驶入希尔峡湾或附近地区，应该不是一件过于危险的事情。

(3) 这个需要应该怎样被满足，怎样安排时间和调度船只等问题需要进行讨论，我希望海军副参谋长能够与一个地位相当的陆军部官员进行一次协商。不能将纳尔维克占领将成为一个非常大的不幸，德国可能因此而将铁矿区控制住。

在4月21日的报告中，伊斯梅将军已经将这个局势看到了，他说得非常精彩：

占领纳尔维克并且将通向瑞典的铁路占领是我们在纳尔维克进行作战的目的。在必要的时候，我们要让军队开向耶利瓦勒铁矿区，甚至将铁矿区占领。我们在斯堪的纳维亚半岛所进行的所有战役的最主要的目的就在这里。

大约在一个月后，吕勒欧港的积冰就要融化。我们可以猜到，当积冰融化以后，德国为了方便自己将耶利瓦勒矿区占领，或者进行进一步的行动，即增援他们在纳尔维克的军队，就必然会使用武力或者威胁的手段将他们军队需要的通道打开。所以，我们攻下纳尔维克的时间只有一个月。

将特隆赫姆占领，得到一个基地，是我们在特隆赫姆地区作战的目的所在，我们在挪威中部甚至在瑞典进行的其他活动都可以从中得到方便。我们军队已经开始登陆的地点是特隆赫姆南面的昂达耳斯内斯和北面的纳姆索斯。纳姆索斯的军队在从特隆赫姆通往东面的铁路两侧驻扎，由东面和东北面包围德军，是他们的任务。部分德军从奥斯陆主要登陆地点出发去增援特隆赫姆，我们在昂达耳斯内斯登陆的军队要与利勒哈梅尔的挪威军队合作，将一个防守的位置占领，阻止这支德军，这就是他们的任务。我们应该防守奥斯陆和特隆赫姆之间的公路和铁路。部分军队可以在完成这个任务以后向北逼近，从南方对特隆赫姆施加压力。

目前，特隆赫姆地区占据了我们主要的注意力。支援挪威军，让特隆赫姆失去援助是我们最重要的目的。我们目前并不急着占领纳尔维克，但随着波的尼亚湾航道一天天解冻，占领纳尔维克也日益紧迫。如果瑞典能够加入到战争中，那么纳尔维克必然是一个极其重要的据点。

我们正在挪威进行一项风险非常大的活动，我们遇到的困难很严重。主要包括：第一，我们将能够立刻使用的军队在匆匆忙忙的情况下编制成了临时军，登陆去援助挪威。第二，当我们进入挪威以后，我们被迫选择了一个基地，但这个基地根本不能维持我们巨大的军队组织。特隆赫姆是整个地区唯一可以利用的基地，但却在敌人手中。我们只能利用次要港口纳姆索斯和昂达耳斯内斯，即使能卸下军用物资，数量也非常少，同时还面临着与内地并不方便的交通形势。所以，即使我们想将（当时得不到的）机械化的工具、大炮、供应品、汽油运到岸上，就算不会遇到困难，那也是一件极其不容易的事。所以，我们在挪威的军队数量因为不能占领特隆赫姆而受到很大的限制。

人们当然可以说，在现在看来，即使我们在挪威战争中得胜，法国即将发生的恐怖事件也要抵消我们可能取得的胜利。敌人就要在一个月内将盟国的主力打垮或者逼到海里。我们所做的一切斗争都是为了继续生存。所以，很幸运，我们没有将规模巨大的空军和陆军建在特隆赫姆周围。我们这些凡人必须要一天天地行动着，等着未来的事件一点点地发生。从我们在 4 月份得到的信息看，直到现在我都认为，既然我们已经做到了这一步，“铁锤”计划就应该坚定地实施下去，坚持从三个方向围攻特隆赫姆的计划。但这个计划被我们的专家顾问反对，他们态度坚决，提出的理由非常严重，此时我没有逼着他们认可我的想法。我应该为这点负全部责任。不过，从当时的局势看，集中精力攻打纳尔维克，全面放弃进攻特隆赫姆，是最好的做法。不过，这个计划在此时已经太晚了。挪威人正等着我们的援助，我们的许多部队已经登陆了。

第十五章　在挪威的挫折

科克勋爵被任命为驻纳尔维克的最高司令官——我收到了科克勋爵的信——轰炸受到麦克西将军的质疑——英国内阁的答复——最高军事会议于4月22日举行第八次会议——盟国与德国在陆军和空军方面的力量对比——陷入混乱的斯堪的纳维亚——关于特隆赫姆和纳尔维克的决定——再次变更指挥权——5月1日的指令——特隆赫姆之战——在纳姆索斯战败——佩吉特在昂达耳斯内斯远征——战时内阁决定英军撤出挪威中部——在莫绍恩的惨败——我在5月4日的报告——格宾斯的军队——北进的德军——德国在方法上和素质上的长处

4月20日，在获得同意的情况下，我任命纳尔维克区英国海、陆、空军的唯一司令由科克勋爵担任，因此他可以制约麦克西将军。毫无疑问，科克勋爵的进攻精神是饱满的。拖延的危险被他敏锐地发现了，我们国内对当地自然条件和行政管理中困难的估计，要远比实际遇到的小很多。即使授予了海军军官最高的权利，也不能在纯军事的问题上，命令陆军做出某种举动。这种现象会在调换陆军、空军的地位后表现得更加明显。我曾经想过，将麦克西将军的直接重任解除，那么科克勋爵在大胆地采用一些战术时可能会感觉更加自由，但我们看到结果后感到非常失望。每当我们想要采取一些剧烈的行动时，麦克西将军就会用各种理由进行阻挠。自拒绝了临时进攻纳尔维克的建议以后，局势在这一个星期的发展对我们越来越不利。两千名德国士兵在昼夜不停地建造防御工事，纳尔维克和这些工事都有大雪的掩护。有两三千名水兵从凿沉的驱逐舰中逃了出来，他们已经被敌军组织起来，这一点是非常确定的。敌人的空军在一天天地改进以应对我们所做的安排。他们对我们登陆的部队和船舰进行的轰炸一天比一天严重。科克勋爵在21日给我写了一封信：

对于你的信任，我要写信感谢。我一直在尽我最大的努力，不想让你失望。我们很难克服如今停滞的现状。当然，有很多障碍在阻挠我们的军队行进，比如说大雪，到现在北部山坡上还有几英尺厚的积雪。我曾经亲自勘察过，断断续续的大雪始终不能让时局好转。我们在军队出发的最初就犯了一个错误，我们假设没有抵抗阻挠我们，这种错误是我们经常犯的，坦噶战役就是如此。目前，没有小型武器弹药和淡水储备供给我们的士兵，但却有各种人员和成吨的不需要的军需品供给他们。

因为我们在空中绝对处于劣势地位，所以战斗机是我们迫切想要得到的。敌人的飞机每天都到这里侦查，它们在看到运输舰和轮船后就立刻开始轰炸。总有一些船舰会被击中。我昨天乘坐飞机在纳尔维克的上空侦查，根本看不清楚地面的情况。悬崖上有各种石头，积雪将大部分地区掩盖，只有个别突出的地方露出来。即使是这些露出来的地方，它们附近也有非常深厚的积雪。一片白茫茫的积雪从岸上延伸到水边，所以水边的情况是我看不清的。

在能够进攻的时机来临以前，我们只能对地下铁道等交通工具进行破坏，将大的渡船烧毁或者炸烂，将这座城市与外界的联系切断……不能前进是非常让人恼火的事情。你一定对我们不能前进非常震惊，但我保证，这不是我们想要的。

在海军排炮的攻击下，科克勋爵想要武装搜索，这受到了麦克西将军的质疑。他说道，他有责任在对纳尔维克进行预订军事行动以前做出声明，如果我们的大炮袭击了在纳尔维克的挪威男女老少，他的将士会为自己和自己的国家感到耻辱。科克勋爵没有评论他的话，就把他说的话转发给我们了。4 月 22 日将要召开国防委员会会议，但我和首相要在那天去巴黎参加最高军事会议，所以不能参加国防委员会会议。我在出发前将答复草拟出来，我的同事们也赞同我的答复：

我认为战争爆发时颁发的“炮击训令”已经被科克勋爵阅读过了。如果敌人在纳尔维克的活动是在有建筑掩护的情况下进行的，如果认为有必要超出训令的约束，一切被认为可以使用的方法都可以采用。这些方法有：在有条件的情况下发传单；提出六小时限时警告，通知德军总司令让平民出城，如果想要出城的居民被德军阻止，就应该由德军负责；也可以宣布为了让平民安全地通过铁路退出去，铁路线在六个小时内不被破坏等。

这项政策被国防委员会批准了，国防委员会做出声明：“德国为了将我们的进攻阻止住，为了将挪威的城镇变成战争堡垒，可能会将平民关在城内，这样做是不允许的。”

* * *

当我们到达巴黎时，仍然担心挪威的战役，因为是英国负责挪威战役的各项行动的。在欢迎我们以后，雷诺先生开始将总的军事形势叙述给我们听。我们两国联军远征斯堪的纳维亚的行动与这种严峻的形势相比，显得就不那么重要了。雷诺先生说，德国因为地理位置而在内线作战中永远具有优势。德国现有一百九十个师，其中有一百五十个可以用于西线作战。盟国有一百个师抵抗德国，英国军队占了十个师。德国在上次大战中有六千五百万人口，两百四十八个师，在西线作战的有两百零七个师。英国有八十九个师，驻守在西线的有六十三个；法国有一百一十八个师，驻守在西线的有一百一十个师。总之，德国在西线有两百零七个师对抗协约国在西线的一百七十三个师，当美国参战的时候，有三十四个师增援，这样我们才有和德国师数相等的军队。今天面临的形势是非常不妙的。德国有八千万人口，有组建成三百个师的能力。然而法国在今年年底根本不能指望英国参加西线战争的师能够派出二十个。所以，我们与敌人数量上的巨大差别在不断拉大，敌人越来越有优势，我们不得不面临这个问题。现在，我们与敌人人数之比是二比三，很快就要是一比二了。德国在航空和飞机的装备方面具有优势，我们的大炮和军火积累也不如它。雷诺就说到了这里。

今天这个局面是我们一点一点造成的。在1936年，莱茵兰被德国占领，如果我们在那个时候进行干涉，只需要一个警察行动就够了；我们还可以在慕尼黑事件的时候进行干涉，那时候虽然捷克斯洛伐克被德国占领了，但德国只有十三个师能够派到西线；我们也可以在1939年9月进行干涉，那时波兰还在抵抗德国的侵略，德国能够派到西线的师只有四十二个。协约国曾经在战争中胜出了，所以当希特勒一再将条约破坏时，当希特勒的侵略行径一再上演时，协约国没有敢于使用任何有效的措施抵抗希特勒的行为，哪怕是他们还处于极盛的时候都没有，所以逐步演变成了今天这样的局面，德国已经让人惧怕了。

* * *

我们已经完全理解这令人感到沉闷的前奏有多么的严重。讨论了这个前奏问题以后，我们又要讨论混乱的斯堪的纳维亚了。目前的局势已经被首相清晰地说出来，我们在纳姆索斯及昂达耳斯内斯登陆的士兵有一万三千名，他们没有遭到任何损失。我们的部队正在向前前进，他们要到达超过我们预期的地点。因为要使用很多海军力量，才能够从正面对特隆赫姆发动进攻，所以我们决定改变原来的计划，使用南北两方面包围的方式进攻。然而在纳姆索斯，有一场非常严重的空袭发生在最近两天，所以我们的新计划又遇到了严重的阻挠。德国可以在那里任意地轰炸，因为我们没有可以抵抗炮火的高射炮。然而，我们已经消灭了所有的在纳尔维克的德国战舰，但我们不能很快地对付德国的陆上军队，因为他们有着坚固的防御工事做掩护。如果我们失败了一次，那我们就需要一再地重新开始。

张伯伦先生说，英国总司令急切地希望有军队开到挪威中部支援，德国可能从南面发动进攻，我们在那里的军队需要得到保护，最终占领特隆赫姆时需要协助。我们早就非常确定，我们的军队需要生力军的援助。我们很早就非常清楚那里需要精锐的部队进行增援。我们在近期有五千名英国士兵、三千名波兰士兵、七千名法国士兵、三个营的英国机械化部队、一个营的英国轻坦克部队、三个师的法国轻装师以及一个师的英国本土防卫队可以调遣。能够派出多少士兵并不是我们目前遇到的问题，我们的问题是能够登陆并作战的士兵人数大受限制。雷诺先生说，有四个轻装师可以被法国派过去。

直到现在，我才第一次在这些会议中发表自己的看法。我对法国人说，我们的军队想要将供应品送上岸，在面临敌人的飞机和潜艇的袭击时，会遇到一些困难。驱逐舰要对每一艘船只进行护航，巡洋舰和驱逐舰要对每个登陆地点进行连续的保护。这些工作不仅是登陆时要做的，而且要一直做到将高射炮安装在陆地上的时候。很幸运，盟国的船只至今为止被敌机击中的并不多。这些作战方面的困难需要我们理解。直到现在，已经有一万三千名盟国士兵登陆，但根据地还没有建立起来。我们仅仅依靠脆弱的交通线进行内地作战，可以掩护我们的大炮和作战飞机却是没有的。挪威中部的局势就是这样。德国在纳尔维克的势力没有那么强大，对港口进行袭击是不容易的。一旦我们夺得了港口，我们的军队就可以快速地登陆。只要是不能够在更南面港口登陆的军队，都应该派往纳尔维克。那些调到纳尔维克的士兵，都不能在大雪中进行越野行进，那些还留在英国的部队也是如此。解放海港和城镇不是在纳尔维克的军队全部任务，他们的任务也不只是将这个地区的德军清理干净，还包括拥有与德国进一步的行动相符合的兵力，沿着铁路线，向瑞典边境推进。英国总司令经过谨慎的考虑，认为我们可以做到这一点，虽然其他港口登陆的速度可能因此而延迟，但他们在登陆时遇到的困难对他们速度也有限制，而且这些困难对速度的限制可能比这种因素对登陆速度限制还要大一些。

我们所有人都知道，现在的局势让人非常不高兴，而且我们也没有办法解决。经过最高军事会议同意后，我们的军事目标是：

（1）将特隆赫姆占领。

（2）将纳尔维克占领，将足够的盟国军队集中在瑞典的边境。

荷兰和比利时遇到的危险是我们在第二天谈论的内容。荷兰和比利时对与我们共同采取行动的做法表示不认同。意大利随时都可能对我们宣战，这一点我们都很清楚。庞德上将和达尔朗上将正在协商地中海方面的问题，准备将各项海军措施付诸行动。波兰政府首脑西科尔斯基将军也被邀请参加这次会议。他说，他可以将一支十万人的军队在几个月内组成，他正在积极地想办法在美国组建一个波兰师。

双方在这次会议上达成了一致：如果荷兰被德国侵犯了，盟军直接进入比利时，不再和比利时政府进行协商；德军的集合地点和鲁尔地区的炼油厂，可以由英国皇家空军进行轰炸。

* * *

当我们在会议结束回来的时候，我感到很担忧，我们遭到了彻彻底底的失败，在努力抵抗敌人方面是失败的，在选用指挥作战方法方面也是失败的。所以，我给首相写了这样一封信：

我希望我可以尽全力支持您，但我还是要对您说，在挪威方面，您就要遇到麻烦了。

您接受我的请求主持军事协调委员会的日常事务，以及您做的其他工作都让我非常感激。但我还想和您说，在我没有应该拥有的权力情况下，我不想再接受您分配给我的这项任务了。现在根本没有有权力的人，六个参谋长和副参谋长、三个大臣和伊斯梅将军都是委员会的成员。(除了纳尔维克战役外）他们都有权力发言讨论在挪威的作战行动。但制定和指挥军事政策的人只有您一个，其他人都不可以。如果您觉得这个责任能够由您承担，那么我以海军大臣的职位对您保持一如既往的忠诚，这一点您可以相信我。不过如果您因为有其他的工作而不能承担这份工作，您可以让一个能够进行计划和指挥策划一般作战的代表分担您的权力，您和战时内阁可以给予支持，当您有足够的理由不能支持的时候，可以停止给予支持。

我收到了首相的另一封信，此时这封信还没有被我发出去。他说斯堪的纳维亚的形势一直都是他考虑的问题，他对现在的局面感到不满。他让我在那天晚饭后去唐宁街与他会面，我们要对整个形势进行私下的探讨。

我没有留下这次谈话的记录。我们进行了一次非常和谐的谈话。我告诉了他这封没有寄出的信提到的主要内容，他同意了我的看法，因为他认为我说的理由很充分，各个观点也很有道理。对于我提到的指挥权，他非常愿意交给我，而且没有个人隔阂存在于他和我之间。但他要说服别人，就需要和很多重要的人物商讨。他在5月1日，将这份通告发给了战时内阁和其他有关人士：

1940年5月1日

我研究了现行的处理国防问题的各种办法，并且与海陆空部门的大臣进行了协商，现在给各位同僚传阅一份备忘录，我们已经决定今后要改革这些办法，这已经得到了海陆空三部门大臣的同意。在海军大臣同意后，主管中央参谋部的高级参谋官由（获得三级巴斯勋章和三级特殊功勋章的）伊斯梅少将担任。根据备忘录中的指示，海军大臣指挥这个参谋部。因为伊斯梅少将担任了新的职务，所以他是三军参谋长的额外委员之一。

内维尔·张伯伦

国防组织

我们改革现行办法，目的是让作战指挥更加集中，改革措施如下：

当首相本人不主持会议时，军事协调委员会的各种会议继续由海军大臣主持。当会议中没有首相出席时，首相由海军大臣代表，战时内阁提出的各项事宜都由海军大臣在会议上处理。

军事协调委员会的代表是海军大臣，指挥三军参谋长委员会的职责由他承担。他在实现这个目的的时候，可以根据他认为的需要，随时召集委员会，组织个人商谈。

负责向政府提出集体意见的人仍然是三军参谋长，为了实现委员会提出的各个目标，三军参谋长要与各自的参谋人员制定各种方案，还要将各自的适当评价附在提出的方案后。

三军参谋长的个人身份是向各自部门的大臣负责，并随时将自己的结论报告给各自部门的大臣。

在时间允许的情况下，军事协调委员会应该核准三军参谋长拟定的各项方案、参谋长们提出的评论和海军大臣做出的评价。当有争议存在于军事协调委员会内部时，这些方案应该递交给内阁，由内阁进行核准，但战时内阁授予军事协调委员会作出最后决定的权力时除外。

当在紧急情况下，各项方案不能递交给军事协调委员会的正式会议时，海军大臣有方法处理，他要和三部门的大臣进行非正式的协商，有异议的问题交给首相处理。

为了让上面提到的一般计划能够方便地实行，让三军参谋长和海军大臣之间存在一个方便的、密切的联系方式，为了对海军大臣予以协助，我们要组成一个（与海军参谋部不一样的）中央参谋部，由高级参谋官主持这个参谋部，这名参谋官是三军参谋长委员会的额外委员之一。

这个办法和以前的办法相比，有了一定的改进，所以被我接受了。现在，我有权力召开并且主持三军参谋长委员会会议了。如果没有他们，任何事情都没法做。根据命令，他们要被我“领导和指挥”。高级参谋官伊斯梅将军主管中央参谋部，他也要听从我的指挥，是我的军官和代表。他能够成为三军参谋长委员会的正式委员之一，也是因为这个资格。很多年前，我就认识伊斯梅将军，然而我们第一次亲密的接触，甚至发展成更进一步的关系却等到了现在。因此，很大程度上，三军参谋长都要对我负责，名义上，我是首相的代表，他们的政策和决定受我手中权力的影响。另外，他们也必然要效忠他们各自部门的大臣。对于各个军事部门的大臣而言，他的同事之一分走了他们的部分权力，他们可能会对此感到不高兴，可能认为这是非常不人道的。此外，备忘录明确规定，我在履行职责的时候代表整个军事委员会，所以我要负担的责任是无限的，但我拥有的执行职责的实权却是不足的。尽管如此，我还是认为这个新的机构在我的带领下能够将它的作用发挥出来。不过，命中注定，它只有一个星期的寿命。在我任职期间，也就是 1940 年 5 月 1 日至 1945 年 7 月 27 日期间，于公于私，我和伊斯梅之间，伊斯梅和三军参谋长委员会之间的关系，不但没有疏远，而且还一直保持着联系。

* * *

现在，我有必要细细地说一说特隆赫姆战役的具体经过了。我们北面的军队从纳姆索斯出发，距离特隆赫姆八十英里；我们南面的军队从昂达耳斯内斯出发，距离特隆赫姆一百五十英里。我们已经取消了从峡湾进攻中央的计划（“铁锤”计划）。原因有二：一是害怕我们要付出很大的代价才能完成；二是我们希望两侧包抄的方案能够达到目的。然而现在，两侧包抄的行动已经宣告失败了。卡顿·德·维阿尔特率领纳姆索斯的军队，他们根据训令，在挪威的大雪中，冒着德国空袭的危险快速地前进。有一个旅在 19 日到达了距离特隆赫姆五十英里处的费尔达尔的峡湾入口。我发现只要在一个晚上之内，德军就可以从特隆赫姆的水路出发，将一支实力强于他们的军队运送过去，将他们的后路切断，我已经警告参谋部存在这样的危险了。这种事情果然在两天后发生。我们的军队不得不后退若干英里，退到他们能阻截敌人的地方。他们无法忍受积雪深厚的道路，而有些地方的积雪已经开始融化。不过，从内峡湾而来的德军缺少运输车辆，这倒是和我们一样。这些原因导致根本不能进行任何地面的战斗。一路上有一些人数不多的零散部队，疲惫地往前走，他们不能成为空袭的目标，虽然他们也没有能力抵抗敌人的空袭。如果卡顿·德·维阿尔特已经知道他能得到的兵力有限，或者知道已经放弃了对特隆赫姆的中央攻势，他一定会按照计划，一步一步地循序渐进地向前推进，然而我们的参谋部却没有告诉他这个重要的情况。他所有采取的行动都是根据以前告诉他的目标展开的。

所有人到最后都感到非常疲惫，他们回到纳姆索斯的时候，士兵都是没有信心而又非常气愤的。继续留在这里的是法国阿尔卑斯步兵团。人们非常尊重卡顿·德·维阿尔特对这个问题的意见，此时唯一的办法就是撤退了。海军部开始着手准备，从纳姆索斯撤退的命令在

4月28日发出。英国军队在法国的分遣队上船以后才上船，部分穿着滑雪鞋的部队留了下来，他们配合我们的后卫部队作战。5月1日、2日的夜晚可能是撤退的日期。但最后他们都在一个晚上撤退了。3日晚上，所有的部队都上船，德国的侦察机在黎明的时候发现了他们，但是他们早就在很远的海洋上了。敌人的轰炸机一群群地从早上八点开始就不断地对我们战舰和运输舰进行轰炸，一直持续到下午三点。我们的船舰没有英国空军的保护，但比较幸运的是敌人没有击中一艘运输舰。“比松”号是装载我们后卫部队的法国驱逐舰，“坚持到战役最后一刻而沉没”的只有“比松”号和英国的“阿弗利第”号。

* * *

在昂达耳斯内斯登陆的部队遇到了一连串的各不相同的不幸事故，但至少敌人也在这里因为我们而损伤惨重。挪威总司令鲁格将军发出了紧急求援，为了呼应他，第一四八步兵旅在陆军准将摩根的率领下迅速地向前推进，他们到达的最远地方是利勒哈梅尔。挪威散漫的、疲惫的军队就在这里与他们会合。他们在奥斯陆到当博斯及特隆赫姆的公路和铁路一线，受到了德国三个装备精良的优秀师团的追击。很快就开始了激烈的战斗。他们击沉了一艘船，船上装载着所有大炮和迫击炮以及摩根准将的车辆。德军的先锋队有着五英寸九口径的榴弹炮，还有许多重型迫击炮和一些坦克，然而摩根准将率领的本土防卫队的武器只有步枪和机关枪。即使这样我们的军队仍然投入到英勇的战斗中去了。我们在前线就要崩溃，然而法国的第十五旅主力营在4月24日来到了这里。佩吉特将军是这些正规部队的统帅，他从鲁格将军那里得知，挪威军队已经不能继续作战，因为他们实在是太疲惫了，在休整不足的情况下又被再次装备起来，因此，作战的指挥权由佩吉特将军接管，即使是刚刚到这里，他也让他一个旅的其余部队立刻开始作战，他们用坚强的意志与德军进行了激烈的交战。幸好铁路没有被破坏，这一点被他巧妙地利用了，佩吉特救出了自己的军队以外，还将摩根的军队和挪威的军队也解救了出来，此时摩根的军队已经损失了七百人。整整一天内，大量的英军都只能在长长的铁路隧道中躲起来，他们的供需给养由那辆珍贵的军需火车提供。虽然敌人的飞机可以俯瞰到一切，但却没有发现他们。佩吉特指挥了五次后卫战斗，德军因此受到数次重创，佩吉特率领的部队在经过了一百多英里的行军之后，终于到达了靠海的昂达耳斯内斯。和纳姆索斯一样，这个小地方被轰炸成平地。摩根残余的第一四八旅和第十五旅，都在 5 月 1 日的晚上登上了英国的巡洋舰和驱逐舰，安全地回去了。佩吉特将军的才能和意志在这次战争中充分地体现出来，随着战争的升级和演变，他在最后已经担任了高级统帅。

另外，我们还应该记录空军，为了给地面部队支援，空军勇敢地冒了一次险。雷谢斯科根湖距离昂达耳斯内斯四十英里，这是空军唯一可以起降的机场，因为湖面已经冻住了。“光荣”号舰上起飞的一个“斗士”式战斗机中队在 4 月 24 日飞到这里，它们一到这里就遇到了强烈的袭击，海军的航空兵部队立刻全力给予援助。但一个单独的航空中队很难完成包括诸多目标在内的战斗任务，这些战斗任务包括：一是保护自身的生存；二是在两百英里以外，有两个远征军要作战，空军要掩护他们；三是要保护自己的根据地。这队飞机在 4 月 26 日已经不能再起飞了，并且然而当时没有可以给他们长距离支援的轰炸机从英国飞来。

* * *

我们当时的撤退决定是在局势的逼迫下做出的，首相主持的军事协调委员会对战时内阁提出了这项提议，我们的行动符合他们的决定。现在我们全部都认为，我们已经没有占领并坚守特隆赫姆的能力了。钳形攻势的实力比较弱，敌人已经击溃了钳形的两翼。张伯伦先生对内阁说，德国正在向前逼近，虽然我们应该阻止德国，但制定从纳姆索斯及昂达耳斯内斯撤军的计划也是必须的。内阁认为这种建议让人很恼火，但这件事已经是不能避免的了。

* * *

为了延迟敌人向纳尔维克北推进，一支名为“突击部队”的特种部队被我们派到了莫绍恩。莫绍恩距离海岸一百二十英里。率领这支部队的是格宾斯上校，他是一位颇具胆识的军官。让我最担忧的是驻守在纳姆索斯的一个小型军队，他们必须要将能使用的车辆都用上，抢占公路去格朗。一次小规模的后卫战斗可以由两百人完成，这个人数已经足够。他们一定能从格朗找到路去莫绍恩。我希望这样做能够给格宾斯足够的建设阵地的时间，我希望这能便于他们抵抗来到这里的敌人，毕竟敌人目前能过来的军队数量并不多。但是，我总是被人告知说这条公路不能通行。梅西将军从伦敦发出的要求非常坚决，他收到的答复是：哪怕是能够使用滑雪鞋的一小队法国阿尔卑斯步兵团，都不能够通过这条路。梅西将军在几天后的电报中说：“看起来，如果法国的阿尔卑斯步兵团在退出的时候不沿着这条公路进行，那么德国必然不会沿着这条公路过来……我们错了，这条公路在后来被德国充分利用起来，他们非常快地沿着这条公路前进，那时在莫绍恩的军队还没有足够的时间将阵地稳妥地建好。如此看来，我们对这个地方的镇守必然是失败的了。”后来这句话被证明是正确的。“贾纳斯”号驱逐舰曾从海道将一百多名法国阿尔卑斯步兵团的士兵和两门轻高射炮运到这里。在德国人还没到这里的时候，这艘军舰就离开了。

* * *

很多重要的事件已经将我们在挪威的战役给掩盖住了。德国人的优势体现在计划、执行方面。他们在彻底地贯彻执行一个精密准备的作战计划。大规模地在各方面使用空军被他们理解得非常透彻。他们的优势不仅是这里，还包括其他方面，小队组织的优势尤其明显。在纳尔维克，一支六千人的临时凑成的德国混合小队，能够在六个星期内对盟国两万人的军队进行殊死抵抗。我们在后来虽然将他们赶出去了，但在我们被迫撤退以前，他们一直坚持战斗。在纳尔维克，有一些非常大的危险是公认的，陆军司令不想去冒险，所以虽然海军的攻势被充分地发挥出来，但海军最终不能有效地发挥作用。因为在纳尔维克与特隆赫姆两处，都有我们分散的兵力，所以我们在这两地的进攻中都受到了不小的伤害。英国最高军事统帅部犹豫不决，这在我们被迫放弃了从中间突袭特隆赫姆的计划中充分体现出来。军事专家要对这件事负责，但需要负责的人还有那些过分轻信军事专家们意见的政要人物。我们在纳姆索斯的军队只是在烂泥路上走了一个来回。但我们远征昂达耳斯内斯的军队，给了德军一次打击。 英法认为从纳姆索斯到莫绍恩的公路根本不能通行，但德国用了七天时间走了一遍。当格宾斯的军队在向北撤退时，我们在博多和摩城两地的军队都晚了一步。除此之外，敌人将几百英里不平整而又有深厚的积雪田野路走了下来，他们需要克服重重困难，我们的某些表现可以称为英勇，但我们还是被他们逼迫着撤退了。制海权一向在我们手中，只要是沿海岸的没有设防的地方，都可以被我们任意攻打，然而敌人的陆上行军在克服了各种艰难险阻，走过了很远的路以后，把我们甩在后面了。我们最精锐的部队是苏格兰和爱尔兰卫队，希特勒的青年军队也是训练有素而又勇敢的精良部队，显然在挪威战役中，希特勒的军队挫败了我们的军队。

从我职责的角度考虑问题，我要尽全力让在挪威境内的军队坚守下去。我知道我们受到了上天残酷的对待，但我们现在可以发现，幸亏这些困难的局面已经被我们摆脱了。对于能够平安地撤退，我们都感到很欣慰。我们在纳尔维克进退两难，我们在特隆赫姆彻底失败了！

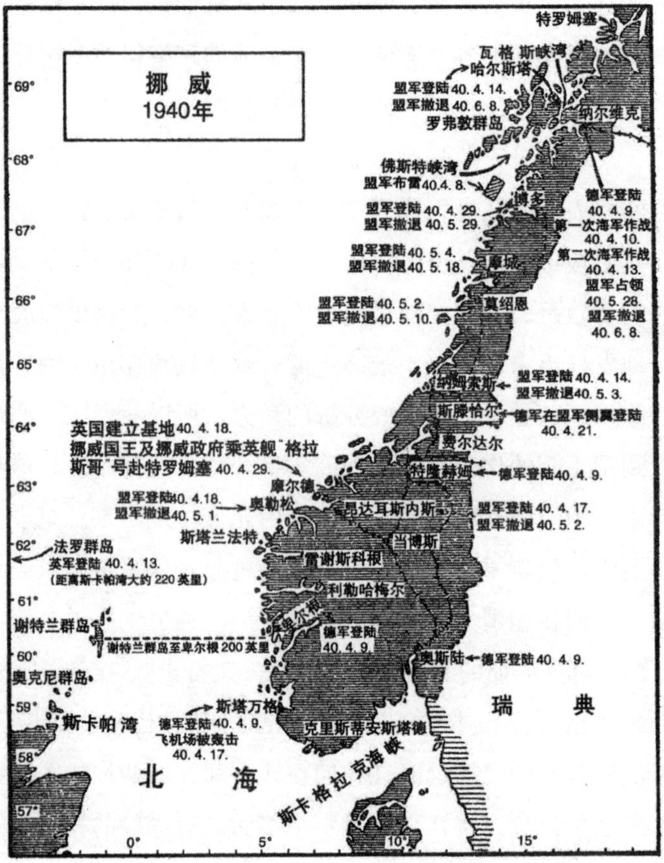

挪威，1940　　　　　　　　　（照原图译制）

英国人民、盟国以及友好的或敌对的中立国家在5月的第一个星期能看到的唯一结果就是这样。在整个事件中，我的地位非常重要，我们遇到的困难是我根本就无法解释的，我们参谋部、政府机构和作战指挥方面的缺点也是我无法解释的，对于我能将我的位置保持着，对于公众对我还很尊敬,对于我还受到议会的信任,我自身也感到非常奇怪。我在这六七年来一直都将时局的变化预料到了，而且我不断地发出警告，人们现在可能想起来当时没有注意到的事情了。

*　　*　　*

随着挪威被德国进攻，“晦暗不明的战争”结束了。一次非常恐怖的军事行动的爆发，使得这种晦暗的状态因为彻底地暴露在强光之下而突然消失了。英法两国在这八个月以来一直处于昏昏欲睡的状态，世界人们对此感到非常震惊，我要对此进行说明。事实证明，盟国在这个阶段受害了。从希特勒与斯大林签订了条约开始，法国共产党就学习莫斯科，说这场战争是“民主政治在忍受帝国主义和资本主义的罪恶”。他们在打击军队士气方面不遗余力，并且阻碍工厂的生产。不管是军队还是普通民众，在此时的5月，法国的士气很明显要比战争爆发时低落很多。

这种情况在英国就没有发生。英国国内的共产党受苏联的指挥，他们虽然忙碌着，但却没有强大的实力。但我们的政府仍然是由各个政党组成的。它没有得到工会运动积极而热情的支持，这是因为领导政府的首相与反对党比较疏远。政府的特点是稳重、冷静而真诚，并且按规矩行事，并没有致力于在统治阶级和军火工厂中激起紧张的气氛。英国的民族精神在沉睡，灾难和危险的局势要刺激它，它要醒过来了。警钟很快就要敲响。

第十六章　挪威：最后的阶段

直接进攻纳尔维克的计划被放弃——5月登陆——军事司令长官由奥金莱克将军担任——5月28日将城市占领——一切都被在法国的战争压倒——撤退——英国护航队返回——出现了德国的战斗巡洋舰——被击沉的“光荣”号和“热情”号——“阿卡斯塔”号的故事——特隆赫姆的德国军舰遭受空袭——我们取得的一个重要结果——瓦解了的德国舰队

至于事情发生的先后顺序，我们暂时先不管，我要在这一章将挪威的结果叙述明白。科克勋爵在4月16日以后不得已将进攻纳尔维克的想法放弃。4月24日，敌人在当地的驻军曾经被战列舰“沃斯派特”号和三艘巡洋舰的排炮轰炸了三个小时，但他们仍然没有撤退。我曾让第一海务大臣想办法将“沃斯派特”号替换下来，由不太重要的“坚决”号顶上它的位置，因为后者同样可以承担炮击的任务。与此同时，科克勋爵加紧了攻城的步伐，因为积雪已经开始逐渐融化，法国和波兰的军队已经过来了。按照新计划，纳尔维克上面的峡湾端部是我们军队的登陆地点，我们的军队要穿过罗姆巴克斯峡湾，对纳尔维克发起进攻。已经派去抵抗从特隆赫姆来犯德军的是第二十四卫兵旅。在5月初可以调动的军队有法国阿尔卑斯步兵团三个营、法国外籍军团两个营、波兰军队四个营和三千五百人左右的挪威军队。敌人的军队中新增加了第三山地师团的一部分兵力，他们是从瑞典的铁路偷偷运输而来的，并非是从挪威南部空运而来。

法国分遣队司令贝图阿尔将军指挥第一次登陆。登陆于在 5 月 12 至 13 日夜晚胜利完成，地点是贝尔克维克，他们的损失非常小。当时在场的还有奥金莱克将军，他被我派去统率挪威北部所有的军队，他在第二天开始负责指挥作战。切断敌人的铁矿石供应是他接到的训令，他还有为挪威国王和政府维持一个立足地的任务。增加兵力自然是这个新去的英国司令官的要求，他想要自己拥有十七个营，轻重高射炮两百门，飞机中队四个。然而我们只能答应给他想要的一半。

这时，一切都被一个令人震惊的事实压倒了。5 月 24 日，我们做出了一个决定，在我们败得一塌糊涂时，集中使用我们国内和在法国的所有力量。大家普遍赞成这个决定。但我们先要将纳尔维克占领，才能保证能够破坏纳尔维克港，为我们军队的撤退打掩护。从 5 月 27 日开始，我们穿过罗姆巴克斯峡湾，让我们的主力进攻纳尔维克。贝图阿尔将军是个聪明而又非常能干的指挥官，受他指挥的军队有两个营的外籍军团和一个营的挪威军队。这次登陆非常成功，登陆期间几乎没有任何损失发生，我们还击退了敌人的反攻。我方在 5 月 28 日将纳尔维克占领。我方的军队超过德军四倍，顽强抵抗的德军终于进入山地撤退，另外有四百人被我们俘虏。

然而，经过千辛万苦所得到的一切不得不被我们放弃。撤退也可以称得上是一次大规模的作战行动。我们的舰队分别在英吉利海峡和挪威两边作战，撤退使他们承担的任务更加沉重。我们要承担敦刻尔克撤退的任务，我们已经将能够使用的所有轻型船只都派往了南方，作战舰队已经做好了抵抗敌人入侵本土的准备。为了抵抗敌人入侵，我们将大量的巡洋舰和驱逐舰派往了南部沿海地区。“罗德尼”号、“英勇”号、“声威”号和“却敌”号都在斯卡帕湾，可以任由海军总司令调遣。这些舰只的作用是以防万一。

敦刻尔克的撤退非常迅速。一共有两万四千名英法和波兰军队，以及众多物资和装备在 6 月 8 日装到船上，被编成三个驶向英国的护航队，敌人并没有阻挠。事实上，那些在岸上胜利的敌军只有几千人了，他们已经非常松散而又缺乏组织。我们在最后的几天不但让海军飞机出动，而且还有一中队的旋风式飞机从陆上基地出发，他们要抵抗德国的空军，为我们的舰队提供重要的保护。战斗到最后一刻是这支中队收到的命令，在必要的时候，他们可以将飞机破坏以后再撤退。然而这些飞行员将他们从未完成过的功绩完成了，他们是英勇而又有驾驶技巧的飞行员，他们将自己的旋风式飞机降落在了航空母舰“光荣”号和“皇家方舟”号上，并且随着大队的船舰返回了英国，这也是他们最后的功绩。

除了科克勋爵的航空母舰为战斗作掩护以外，还有“索斯安普顿”号和“考文垂”号巡洋舰，同时还包括驱逐舰十六艘以及其他较小的潜艇。“得文郡”号巡洋舰单独行动，因为它要去接挪威国王及其部下离开特罗姆塞。对于科克勋爵所安排的护航舰队的情况，他通知了总司令。为了能避免被德国的重型军舰袭击到，他请求保护。6月6日，福布斯海军上将将“英勇”号派出，让它与运输部队的第一个护航队会合，将后者护送到谢特兰群岛北面以后，再对第二个护航队进行保护。虽然有很多事务需要总司令兼顾，但他仍然想要运输舰被战斗巡洋舰保护。他在6月5日收到情报，有不知来历的两艘船只驶向冰岛。后来他又收到了敌人在冰岛登陆的情报。因此，他认为这些报告有必要让巡洋舰前去调查，调查的结果是这些消息有失准确。所以，我们在北方海洋可用的兵力分散在各处，这是非常不幸的一天。当时纳尔维克护航队完全遵守前六个星期中使用的没有丝毫差错的方法进行航行并对它们进行保护。以前在这条航路上，只有反潜艇舰只护送运输舰和战舰，甚至航空母舰。直到此时，还没有发现活动的德国重型军舰。然而在挪威沿海一带，突然出现了德国的重型军舰，因为在战争早期受伤的它们此时已经修好了。

6月4日，巡洋舰“希佩尔”号和四艘驱逐舰在“沙恩霍斯特”号和“格奈森诺”号战斗巡洋舰的率领下离开基尔，对纳尔维克区域内的航运和各个基地进行袭击是他们的目标，同时还要将他们残剩的登陆部队解救出来。他们在 6 月 7 日才得知我们的撤退意图。当英国护航舰队在海上的消息被德国海军司令听到以后，德国海军司令做出了袭击的决定。他在 8 日早上遇到了被拖网船护送的一艘油船、“阿特兰蒂斯”号救护舰、空的运输舰“奥拉马”号。“阿特兰蒂斯”号的豁免权受到了他的尊重，但其余的舰艇都被他击沉了。“希佩尔”号和驱逐舰在这天下午回到了特隆赫姆，然而在海上搜寻战利品的战斗巡洋舰还有两艘。它们的收获在下午四点出现了。空军母舰“光荣”号被它们发现，护送的“阿卡斯塔”号驱逐舰和“热情”号驱逐舰冒出的烟也被它们发现。因为燃料不足，“光荣”号要在早上离开舰队回到英国，它身后两百英里处是主要的护航舰队。人们可能不相信这种解释，“光荣”号的燃料应该让它足以和护航舰队的速度一致，它们的行动应该是同时的。

从下午四点半开始，双方开始交战，两方的距离大于两万七千码。“光荣”号的四英寸口径大炮在这个距离上完全没有作用。它曾将想让它的鱼雷轰炸机飞到天空作战，但飞机棚在飞机还没有起飞的时候就被炸得起火了，旋风式飞机被炸毁，所以它不能将鱼雷从仓下吊上来装在飞机上。它在后来的半个小时中受的伤害非常严重，再也没有机会脱逃了。它的舷侧在 5 点 20 分严重倾斜，因此舰长下令从舰上撤退。它在二十分钟以后沉没了。

此时，两艘勇敢的驱逐舰正在参加战斗。为了掩护“光荣”号，它们都放出了烟雾。它们在还没有被敌人击沉时，将鱼雷向敌舰发射出去。没过多久，敌人就将“热情”号击沉。皇家海军的 C · E · 格拉斯弗德海军中校指挥“阿卡斯塔”号，当敌人处于绝对优势地位时，他仍然坚持单独作战，舰上的一位幸存者——水兵 C · 卡特将他的故事讲了出来：

我们的舰上非常安静，就像一切都死了一般，任何人都不开口。为了避开敌舰，我们的军舰用最快的速度行驶。然后，一长串的命令传来：将所有的烟雾浮子准备好，将皮带管接上，所有的其他工作都准备好。我们放出烟雾，希望因此能避开敌舰。各个作战岗位都收到了舰长的命令：“大家可能认为我们想要逃跑，想要躲开敌人的军舰，但事实不是这样的。‘热情’号是我们的友舰，它已经沉没了，‘光荣’号也在一点一点地沉没，我们至少应该给敌人点教训，祝大家好运！”接下来，我们将航程改变了，进入了自己的烟雾。我遵循命令，主管第六和第七鱼雷射管的发射。没过多久，我们从烟雾中穿了出来，转向右舷改变航线，鱼雷由左舷发射。此时，敌舰第一次被我看见。说实话，我看见的似乎是一大一小两艘（军舰）。我们之间的距离并不算远。有两个鱼雷被我从我们（船尾）的鱼雷射管发射出去，同时发射鱼雷的还有最前面的射管。我们一直盯着，希望看到结果出现。我这一辈子

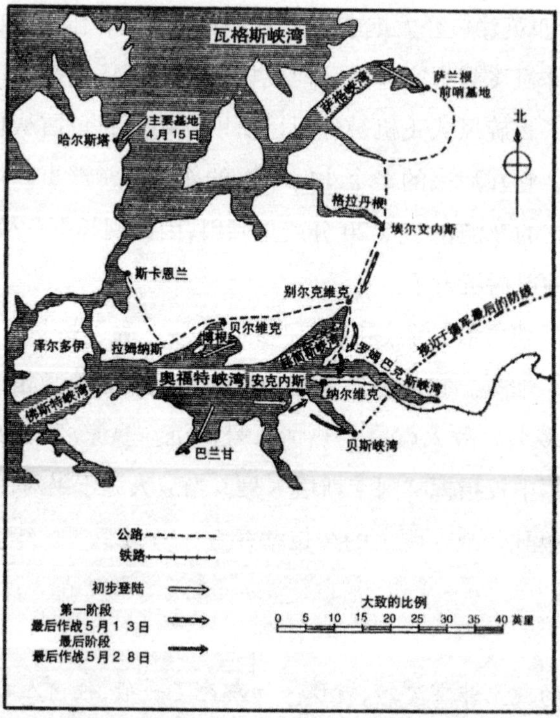

纳尔维克作战图　　（照原图译制）

都不能忘记突然响起来的欢呼声。有一片黄色的光亮在一艘敌舰的左船头闪了一下，接下来浓浓的烟雾升起来，巨大的水柱向上直冲。我们知道目标被我们击中了。我原以为我们靠得太紧，没有击中的可能性。敌舰没有向我们发出一个炮弹。我感觉这是一次它们意想不到的袭击。当我们将鱼雷发出以后，我们又回到了自己的烟雾中去，又向右舷改变航程，“做好准备，将剩余的鱼雷发射出去”。然而这一次，在我们的舰首刚伸出烟雾的时候，我们就遭受了敌舰的猛烈袭击。机器仓被一颗炮弹击中了，我们鱼雷射管的组员被击毙了。我被抛到了射管的后面。当我醒来的时候，我感觉我的手臂很疼，我想我一定昏迷了一段时间。此时，军舰动不了了，并向左舷侧倾斜。然而，不管你信不信，出人意料的事情发生了。在我爬回我的控制座以后，我发现了两艘军舰，我把剩余的鱼雷发射出去。我猜我一定是疯狂了，因为没人要我这样做。知道我发射鱼雷原因的只有上帝了，但鱼雷还是被我发射了。“阿卡斯塔”号的大炮还在狂吼，舰侧已经倾斜，但开炮还在继续。我们在后来被敌舰击中了几次，有一次大爆炸发生在了船尾。我经常怀疑，我们是不是被敌舰的鱼雷轰炸了。不管怎么说，军舰因为这次爆炸而悬空，被提到了海面上。最后，舰长下达了弃船的命令。那个上尉医官[①]是我永远都不能忘记的。这艘军舰是他第一次登上的军舰，这次战斗是他第一次参与的战斗。在我跳海之前，仍然有伤兵在接受他的治疗，这份工作真的令人绝望。我在海中看见靠在舰桥上的舰长，他拿出烟盒里的一支烟，然后开始抽着。我向他大喊，让他到我的艇里来。他摆了摆手，意思是“再见，希望你们好运”，这位英勇的人就这样了结了他的一生。

此次牺牲的皇家海军军官和士兵有一千四百七十四名，皇家空军

① 这位医官是皇家海军义勇后备队的斯坦默斯。——原注

人员四十一名。我们的搜索进行了很长的时间，最后有三十九人被一艘挪威船救起，他们被送回了自己的国家。德国救起并带回德国的有六人。被“阿卡斯塔”号鱼雷击中而受到重伤的“沙恩霍斯特”号驶向特隆赫姆。

此次战斗中，“得文郡”号巡洋舰大约在西南一百英里的海上，挪威国王和大臣们都在这艘巡洋舰上。“英勇”号距离较远，它从北方驶来参与护航。我们只从“光荣”号收到了一封电讯，但由于错误的电码非常多，所以读不出是何意思，因此可以推断它主要的无线电设备已经被损坏。只有“得文郡”号收到了这封电讯，但没有发现十分重要的电文，所以它没有将这封电讯转发出去，仍然维持着平静的气氛。因为它的位置可能因为传递而泄露，这是非常危险的，这也是当时所处的环境所不允许的。我们的疑虑在第二天早上才产生。那时，“英勇”号与“阿特兰蒂斯”号相遇，得知了“奥拉马”号被击沉的消息，同时还知道在海面上已经有敌人的主力舰开过来了。这个消息是被“英勇”号传递的，为了与科克勋爵的护航舰队会合，它加快了速度。福布斯海军上将率领仅有的“罗德尼”号、“声威”号和六艘驱逐舰来到了海上。

“沙恩霍斯特”号受到了勇敢的“阿卡斯塔”号的重创，产生的后果很重要。这两艘敌人的战斗巡洋舰只得回到特隆赫姆，将进一步的战斗行动放弃。德国最高统帅不满他们海军司令不遵守命令，将命令中的指示擅自放弃的做法，因此“希佩尔”号又被派了出去，不过这时已经太晚了。

10 日，“皇家方舟”号按照福布斯海军上将的命令，加入了他的舰队。当时收到的各方情报声称，在特隆赫姆有敌人的舰队，他希望能够发动空袭。皇家空军轰炸机在 11 日开始进攻，但没有效果。“皇家方舟”号的十五架鸥鸟式飞机在第二天早上发起俯冲轰炸袭击。敌人的侦察机提前知道它们要来袭击，反而使我们损失了八架飞机。根据我们现在知道的信息，最后还发生了一件让我们感到更不幸的事，“沙恩霍斯特”号被一架鸥鸟式飞机所投的炸弹击中，但是没有发生爆炸。

从纳尔维克回来的护航队在悲剧还没有结束的时候安全地到达了目的地。从此，英国在挪威的战役结束了。

* * *

剩下的局面非常混乱，然而有一个影响战争未来的重要事件发生了。德国的海军在与我们破釜沉舟式的对抗中被毁，在就要来临的战争高潮中，他们的海军已经无法应对了。盟国在挪威沿海一带的各次战役中的损失包括：一艘航空母舰、两艘巡洋舰、一艘海岸炮舰、九艘驱逐舰。受到重伤的有六艘巡洋舰、两艘海岸炮舰、八艘驱逐舰。但凭着我们海军的实力，它们还可以被修复。另外，一个具有重要意义的日期是 1940 年 6 月底，德国能够作战的舰队只有八英寸口径大炮的巡洋舰一艘、轻型巡洋舰两艘、驱逐舰四艘。虽然他们和我们一样，能够修复大部分受伤的军舰，但如果说最高目标是侵犯英国，那么重要的因素已经不包括德国海军了。①

① 见附录（13）。——原注

第十七章　政府倒台

5月7日的辩论——辩论产生的不信任案——议会中的最后一次打击是劳合·乔治的发言——我尽力将下院的形势扭转——我劝说首相——5月9日的会议——德国发起进攻——我和首相在5月10日的谈话——苦难的荷兰——张伯伦先生提出辞职——我被英王邀请组织内阁——内阁有工党与自由党的参与——现实与期望

挪威的战役虽然很短暂，但很多不幸和令人倍感失望的事情都发生在这期间，这已经引起了国内深深的骚乱。有些人可能在很多年都没有活动，看似反应最慢，就是这些人，也有一部分情绪越来越激烈。反对党要求辩论战争的形势，这被安排在5月7日进行。一些议员的情绪非常激动，同时他们又感到很悲伤，下院随处可见这样的议员们。有敌意的氛围根本不能被张伯伦在开场作出的声明所压制。他的发言被嘲笑中断。他在4月5日曾发表过一次演说，人们总是让他回想这次演说。在那个时候，他说出“最佳时机被希特勒错过了”，他的结论太不严肃了。我的新地位以及我与三军参谋长的关系被首相提到。赫伯特·莫里森先生对他提出了质疑，他在回复中明确说道，这种权力并没有被我在挪威战役中取得。下院中执政党与反对党双方的议员一再用言辞激烈而又义愤填膺的方式发言，对政府尤其是政府首脑进行攻击。发言者发现，整个下院都在支持他们，有越来越响亮的欢呼声从各处响起来。罗杰·凯斯爵士热衷于在新的战争中建立功勋，他尖锐地批评海军参谋部没有成功地将特隆赫姆的计划完成。他说：“当变化了的、非常不利的局势被我察觉到时，我一再请求海军部和战时内阁，让所有的责任由我承担，让军队的进攻由我来领导。”他为了迎合下院激愤的情绪，将海军元帅的制服穿上了；为了证明他专家般的权威，他将技术性的详细资料提了出来，反对党在指责，而他就给反对党助威。艾默里先生坐在政府席后面，当一片欢呼声在下院不断响起时，他将克伦威尔向长期议会所说的蛮横的话引用过来：“你们在这里坐了这么长时间，也没有发现你们做了什么好事。我要说，你们滚开，看在上帝的脸面上，快走，从此我们再无瓜葛！”这位同事是我们多年的朋友，这位议员代表着伯明翰区，这位枢密顾问官有着良好的名声和丰富的经验，这样的话从他的口中说出，我们真感到心痛。

5 月 8 日是第二天，在休会动议被讨论的情况下，议会辩论还在继续，但不信任的性质已经出现。赫伯特 · 莫里森先生以反对党的名义，要求举行信任投票。首相接受了他的挑战，再一次站了起来，进行了一段深感遗憾的发言，他在发言中希望他的朋友们支持他。对于这种呼吁，他是有权利提出的，因为不管过去他是否采取行动，他的朋友们都支持他。战争前的“被蝗虫啃噬”的年代，他的责任是应该被分担的。他们在今天感到羞愧，闭上嘴巴不说话，甚至投靠了反对派，参加有敌意的示威。在这一天人们看到在下院，劳合 · 乔治的最后一次干预是起决定性作用的，他的简短的演说不到二十分钟，其中一直有敌意地攻击政府首脑。他想要为我说话：“我不认为挪威发生的所有事情，责任都在海军大臣身上。”我立刻插话：“海军部所做的一切，我都要负全部责任。对于我应该负的全部责任，我愿意接受。”我被劳合 · 乔治先生警告了，他说我不能让自己成为他人的挡箭牌，掩护我的同事不被“流弹”所伤害。接下来，张伯伦又成为他的目标，说道：“谁是首相的朋友不是现在的问题。现在的问题要比这更加严重。首相曾经呼吁大家要有牺牲精神。想要让全国牺牲的条件就是，国家必须要有人领导。政府必须要将想要达到的目的明确地表示出来，这位领导人物必须要被全国人民相信，他已经将他最大的努力做出来了。”最后，他说：“我要庄重地声明，首相应该先做出牺牲，起表率作用。牺牲首相的职位是对这次战争的胜利作出的最大贡献。”

我们的阁员都很团结。空军大臣和陆军大臣已经发言。我主动承担起结束辩论演说的责任。我的职责包括这一点，这不仅是效忠我的首长的表现，也是因为在我们的军事力量不足的时候，我在这次挪威的风险之战中地位非常重要的缘故。尽管工党反对党席的发言总是打断我的演说，但我尽量想办法让下院重新被政府控制住。前几年，工党奉行和平主义，这是非常危险的，也是他们犯下的错误，在战争爆发的前四个月，征兵制被他们一致反对，我在发言中回想起这个问题的时候情绪非常兴奋。我认为只有我和几个与我志向相同的朋友才有资格提出反对，他们绝对没有提出反对的资格。每当我的话被他们打断，我就会立刻发起反攻，并且鄙视他们，有几次我都没办法让我的发言被人听清楚，因为大家的耳朵简直要被吵闹声震聋了。然而让他们始终愤怒的对象是首相，而不是我。不管什么问题，我都为首相考虑，尽我所能地为首相辩护。我在 11 点的时候坐下了，议会投票即将开始。政府获得了八十一票中的多数，但工党和自由党被三十几个保守党赞成，六十个保守党选择了弃权。下院对张伯伦及其政府的强烈的不信任已经在这次辩论和投票中表现了出来。虽然形式上没有表现出，但至少实际上已经表现出来了。

辩论结束以后，我被首相邀请到他的房间去。我马上就发现，下院的情绪让他产生了非常严重的想法。他发现继续执政对他来说已经是不可能的了。一个政党不能承担这样重大的责任，应该组成一个联合政府。我们很难挺过这个难关，所以必须有人组织一个由各个政党参加的政府。我被辩论中敌意的言辞影响得很激动。然而另一方面，我坚信我在过去的争端中持有的立场。所以，我坚定地认为我的战斗要继续下去。我对张伯伦说：“这一场辩论对我们非常不利，但支持你的多数人还比较可靠。请不要因为这件事而感到心痛。下院所报告的挪威的局势要比实际的情况严重一些。对于你的政府，你应该从各方面强化它，我们要和你继续努力，一直奋斗到我们被多数人背弃。”我的这些话可能并没有让张伯伦感到慰藉和信服。我在半夜的时候从他那离开，那时我在想，他在没有办法的情况下，可能就会下定决心将自己牺牲。让接下来的战斗由一党组成的政府来领导，可能并非他所愿意的。

我已经不记得 5 月 9 日的早上都发生了什么，但这个情况是一定有的。金斯利·伍德爵士是首相的朋友和同事，与首相的关系非常密切。两人相互信任，有过长期共事的经历。我从伍德爵士那里听说，张伯伦先生已经做了组织联合政府的决定，假如政府的首脑不能再由他来担任，那么一个有能力而又被他信任的人担任也是他愿意的。所以，我在下午就感觉到，这个领导的责任可能要落在我身上。我既没有对这种可能感到不知所措，也没有因此而喜出望外。我认为在这种形势下，最好的做法莫过于此。对于形势的发展，我只能平心静气地看着。在下午的时候，我被首相召到唐宁街去，我在那里与哈利法克斯勋爵会面了。我们讨论了如今的时局，我听他们说，几分钟以后，艾德礼先生和格林伍德先生就要来访问我们，并且会一同商议。

我们在他们到来以后，围坐在桌子边，两个反对党领袖坐在一起，三个阁员坐在一起。组织联合政府的重要性被张伯伦先生提到，他试着询问在他的领导下，工党是否愿意参与。此时，在伯恩默思，工党正在开会。双方谈话的气氛非常融洽，然而工党领袖不敢轻易承诺，他们需要与党内的人士进行商议。不过，他们将工党可能会有不好的反应明确地说了出来。然后，他们就走了。这是个阳光很好的晴朗的下午，在唐宁街十号，我和哈利法克斯勋爵坐了一会儿，我们的闲谈十分随意，没有什么中心。接下来，我就回海军部了。我一直在忙着处理繁重的公务，从晚上到午夜都没有停下来。

* * *

当5月10日的黎明来临时，有一个重大的消息传来。海军部、陆军部和空军部的电报盒不停地传到我这里。德国人谋划很久的袭击已经发动了，德国同时侵犯了荷兰和比利时，突破了两国边界的很多地点。德国已经开始了入侵低地国家和法国。金斯利·伍德爵士在10点的时候来看我，他刚刚与首相会面。我从他那里听说，张伯伦认为自己的留任是有必要的，因为战争已经开始了。然而金斯利·伍德爵士的观点完全相反，他对张伯伦说，成立新政府在危急时刻显得更加必要，因为在应对危机方面，需要全国人民共同努力。他还说这个意见被张伯伦接受了。我在11点再次奉召去唐宁街。在那里再次见到了哈利法克斯勋爵。我们坐在张伯伦的对面。他告诉我们，他认为他已经没有能力组织联合政府了。他从工党领袖那边得到的消息让他更加肯定。所以，如果他辞职了，应该向国王推荐组阁的人选，这是我们现在面临的问题。他从容不迫，保持着非常镇定的态度，似乎没有将个人因素考虑在内，只是考虑着这件事本身。隔着桌子，他正在看着我们。

我有很多重要的谈话发生在政治生涯中，最重要的一次当属这次。这一次我沉默了，然而平时我总是止不住嘴地说着。两天以前，下院混乱的场景中，面对工党的质疑，我舌战群儒，当时的场景让人倍感激动，显然张伯伦先生还记着这件事。虽然，我是为了支持和拥护他才这样做的，他可能认为在这个关键的时刻，我这样做不利于工党拥护我。他当时说了什么，我已经不记得了，但是我记得他的大概意思就是这样。法伊林先生是他的传记记者，明确说出让哈利法克斯勋爵组阁是他的想法。我们谈话因为我的沉默而中断了很久。这段时间似乎真的很长，甚至已经长过了休战纪念日静默的两分钟。哈利法克斯终于在过了一会儿以后发言了。他说他有上院议员的身份，在下院没有他的席位，所以他很难在战争期间承担首相的职责。如果首相由他来担当，一切就都需要他来负责，但在领导下院方面，他的权力缺乏。不管哪一个政府，都需要下院的支持才能存在。他用了几分钟发表这个想法。这些话被他说完以后,很明显我就要承担这个责任了,实际上，后来真的由我来承担了这个责任。我的第一次发言开始，我说当我被国王命令可以组阁以前，在这两个反对党中，我都不会和任何一个交换意见。就这样，我们结束了此次重要的谈话。我们的气氛又恢复到轻松而随意的状态。我们已经共事了多年，不管是执政还是下野，平时都过着轻松而随意的生活，英国政治的气氛是比较友好的。我在过了一会儿后，回到海军部，可以很容易地想象到，我还要处理很多事。

荷兰的阁员们刚从阿姆斯特丹而来的飞机下来，就在我的办公室里坐着。他们看起来非常疲惫，而且没有精神，我可以看见恐惧的神色在他们的眼睛里。德国在没有借口也没有警告的情况下，突然对他们的国家发起了袭击。大炮、坦克声势浩大地越过边境，他们的土地上到处都燃烧着战火。他们的边防部队用开枪反击的方式抵抗了敌人，但却迎来了一波又一波的大规模空袭。混乱的状态在整个荷兰随处可见。他们实施了准备已久的防御计划，然而德国早就越过边防线，沿着莱茵河的堤岸，他们一窝蜂地深入。内部的格拉夫林防线已经被他们突破，围绕须德海的堤道正在面临着威胁。我们想要阻止他们，但我们能采用什么方法呢？幸好我们有一支小舰队就在不远处。它们奉命将堤道轰炸掉，让成群结队而来的德军受到了最大的损失。荷兰女士仍然在荷兰境内，但是她留在当地的时间似乎不多了。

我们讨论之后的决定是，我们所有在附近的舰只都按海军的命令行事，与荷兰的皇家海军建立密切的联系。对于德国征服丹麦和挪威的事，荷兰阁员们的印象非常深刻，但他们对一件事很难理解，德国看似是一个伟大的国家，在前一天晚上还与荷兰诉说两国的友谊，然而令人恐惧的袭击突然间就发生了，真是让人感到残忍。我们用一两个小时处理这些问题和其他的问题。电报自从各个边境被德国入侵开始，就源源不断地传过来。”施利芬计划“是德国本就有的计划，在新的形势下，荷兰已经被纳入到这个计划中了，德国现在已经可以全面实施这个计划了。德国的侵略者在 1914 年有一支迂回前进的右翼，他们冲过比利时以后，停在了荷兰的边境。当时的人们很清楚，如果再过三四年才爆发战争，穿过荷兰边境开展运动战可能就比较适合了，因为那个时候德国可能准备好了额外的兵团，可能也改造好了铁路终点和交通线。现在就要开始这种有名的运动战了。这种战争的便利条件已经具备，适合施行突袭和诡计的环境也具备了。但前面还有其他的发展变化。突破主力前线才是敌人的决定性的打击，侧翼的迂回运动绝不是。对于这一点，我们和法国负责指挥的人士都没有预料到。我今年早些的时候将一篇谈话记录发表了，我在这篇记录中分析了敌人公路、铁路部署和军队的发展，有些情报可以从缴获的德国作战计划中轻易地发现，我根据这些内容对中立国发出了警报，将他们将要面临的命运指了出来。但显然别人讨厌我说的话。

我们在唐宁街进行谈话的环境很安静，这场“大型战役”在我心中引起巨大的震撼，但这种震撼正在一点一点地变淡，并逐渐消失。但我记得，有人和我说，张伯伦要去见国王，当然这个能猜想到，根本不用说。我在不久以后收到了一份让我在 6 点进宫的通知。到皇宫只需要从海军部沿着公园的林荫路坐两分钟的车即可。虽然我猜想，从大陆传来的让人震惊的消息可能会登在晚报上，但却没有一个字提及内阁遇到的危机。对于国内发生的情况，公众们还没有时间关注，所以，没有等候的群众出现在皇宫的门前。

我被立刻带去见国王。国王非常客气地让我坐下。他看了我一会儿，目光非常奇怪，而且还非常锐利，他对我说：“对于我为什么找你，我想你还不知道吧！”我顺着他的情绪说：“我猜不出来，陛下。”他笑了笑，说道：“我请你组织政府啊。”我表示愿意遵守王命。

对于政府是否是全国一致参与的，国王没有做出规定。我认为我被任命与这没有一丝直接的关系。然而从目前的局势看，从张伯伦的辞职中可以发现，当前的形势要求我们建立联合政府。如果我感觉我与各个反对党妥协是不能忍受的，那么我在成立一个最强有力的政府时，在宪政上并没有限制我招纳所有愿意在危急时刻为国效忠的人，条件是下院的多数人信任这个政府。我对国王说，我愿意立刻邀请工党和自由党的领袖见面，我建议组成战时内阁，成员的人数是五六人。同时，我希望他在半夜之前，至少知道五个人。然后，我就辞别国王，回海军部了。

艾德礼先生在晚上七八点的时候应我的邀请来看我，一同前来的还有格林伍德先生。我告诉他，我已经遵命组织政府了，并且询问工党是否有参加的意愿。他说他们愿意。我的提议是，政府中三分之一以上的职位由他们占据，也就是战时内阁的五六名阁员中，他们的职位数是两个。我请艾德礼先生将名单给我，这样方便我们对具体职务安排的讨论。贝文先生、亚历山大先生、莫里森先生和多尔顿先生都被我提到了。当前的局势急切需要他们出任高级职务。当然我在下院的时候就认识了艾德礼和格林伍德两人。在战争没有爆发的十年里，我多多少少被孤立。我和处在反对党地位的工党，与自由党都有冲突，和联合政府与保守党之间也存在冲突或者摩擦，然而我与前者的冲突要比我与后者之间的冲突少得多。此时，我们的对话简短而又令人感到愉快。接下来，他们与我告辞，电话通知他们在伯恩默思的朋友和追随者。在前四十八个小时之内，他们之间的接触非常密切。

我请张伯伦先生领导下院，身份是枢密院大臣，在电话中，他表示接受，同时告诉我他的安排已经准备好了，他决定在9点的时候将他已经辞职的消息广播给全国。对于他的继任者，他会号召全国人民去支持并拥护。他在广播中用非常大度而宽容的措辞将这些信息表达到位。哈利法克斯勋爵被我邀请参加内阁，同时连任外交大臣一职。我遵守承诺，在10点的时候交给国王这五个人的名单。我心中已经决定了非常重要的海陆空三军大臣的人选。主管陆军部的是艾登先生，主管海军部的是亚历山大先生，空军部由阿奇博尔德·辛克莱爵士主管，他是自由党领袖。同时，国防大臣一职由我兼任，但我没有规定国防部职权范围的打算。

因此，当巨大的战斗在5月10日晚上开始时，主持国政的大权掌握在我的手中了。此后，世界大战持续了五年零三个月，我的权力一天比一天大，敌人最后无条件投降或者为无条件投降做准备的时候，我的职务被英国选民解除了，那时他们的事务就不再由我来处理了。

这场政治危机的最后阶段忙碌而又纷乱，我一直都兴奋不起来。我全部接受了事态的发展。但我不隐瞒正在阅读这篇真实记录的读者们：在三点的时候，我上床睡觉，那时我感觉终于松了一口气。指挥全局的大权终于落到我身上了。我发现我和命运一同在前进，我所有的生活都是为这一刻努力，我的准备都是为了承担这种考验。我在过去十年的政治地位是在野，政党之间的敌对情绪被我摆脱了。在过去的六年中，我提出了频繁而又详尽的警告。现在这些不幸的警告都应验了。所以，我不可能被任何人为难，没人能指责战争是由我发动的，也不能将缺乏战争准备的责任推到我身上。对于战争的全局，我的认识很多，我相信失败不会出现在我身上。所以，天亮是我非常期盼的，因此我这一觉睡得很好，在梦中寻求安慰已经是没有必要的了。我相信，梦想远不如事实美好。

附录

I. 杂类

(1)

海军实力表[①]

1939 年 9 月 3 日

(a) 三艘改装的防空舰包括在内。

(b) 包括改装的护航舰。

(c) 十六艘用于反潜艇以外，其余全部用于扫雷。

(d) 除了这些以外，为巴西建造的六艘驱逐舰也接收了。

(e) 包括“雄狮”号和“鲁莽汉”号在内，但后来又取消了建造这两艘战舰。

(f) 自始至终都没有完成。

(g) 这些中只完成了“欧根亲王”号。

(h) 包括训练巡洋舰“埃姆登”号在内。

(j) 此外订造了驱潜快艇五十八艘，但建造工作没有开始。

(k) 英国当时的估算为五十九艘，另外有一艘没有交货，是为土耳其建造的（见第二章）。

(l) 在战时情况之下，估计在 1940 年完成的有很多。

(m)包括 1939 年 9 月 3 日所知的在建或计划建造的全部潜艇在内；从战事爆发到 1940 年底，共有五十八艘实际已建造完成。

① 原书第 367 页。——原注

英国和德国的舰队

类型	英国（包括自治领）已建	英国 建造中 1940年12月31日以前完成	英国 建造中 1940年12月31日以后完成	德国 已建	德国 建造中 1940年12月31日以前完成	德国 建造中 1940年12月31日以后完成
战列舰	12	3	4（e）	–	2	2（f）
战列巡洋舰	3	–	–	2	–	–
袖珍战列舰	–	–	–	3	–	–
航空母舰	7	3	3	–	1（f）	1（f）
水上飞机母舰	2	–	–	–	–	–
巡洋舰：						
八英寸口径炮	15	–	–	2	2（g）	1（f）
六英寸或六英寸口径以下	49（a）	13	6	6（h）	–	3（f）
驱逐舰	184（b）	15（d）	17	22	3	13（1）
海岸炮舰	38	4	–	–	–	–
护航驱逐舰	–	20	–	–	–	–
驱潜快艇（包括巡逻艇）	8	3（j）	–	8	–	–
鱼雷艇	–	–	–	30	4	6（1）
扫雷艇	42	–	–	32	10	–
潜艇	58	12	12	57（k）	40（m）	–
低舷重炮舰	2	–	–	–	–	–
(炮口十五英寸口径）布雷艇	7	2	2	–	–	–
内河炮艇	20	–	–	–	–	–
拖网船摩托鱼	72（c）	20	–	–	–	–
雷艇（包括摩托炮舰等）	–	–	–	–	–	–

美 国

舰队实力，1939 年 9 月 3 日

（不包括海岸护卫舰艇）

类 型	已建成	在建造和计划建造中	估计完成日期
战列舰	15	8	1941 年完成 1 艘，1942 年完成 1 艘，1943 年完成 4 艘，后来完成 2 艘。
航空母舰	5	2	1940 年完成 1 艘，以后完成 1 艘。
航空母舰供应舰	13	6	1941 年完成 2 艘，以后完成 4 艘。
巡洋舰：			
六英寸口径炮	18	–	–
八英寸口径炮	18	7（a）	1939—40 年完成 1 艘，1943 年完成 6 艘。
驱逐舰	181（b）	42	1939 年完成 11 艘，1940 年完成 16 艘，1941 年完成 15 艘。
驱逐舰供应舰	8	4	1940 年完成 2 艘，以后完成 2 艘。
潜艇	99（c）	15	1940年完成4艘，1941—1942年完成11艘。
炮舰（包括巡逻艇）	7	–	–
内河炮艇	6	–	–
布雷艇	10	1	1940 年
扫雷艇	26	3	1940 年
潜水艇供应舰	6	2	1941 年
猎潜舰	14	16	1940 年完成 4 艘，此后完成 12 艘。
摩托鱼雷艇	1	19	1939—1940 年

注：(a) 包括装有五英寸口径大炮的巡洋舰四艘。

(b) 包括一百二十六艘超龄舰。

(c) 包括六十五艘超龄潜艇。

法　国

1939年9月3日

类　型	已完成	建造中	计划完成日期
战列舰	8（8包括训练舰1艘）	3	1940年1艘，1941年1艘，1943年1艘。
战列巡洋舰	2	–	–
航空母舰	1	1	1942年1艘
航空输送舰	1	–	–
巡洋舰	18	3	–
轻巡洋舰（反鱼雷艇）	32	–	–
驱逐舰（鱼雷艇）	28	24	1940年6艘
摩托鱼雷艇	3	6	1940年6艘
鱼雷艇	12	–	–
巡洋潜艇	1	–	–
潜艇（一级）	38	3	–
潜艇（二级）	33	10	1940年2艘
布雷潜艇	6	1	–
内河炮艇（包括过期猎潜艇2艘）	10	–	–
布网布雷艇	1	–	–
布雷艇	3	–	–
扫雷艇	26	7	–
殖民地海岸炮舰	8	–	–
猎潜舰	13	8	1940年5艘

意大利

1939 年 9 月 3 日

类　型	已完成	建造中	计划完成日期
战列舰	4	4	1940 年 2 艘， 1942 年 2 艘。
巡洋舰（八英寸口径炮）	7	–	–
巡洋舰（六英寸口径炮）	12	–	–
旧巡洋舰	3	–	–
巡洋舰(五点三英寸口径炮)	–	12	1942—1943 年
驱逐舰	59	8	1941—1942 年
鱼雷艇	69	4	1941—1942 年
潜艇	105	14	1940 年 10 艘， 1941—1942 年 4 艘。
摩托水雷艇	69	–	–
布雷艇	16	–	–
海岸炮舰	1	–	–
水上飞机供应舰	1	–	–

日 本

1939 年 9 月 3 日

类　型	已完成	1939 年建造中	计划完成日期	1941 年 12 月 7 日参战时的实力
战列舰	10	2	1941 年 1 艘， 1942 年 1 艘。	10
航空母舰	6	10	1940 年 1 艘， 1941 年 4 艘， 1942 年 5 艘。	11
巡洋舰：				
八英寸口径炮	18	3 或 4	1940 年 3 艘	18
五点五英寸口径炮	17		1942 年 1 艘	20
旧式	3			3
水上飞机供应舰	2	2	1942 年 2 艘	2
布雷舰	5	2	1939 年 1 艘， 1940 年 1 艘。	8
驱逐舰	113	20	1939 年 2 艘， 1940 年 10 艘，	129
潜艇	53	33	1941 年 8 艘， 1940 年 3 艘， 1941 年 11 艘， 1942 年 19 艘。	67
护航舰	4	–	–	4
炮艇	10	3	1940 年 2 艘， 1941 年 1 艘。	13
鱼雷艇	12	–	–	–

（2）1939 年 9 月 12 日的备忘录

“凯瑟琳”计划[①]

第一部分

1）我们必须建造特别的器械才能进行特殊的作战计划。海军部建设局认为，可以提高“R”战舰（“皇家君主”等级的战列舰之一）的吃水线，当吃水线提高了九英尺以后，它们就拥有了驶过二十六英尺深的海峡能力了。现在，这个海峡还没有被敌人用大炮控制住，海峡两边的国家都保持中立。所以，我们不会因为暂时提高舰只的护甲带至水平面以上而受到损害。我们可以将两层浮箱（舰胴）加在“R”舰的两旁，这样这艘船的横梁就可以达到一百四十英尺。而且我们不存在装置方面的困难。我们可以在船坞安装舰身的内部，在海港安装舰身的外部。改变船只吃水深度可以用装满或者卸下这些浮箱的方式进行。另外，船只可以在驶过浅水海峡以后下降，这样护甲带就能够安全地下降到吃水线以下。船的速度在船身升高的时候能够达到十六海里；在止常的吃水线水平时，可以拥有十三或者十四海里的速度。这都是可以作战的速度，比我料想的要好得多。

不过有一点需要引起注意，这种浮箱能够对鱼雷袭击增加一层保护，这种外壳保护船只的效果是出人意料的。

另外，我们要加厚甲板上的装甲，一旦遭遇空袭，就多了一层保护。

2）我们称这种浮箱为“套鞋”，而“雨伞”是加厚的铁甲板的称呼。

3）战争将要在 3 月份（？）开始，那时候我们所说的战场的冰层就开始融化了。因此，在 10 月 1 日之前，我们要将必要的工作命令发出去。我们只有六个或者七个月的时间进行计划工作。我们不应该将夏天的美好时光浪费。所以，最高的优

---

① 原书第 415 页。——原注

先权是我所需要的。我们应该在这个基础上对所需的金钱和时间进行计算。

4）原则上，做出这样准备的战舰应该包括两艘“R”舰，不过最好还有第三艘。“沙恩霍斯特”号和“格奈森诺”号可能是在1940年夏天唯一可能出现的敌舰。我猜想德国仅有的巨舰就是这两艘，“R”舰装有十五英寸口径的大炮，足够毁灭德国的巨舰，因此德国是不会让他们的军舰暴露在“R”舰面前的。

5）我们不但要将“R”舰安装上装备，还要准备十二艘撞雷船，我想看你们的设计。这些撞雷船的吃水要足够深，为跟随它们的“R”舰打掩护。在船尾，还应该有一小队机枪人员开动。牢固的船首是它们所必须具有的，这样才能保证所有的水雷爆炸冲击都能禁受得住，这样的船只应该存在于任何一艘“R”舰前面。如果各船只结成纵队向前行驶，这种需要就不那么多了。这些撞雷船的样图是我画不出来的。我们一定能够猜到，有两三排水雷会被我们遇到，一艘撞雷船可以将一排排除掉。即使是一般的商船，在进行一定的改装以后，也可以当作撞雷船使用。

6）远征舰队需要的不仅是这些，还需要能够供行驶两三个月的汽油。所以，有凸形甲板保护的运油船也是十分需要的，十二海里是速度的最低限。我们认为十二海里是假设的速度，如果实际速度也是这样就更好了。

第二部分

1）将特定海域的战场（波罗的海）控制住，掌握住制海权，是我们这个计划的目的。因此，我们要在波罗的海驻军，这支舰队应该是敌人的军舰所不敢反抗的。轻型舰只应该在这个战斗舰队的周围护航。我的建议是，巡洋舰队应该由装有八英寸口径大炮的三艘巡洋舰、六英寸口径的两艘巡洋舰组成。此外还需要两个小队的战斗力最强的战斗驱逐舰、一个分队的潜艇、若干补助舰。如果有可能，一队修理船和一定数量的军需船也是需要的。

2）在日期确定的那一天，“凯瑟琳”舰队应该根据当时的情况，在白天或者晚上穿过航线，烟幕在必要的时候也可以使用。舰队的前面应该有航行的驱逐舰，“R”舰前面应该有撞雷船，紧紧跟在后面的是巡洋舰和轻型舰只。我们可以采用所有的扫雷器或者其他防御器械。所以，水雷的危险是能够克服的，况且海峡并没有被大炮封锁。我们应该以舰队联合起来的炮火回击剧烈的空袭。

需要注意的是，将一艘航空母舰也派出去，飞机应该被派过去帮忙，这些飞机可以使用轮班飞行的方式过去。

第三部分

我们没有必要详细地论述控制这个战场的战略意义。皇家海军发动的最猛烈的一次进攻就是这次了。想要将德国的铁矿石、粮食和其他物资的供应截断，就需要将斯堪的纳维亚与德国隔开。如果战场上有我们舰队的身影，我们能够将制海权控制住，那么斯堪的纳维亚各国的行动就会被我们影响。我们就可以把这些国家拉到我们这边来，因此一个方便的由陆地供应的基地就被我们找到了。但我们要面临一个困难，我们的行动一定要在到了那里以后才能开始。然而，汽油最多可以使用三个月，这个时间只能保证我们的最低需要能够被满足。当我们面临恶化的形势时，我们的舰队也未必必须中途返回。如果在战场上出现了这样的舰队，可能就会将敌人全部拖住。他们只能选择冒险，否则不敢草率地让船只出现在航线上。如果斯堪的纳维亚各国与我们是同盟，他们必须要在整个北部海岸设防，这样才能抵抗舰队的炮击，也有可能将我们想要登陆和进攻的行动拦截下来。我们不用考虑苏联会因此而受到多大的影响。

我们必须要保密，这样才有出奇制胜的效果。所以，我们使用“凯瑟琳”一词作为我们此次计划的代号。“额外增加的船壳”就是浮箱的称谓。我们按照正常的防空准备加厚凸形甲板。

你们可以研究我的这些想法，希望你们的困难能够因此而得到解决。

丘吉尔

（3）船舰的新建和改建①

海军大臣致第一海务大臣和其他人　　1939 年 10 月 8 日

1）我们的造船工作有点浪费时间，等待时间太长，想要将我们面临的危险解除，能够作战的军舰和今天议会订购的定期交货的舰只才是更加重要的，也是我们所需要的。

2）为了能在合同的日期内完成“英王乔治五世”号和“威尔士亲王”号，我们应该尽自己最大的努力。承办厂商平时接受和执行合同的时候，完全按照自己的心情行事，在战争期间，绝对不允许继续存在这种习惯性的做法。请告诉我可以执行的惩罚有哪些，我们可以在必要的时候向皇家法官提出这些案件。请告诉我限制我们的因素有哪些。我一直认为问题出在装设大炮方面。如果在规定的日期内，不能完成这些舰只的建造，那么就可以认定我们的失败明显地出在各个方面。我要在下个星期五亲自去看看这些舰只建造的现状，承造厂商由我和你在海军部一同接见。这次从下午五点开始的会见请帮我准备好。承造厂商所说的不能办到是无效的，我知道这一定能办到，我们需要给他们足够的资源和装置，也要给他们足够的压力。总之，他们必须要将“英王乔治五世”号在 1940 年 7 月交出来，将“威尔士亲王”号在 1940 年 10 月交出来，这是我们给他们的命令，必须让他们做到。1940 年，这些能够让我们取胜的舰只必须开始服役。

这件事一定要尽全力做好，请帮我解决各种麻烦。

3）对于航空母舰，上面的内容同样适用。“光辉”号的交货可以推迟五个月，推迟交货的影响也是我们所知道的。“胜利”号的交货甚至推迟了九个月。根据 1937 年的计划，“可畏”号的交货推迟了六个月，“无畏”号也推迟了五个月。这些军舰不是要等战争结束后才出海，说不定那个时候就要将德国的国旗挂在军舰上了，这些军舰的目的是在战争期间参与作战。对于这件事，我请你多催他们几次。

---

① 原书第 418 页。——原注

如果在 1940 年，我们战败了，我们就得不到后来建造的航空母舰了。

4)关于巡洋舰的问题。比如,你看看“迪多”号,原定的完工日期是 1939 年 6 月,但现在说交货的日期是 1940 年 8 月，你该怎么解释这种失败呢?

5）我们在此时应该分清发展工业或者进行贸易与在战争中取胜的区别。有些工人正在建造 1940 年内不能完成的舰只，在我们需要或者条件可行的情况下，这些人应该被调走，那些 1940 年能完工的舰只的建造需要这些人的参与。我们的工作安排应该根据需要来制定，有些舰只的建造比较急切，有些舰只的交货日期比较晚，参与后者建造的工人都应该安排去建造前者。有些舰只需要在 1941 年完成，我们暂且先不管它们；有些舰只需要在 1942 年才能建成，这些舰只就更不需要理会了。建造的优先权应该放在那些能在 1940 年完成的舰只身上。

6）驱逐舰和轻型舰只同样适用于这条原则。但这些舰只似乎正处于很好的建造中。对于这些舰只的完工日期，我还没来得及仔细看。在 1940 年年底，应该有两艘新战列舰、四艘航空母舰、十二艘巡洋舰服役并参与战争，我们最需要的就是这点。

* * *

海军大臣致第一海务大臣　　1939 年 10 月 21 日

我只给你一个人写了这封信，因为任何事情都可以在我们的合力下完成。

我们需要一些主力舰，这些主力舰应该不怕飞机偶尔的轰炸，为了抵御潜艇袭击，我们的舰只被舰胴和潜艇探测器保护。我们还要让它们能够抵御空袭。一个重磅空中鱼雷击中一艘军舰的概率只有百分之一，但它还是有被击中机会的，两者有着相差甚远的价值，就如同蚊子把英雄叮到了。我们旧有的想法是，任何袭击都能够被一艘战舰抵抗住，这种观念是我们一定要恢复的。

我要表达的是，我要装甲很厚的四五艘军舰，它们可以被我派到任何一个地方，让我能够完全地放心。另外，能够执行远洋任务的各种舰只也是我需要的。但只有在拥有一队能够抵抗空袭的大型军舰的情况下，我们才能维持它们。

关于“伊丽莎白女王”号的事情，我已经在今天早上写给你的信中谈到了。

我们需要改装成能够防御空袭的舰只还有另外五艘军舰，以便让它们在被一颗从一万英尺高的空中投下的一千磅的穿甲炸弹轰炸时，也能够承受得住。我们需要改造舰只的结构，我们想象中的改造工作要比实际大一些。需要拆去一两座炮塔，这样两千吨的重量就没有了，可以将六七英寸的钢板铺上。在舰身稳固的情况下，我们可以铺一些厚的钢板。将高射炮安装在拆去炮塔的地方。这样，原本有八门炮，现在只有四门了，但是“沙恩霍斯特”号或“格奈森诺”号可以被这四门十五英寸口径的大炮一下子击沉。因此我们现在集中资源需要完成的五六艘军舰是能够在英国海峡活动的，对空袭不害怕的军舰，用于远洋活动的也是高级军舰。总而言之，我们需要做的是卸下炮塔，将甲板加厚。1940 年的军事主题就是这个。

我们现在要做的事情有很多，怎样让这些舰只去船坞里进行改装?

舰只的外观不是我们要考虑的问题。所以请去掉舰只上层的炮塔吧。改装军舰的地点可以这样分配：在普利茅斯改装一艘，在朴次茅斯改装一艘，在克莱德改装两艘，在太恩改装一艘。对于那些在改装后有四门炮的军舰，在炮术专家的潜心研究下，一定能够让炮火发挥出非常大的威力。不过，增加高射炮是最重要的问题，这才能够让这些军舰可以驶向任何地方，我们还来得及将这个 1940 年的军事主题进行下去。

很显然，装甲军火的运输舰和装甲的油船是我们更加需要的。我们的这些做法说明，我们更应该考虑制海权在剧烈的空袭之下要怎样保持住的问题，而不是过多地考虑海战的问题。

在一个星期以前，就应该提出这个办法，要想在星期四以前将这项意义重大的决定做出来，我们的资料还需要充分一些。到那天，请我们的审计官、海军建设局长和海军军械局长过来，我们的战线要从船舷转移到船顶上。

根据我的猜测，过了这个冬天才可能有战争，在这以前，各种象征性的接触会出现。但剧烈的战争在春天就会立刻开始了。

请你将这一点记住，没有人能驳倒我们共同作出的决定。

丘吉尔

(4)

新造军舰计划，1939—1940 年[①]

（不包括轻型海防舰艇）

I 类　型	II 战争爆发前核准建造的数字	III 1939 年战时计划的数字	IV 1940 年战时计划的数字	V 修正的（战时）估计完成日期		VI 实际完成	
				(a) 1940 年底	(b) (a) 项外再加上 1941 年底	(a) 1940 年底	(b) (a) 项外再加上 1941 年底
战列舰	9 (a)	–	1 (e)	2	2	1	2
航空母舰	6	–	–	3	2	2	2
巡洋舰：							
八英寸口径	–	–	–	–	–	–	–
六英寸口径以下	23 (b)	6	–	13	7	7	6
舰队驱逐舰	32	16	32	12	28	11+6 (g)	14
护航驱逐舰	20	36	30	26	34	25	25
海岸炮艇	4	2	20	4	2	2	4
猎潜快艇（包括护航舰）	61 (c)	60	52 (f)	88	48	51	70
潜艇	12	19	49	22	23	19	19
布雷艇	4	–	–	2	2	–	4
扫雷艇	20 (d)	22	22	10	31	5	20
拖网船（反潜艇用）	20	32	100	42	50	30	53

① 原书第 419 页。——原注

注：(a)“雄狮”号、“鲁莽汉”号、“征服者”号及“雷神”号后来取消了，此处已计算在内。

(b) 有四艘在 1939 年计划中，到 1939 年 9 月 3 日未开工，后来取消了两艘。

(c) 包括已定货但在 1939 年 9 月 3 日尚未动工的五十八艘。

(d) 已定货，直至 1939 年 9 月 3 日未开始建造。

(e)“先锋”号。

(f) 有二十七艘在后来被称为大型快速巡洋舰。

(g) 六艘驱逐舰为巴西所造而接收过来的。

（5）舰队基地

海军大臣致海军副参谋长及其他人员（按最后一段开始行动）

1939 年 11 月 21 日

1939 年 10 月 31 日，海军大臣、第一海务大臣和海军总司令，在“纳尔逊”号上举行会议，关于各舰队基地的问题，可以这样部署。

1）斯卡帕湾在春季以前不能当作基地使用，只能有为舰队增加燃料的作用。我们应该快一些进行下列工作：

a. 将沉没的障碍船放在没有设防的航道上。

b. 设置两层防潜网，在必要的地方更应如此。防潜网要达到上次世界大战中的一样的数量或者类似的范围，还要比以前更加进步。要重新研究峡道的日常启闭工作，为了让峡道更加安全，应该缩短每次开放的时间。

c. 应该将拖网船和带有漂网的船队调到斯卡帕湾，规模和上次世界大战中的一样。计划局应该仔细周密地考虑船只的布局问题。在斯卡帕湾的主要基地地位恢复以前，即在 1940 年 2 月底以前，福恩湾使用这些拖网船和带有漂网的扫海船。

d. 不要停止建筑营房的工作，而是积极进行这项工作。

e. 应该将混凝土炮塔建成，这样才能将斯卡帕湾的八十门大炮架设在这里。到冬季的时候再进行这项工作。准备工作可能在春天才能完成，这时才能将要架设的大炮运过去。

f. 应该扩大威克的飞机场，使之能够容纳四个飞机中队。

g. 应该继续进行雷达的工作。如果有更重要的任务出现，就按照先后顺序进行。

斯卡帕湾在此期间可以当作驱逐舰的加油基地使用。油库伪装和假油库建筑工作，应该按照计划进行。不要减少在斯卡帕湾的人员。我们在那里的油量是十二万吨，已经不需要再增加存油了。有些人正在建造地下仓库，可以将他们调去做更紧急的工作，最近决定的工作也可以由他们来做。

2）应该保持龙湾 A 港的现状和现有的人员。完成斯卡帕湾的水道铁丝网以前，永久性的水栅和水道铁丝网应该一直有。为了让舰队将这里当作隐蔽的休息地，应该让淡水管子立刻停止，让其他不太重要的措施开始实施。

3）我们应该尽最大的努力让罗赛斯港的效率最大，这里应该是舰队的主要基地。应该优先进行水道铁丝网的改进工作。为了让大桥下的碇泊处抵御敌机低空飞行的轰炸的能力更加有效，可以装置防空气球。在舰队离开克莱德湾以后四天内，将曾经运来的二十四门三点七英寸口径的高射炮和四门双筒自动高射炮，分批运送到福思湾。做这件事的时候不要表现出急迫，各炮兵队的跟随应该看起来随意一些，装运的时候表现得从容一些，从现在规定的时间开始算起，能在五天以内到达福思湾便可。应该尽量并且尽快优先将保护罗赛斯湾的雷达装置好。今天，关于从英国防空委员会获得支持的问题，空军少将道丁与本土舰队总司令进行了讨论。我们以前和空军部商定的办法是，当这个基地被舰队第一次利用的时候，能够参加作战的空军中队至少有六个，这已经是最低限度了。

关于总司令和道丁在会议中谈到的内容，请海军副参谋长查一下，我们需要知道结果。对于舰队到了福思湾以后会遭受袭击，我们应该已经料到了，所以要做好应对的准备。此后要加强这个基地的各个方面，要让舰队中最大的军舰在这里的停泊是安全的。另外，其他特别的部署也应该做好。要协调好海岸上炮火与军舰上炮火的射击。我认为，停泊舰只的区域可以被七十二门炮的集中炮火所掩护了。

4）现在有十六个防空气球放在克莱德湾，不要移动这些气球，敌人可能因此而被迷惑，进而让我们的意图不被敌人发现。

我希望这个记录能够被海军副参谋长仔细核对一下，确定此处所谈到的各个细节没有错误。当第一海务大臣同意这些内容的时候，各部门就要立即加以执行。

丘吉尔

海军大臣致第一海务大臣　　　　　　　　　　　　　　　　　　　1940年1月3日

斯卡帕湾的防御问题

1）我们在9月给斯卡帕湾配备各个炮台的人员，当时估算需要三千名海军陆战队人员。陆军部要增加这个估算，从三千人加到六千人，七千人，一万人，甚至一万一千人。这个数字已经比皇家海军陆战队能派出的人员还要多。

2）不仅如此，在3月1日以后，陆军才能完成各种必需装备的供给，皇家海军陆战队“专任作战”的训练才能开始。实际上，从9月份开始，我们可做的事情并不多，只是让八百名军官和士兵集合起来。海军陆战队的突击队或者机动防守人员可以随时由这些人员担任。

此外，陆军部有一些经过训练的兵员作为人力储存，斯卡帕湾的炮兵部队似乎就可以将他们编入。每个月都安装十六门高射炮。这个基地在3月份以后要被我们利用，这是解决我们需要的最好方法。

3）如果这个责任不能被陆军部承担下来，那么我们就对他们提出这样的要求，我们训练所需的各种设备要在2月1日以前提供，我们缺乏不同级别的技术人员，这需要他们指派，总之我们需要他们足够的协助。至于接管的办法，我们要和他们逐步商定下来。让他们来负责是最好的办法，我们要多催他们几次。

4）海军部向陆军部提太多的要求并不是我喜欢的。如果有一些通融的办法被允许使用，就可以大大减少需要使用的人数。三十人分配给一门大炮，十四人分配给一座探照灯。根据所有的炮或者探照灯都能够时时刻刻有专门配备的人员的原则，计算出了这个数字。不过舰队出海是经常性的，所以此时就要降低戒备级数。存在的问题并不止这一点，我们不希望各炮在长时间的空袭中不间断地发射。如果这种攻击真的发生了，舰队必然要出海，所以，我们是不是应该让保持一级戒备的炮队只有一部分，接到警报以后，其他的炮可以用较长的时间做准备。

5）一百零八座探照灯是否是现在需要的呢？在夜间，敌人的舰队能够在这样远的距离内空袭吗？敌人到目前为止只是在白天空袭，因为想要命中目标，就只能在白天进行空袭。

6）当斯卡帕湾被舰队当作基地使用的时候，我们就需要将一大部分，最好是一半的高射炮及其人员从罗赛斯湾调到斯卡帕湾。这是一种比较经济的做法，在两处都做最高级别的戒备，我们目前还没有进行这种装备的能力。

7）我认为应该配备五千人参与斯卡帕湾的防务。同时，为了让这些炮能将最大的威力发挥出来，应该给司令官下通知，让他对能改进每一个炮兵阵地、每一个岗位的方法进行仔细的研究。

8）对于一个防守坚强如斯卡帕湾的地方，应该不会发生伞兵降落和潜艇袭击这样的事情。所以，我们没有增加一个军营的必要了，只要保持现在的炮兵团即可。但是，会有些紧急事件，虽然这样的事件规模比较小，而且还没有发生，但司令官仍然应该想办法将一支军队组建起来以应对它。

9）和这里相比，谢特兰群岛的情况是不同的。我们最好有一个营的兵力在谢特兰，哪怕这个营没有西线军队那样好的装备，但至少也应该在那里有一个营。

丘吉尔

(6) 对土耳其的海军援助[①]

海军大臣的报告，1939 年 11 月 1 日

今天下午，我和第一海务大臣接见土耳其的奥尔贝将军，我们告诉他这个情况：

如果苏联威胁土耳其，那么当土耳其的请求被英王陛下政府接到时，就需要对土耳其进行援助了，而且应该使用比苏联的黑海舰队更有能力的舰队。我们的反潜艇和空中力量应该布置在士麦拿湾和伊斯米德湾，必要时还需要派出能够协助他们的英国技术官，这样才能达到这个目的。这些措施并不属于将防潜网设置在达达尼尔海峡和博斯普鲁斯海峡的计划之内。

目前，我们还没有对土耳其做出承诺，也没有签订军事协议。也有可能不发生这些意外事件。我们希望苏联的中立是严格的，如果能够友好地对待我们，那样更好。当然，如果土耳其因为感觉自己的处境危险而求助于英国海军，那么我们就要与土耳其进行协商，协商时必然考虑意大利的态度和地中海的形势，我们想与土耳其签订正式的协约。也许，想要阻止博斯普鲁斯海口成为苏联军事行动的对象，只需要英国的舰队驶入伊斯米德湾。但无论如何，我们出发的立场是为建立起黑海的制海权而采取行动。

这个说明让奥尔贝将军感到非常满意。他说，两国之间不是完全没有约束的。他说，当他回到国家以后，要向政府提交报告，让各个基地将准备工作做好。

对于此事，我并没有想到法理方面的问题。因为这个问题会在我们真正订立合约的时候，被讨论和解决。做出这种假设的理由是，土耳其向英国请求援助的时候，一定是它的处境非常危险的时候，或者已经成为交战国之一的时候。

---

① 原书第 402 页。——原注

(7) 灯火管制[①]

海军大臣的意见，1939年11月20日

1）我向我的同事冒昧地提出建议，灯火管制应该随着月亮不够圆而改变。我们应该知道，德国对我们没有采取随意的狂轰滥炸政策，是因为他们未必能从对非军事目标的轰炸中收益。他们在白天或者月亮圆的夜晚对军事目标实行轰炸，才有可能收效良好。如果他们对我们发出空袭警报或者改变当前的政策，我们也来得及将灯火熄灭。现在，我们将街道上的灯火熄灭时，应该有敌军的空袭警报在前才可以。如果他们以杀害平民作为夜间空袭的目的，他们一定可以按照地图和方向轻易地将伦敦找到，这与我们是否将伦敦的灯火熄灭无关。敌人的空袭不用我们城市的明灯作为导引，而且我们在敌人进入我国之前就熄灭灯火，那么也就没有引导的存在了。无论如何，空袭都与灯火的关系不大。

2）不过，我们自然没有恢复街道照明到平时状态的必要。我们能改变的方式很多。巴黎街道的灯火管制成效就很好，而且非常实际，六百码以内的一切都可以被看到。虽然街道平时灯火要比现在亮一些，但车辆可以根据街道灯火的亮度安全地行驶。

3）为了达到目标，我们采用了需要付出很大代价的方法：第一，有人因此而丧命；第二，空军大臣提出抗议的理由是，军火生产被妨碍了，海港工作受到了影响，西岸的工作被妨碍了；第三，民众们焦躁和低落的情绪很容易因此而产生，他们战斗力的发挥会受到严重影响，这种方法被大家认为是不合理的，损害英国政府的威信；第四，有些少女或者妇女走在夜晚黑暗的街道中时，或者处于没有开灯的火车中时，会感到害怕；第五，影响商店的营业和娱乐场所的事业。

所以，我建议从12月1日开始，可以将以下几点实行下去：

---

① 原书第438页。——原注

a. 恢复各城镇或乡间的照明，但应该有限制或者比较暗。

b. 虽然这样有一点风险存在，但应该允许汽车和火车使用较大的灯光。

c. 如果民众已经习惯限制房屋和住宅灯火的一些规定，那就保持下去；不应该惩罚那些轻微的违规行为或者让人反感的行为。(我在报纸上看到一个人因为吸烟而被惩罚，因为吸烟导致光线太乱。还有一个被惩罚的妇女是因为他照顾生病的孩子时开灯了。)

4）如果批准了这个通融的办法，就应该多加宣传，用无线电广播多次，将广告分发给去加油站加油的汽车司机，一定要让他们知道，司机应该在空袭警报拉响时停车，也要熄灭其他的灯火。我们会严惩那些在警报拉响后仍然开灯的人，让众人都吸取教训。

4）冬季的三个月云雾较多，我们可以根据现在的情况进行过渡。如果我们做了可能引起敌人疯狂报复的事，或者战争更加激烈了，我们可以将现在灯火管制的办法恢复。

丘吉尔

（8）关于防御磁性水雷的各种措施的节略[①]

在战争爆发前，大家已经清楚地知道磁性导炸装置的水雷和鱼雷的一般性能，但当时没有人知道德国所发明的这种水雷的详情。我们能够利用曾经的知识将应对的方法研究出来时，已经是1939年11月了，那时我们在修伯里纳斯捞获了一个这样的水雷。

扫雷方法是我们第一需要的，第二个目的是研究出适应各种船只的消极的防御方法，以便防止触碰到水雷，在使用未扫雷或者没有完全扫雷的水道时。我们妥善地解决了这两个问题，我们在战争初期采用的技术手段都会在以下几段中叙述出来。

积极的防御——扫雷新法

磁性水雷

消除磁性水雷的基本方法是，将一个能够引发水雷爆炸的巨型磁场装置安装在水雷的附近，让水雷爆炸的时候，扫雷艇处于爆炸的安全距离以外。我们的一艘破雷艇是在1939年设计出来的，现在可以尝试使用这艘破雷艇了。有一个很强大的电磁装置安装在这种破雷艇上，破雷艇前面的水雷可以在破雷艇前进时被引爆。这种破雷艇在1940年初已经起到了一些作用，但如果大规模使用这种方法，就会发现这种方法不够稳妥，甚至不太适宜。

同时，各样各样的浅水船拖带的电力扫雷艇也被我们研究出来了，我们尝试过的方法还有让低飞的飞机将电磁线圈带起来。实际上，有很多困难存在于这种方法中，也有很大的危险存在于飞机上。被称为L·L的扫雷方法成为各种试验过的扫雷方法中最可能成功的，所以，这种方法被人们集中全力开始研究，人们

① 原书第455页。——原注

希望这种方法可以更加完美。一根很长的粗电缆就是它的扫雷装置，这个装置被称为“尾巴”，一只船拖带着它，一同工作的至少有两条船。这些“尾巴”上会通过一些强烈的电流，这些电流都是按照调整后的时间间隔经过的，这样水雷爆炸的地方就一定能与扫雷艇之间有一定的距离。有很多困难被这个装置的设计者遇到，让电缆浮起来就是其中之一。电缆工厂已经解决了这个问题。刚开始是将一层橡皮套子加在电缆上，这层套子叫做“索博”，后来使用的缝合网球的方法也比较有效。

L·L 扫雷船的使用在 1940 年春季以后逐渐增多。从此，英国的水雷排除专家和德国的水雷设计专家就围绕这个问题进行智力角逐。德国经常改变水雷的性能，但我们扫雷器总是能突破他们的改变。有的时候，敌人也会占上风，在一段时间内胜出，但最后英国总会将他们制服的。有时候英国采取的应对方法都是在预料到德国水雷构造的基础上进行的。L·L 扫雷方法在整个战争期间都是最有效的应对纯磁性水雷的方法。

音响引爆水雷

敌人的新式水雷“音响引爆”水雷从 1940 年秋季时开始使用。船舶推进器在水中行走的声音可以激发这种水雷的导炸装置。对于这种发明，我们早就猜到会有，所以我们的应对方法是事先就有的。解决这个问题的原理是，让扫雷艇将一种偶尔强烈的适宜的声音发出来，让水雷的爆炸发生在距离比较远的地方。“康果震动锤”是各种实验方法中最有效的一种。在船龙骨下的一个防水容器中装载着这种装置。能找出正确的振动频率是这个方法有效的原因。与前面的情形一样，为了能够让效果迅速一些，我们要得到敌人的这种水雷样本。我们的好运气又出现了。第一个音响水雷在 1940 年 10 月被我们发现，又有两个在布里斯托尔海峡的泥滩上被打捞起。比较有效的应对方法很快就被发现。

我们很快就发现音响和磁性导炸的混合水雷装置被敌人投放在水中了，任何一种外因都可能导致这种水雷的爆炸。另外，有很多反扫雷的方法被敌人发明，这样我们的导炸设备可能因为一次干扰或者预定的几次干扰而不能发挥作用，或者在铺设水雷后的一段时间内，水雷不能被引爆。所以，有很多可能对我们造成伤害的“成熟”的水雷，在我们的扫雷艇将航道彻底扫清或者扫清若干次以后，仍然没有被我们遇到。这种结果有赖于德国的技术。但是索伦特试验场在 1941 年 1 月被炸，很多有价值的记载被毁灭，我们因此损失很多。但我们因为双方的智斗而受益，各方面不断的努力应该受到表扬，因为我们因此而取得了最终的胜利。

消极的防御——消磁

有一个常识，所有钢制的船舶都能够永久地拥有磁性。当它产生的磁场或者磁力效果大到一定的程度时，海中经过精心设置的水雷导炸装置就会被触发。这种危险可以在磁力减小的时候避免。虽然说浅水未必是绝对安全的，但很显然能够做到消减一定程度的磁性。朴次茅斯在 1939 年 11 月底以前所进行的实验初步说明，将电缆以水平的方向缠绕在船身上时，船自身的电力会让电流通过电缆，这样就可以减小船舶的磁性。这项原则立刻就被海军部接受了，无论哪一艘船舰，只要是有发电设备的，都因为这种方法的使用而受到了不同程度的保护。同时还在抓紧将准确的条件研究出来，并做好使用这种方法大规模武装舰队的准备。让磁性水雷在十英寻深的海域内，不对我们航行的船舰造成损失，是我们的目的，同时也要让在更浅的水域内，我们的扫雷艇和其他小舰艇能够安全地行驶。一次大规模的实验在 12 月间进行，这次实验证明，在其他没有安装这种消磁设备的船只的一半的安全深度水域，船只的航行是安全的。使用这种方法的好处不止这些，还包括船身的结构不需要变动，不需要将精密仪器安装在船身上，只是让发电设备安装在大量的船舰上。临时将电缆圈缠在船身的外壳上是一种紧急的措施。完成这项工作仅仅需要几天，但仍然应该尽早地将能永久性安装在船只内的这种设备安上。这样，当第一种情况发生时，我们正常的航运周转所受的延误影响就比较小。“消磁法”是这种方法的名称。海军中将莱恩一普尔领导成立了一个组织，监督把这种设备安装在每个船舰上。

最为繁重的是这项工作的供应和管理问题。根据调查结果，仅仅消磁圈一项，国内每星期只能供应长达一千五百里的电缆，但我们每周需要的电缆长度是这个数字的三倍。我们的产量要在其他需要牺牲的情况下才有提高的可能。所以，从国外输入材料才能应对我们的全部需要。另外，这项装设工作需要各海港训练有素的人员来管理。每一艘船舰实际的需要量由他们加以确认，同时在技术上，应该指导各地航运调动的相关方面。英国和盟国的商船队的很多船只都可以采用这些保护性措施。

这个组织到1940年的最初几个星期内都在不断地发展。我国东部沿海各港的危险很大。让各船舶能在我国的各海港自由出入，尤其是东部各海港，是我们这个阶段第一要解决的问题。所以装置临时消磁圈是我们集中力量要做的，我们已经征用了国内生产的合用的电缆。为了满足需求，电缆工人的工作已经昼夜不停了。在此期间很多船只出海的时候都将电缆缠在身上。海浪对这种电缆的冲击可能让电缆经受不住，但船只至少能够安全地通过沿岸的危险水域。它们可以重新安装好电缆，然后再进入可能有水雷的区域。

将磁力拭去的装置

在上面提到的各种方法之外，还有一个简单的消磁方法——“拭去磁力法”被发明出来。几个小时就可以将这种方法完成，就是在靠近船身的地方，放一条比较粗的电缆，让岸上强大的电流通过这条电缆。永久性的电缆并不需要安装在船上，但几个月过去以后，这个方法就要重复一次。大船并不适用这个方法。在危险地点经常航行的小型船只就比较适合使用这种方法，这就大大减轻了装置消磁圈部门的压力，人力、材料和时间都被节约了。这种方法的特殊价值在盟军从敦刻尔克撤退时就显示出来了。在那个时候，很多平时不在大海航行的各种小船，在被简单的处理以后，就能够自由地航行在英吉利海峡沿岸周围的浅水中。

商船的消磁

海军大臣的备忘录，1940年3月15日

消除船舶的磁性是最有效的对抗磁性水雷的方法之一，我的同僚必然都知道这一点。在十英寻以上的水域内，水雷不能威胁到使用这种方法的船只。

一共有四千三百艘船只需要安装消磁圈，他们的贸易遍布在联合王国的各个海港内。

1 月中旬就开始了安装消磁圈的工作。到 3 月 9 日为止，安装完毕的有三百一十二艘商船和三百二十一艘军舰。正在安装的有二百一十九艘军舰和二百九十艘商船。

到了现在，安装的速度深受电缆供应的限制，不过这样的情况已经得到了缓解。在今后，船厂劳动力的供应可能就会限制到安装的速度了。

如果外国船坞分担一部分英国船只安装消磁圈的工作，我们可能就会从中受益。一共有七百艘中立国的船只和我们有贸易关系。在到达我们各港口的贸易航路上可能遇到水雷，已经让中立国的船员感到紧张了，尤其是挪威的船员。中立国船员的信心和中立国船只的安全对我们至关重要，所以对于中立国家，我们消磁的知识和技术是可以传授给他们的，这样就可以让消磁工作在与我们有贸易关系的船只上进行。

让外国船坞给部分英国船只消磁，可以让中立国的船只也得到消磁方法，这对我们是有益的，当然也存在不利的一面，比如泄密问题。如果我们使用的办法被敌人知道了，他们可能的行动会有：a. 将水雷的灵敏度增加；b. 将有相反磁性的水雷布置在同一个雷区。如果我们的秘密能够被保守住，那么敌人的反击措施就有可能延迟。但我们需要所有国内修理船舶的厂家都知道我们消磁圈的技术详情。这些资料将要被广而告之，我们可以确定，一定会被敌人知道的。

然而敌人可能因为他们的 a 和 b 方法而让他们自身受损，原因是：

a. 我们可能会更加容易将水雷扫除，没有消磁设备的船只所受到的危害可能会减小，在距离船只比较远的地方，过于灵敏的水雷就会爆炸，或者也有可能在船只前面爆炸。

b. 只有难以消磁的部分船只才会受到磁极颠倒的影响，另外还需要将灵敏度高的装置安装在水雷上。

上面的情形因为“伊丽莎白女王”抵达纽约，并且这件事被报纸宣布出去而发生了变化。我们采用的防御方法已经被敌人知道了。他们自己的水雷构造是他们所熟知的，所以消磁圈的作用很容易被他们推理想到。因此他们可以采用能够想到的所有措施进行反击。中立国会因为报纸上的报道而更加希望将这种资料掌握，如果这个秘密继续被我们拒绝告知，就违背了我们与中立国的船只进行贸易的政策。

所以，我的顾问人员的看法是，我们不会因为把这种技术资料当作非军事机密而受到严重的损失，

这两条是海军部提出来的：

a. 如果有必要，我们商船安装消磁圈的工作可以由中立国来完成，我们资源的不足可以因此而得到弥补。

b. 如果有必要，中立国可以得到我们消磁方法的技术情报，这样安装消磁圈的工作就可以应用到与我们进行贸易的船只身上。

丘吉尔

(9) 德国第四十七号潜艇作战日记节录①

1939年11月28日

12:45	方位北纬60° 25', 东经01°	在120° (正) 方位发现桅杆。
12:49	风向西北北10—9 海浪8 有云	一艘"伦敦"号级巡洋舰。
13:34	北纬60° 24′ 东经01° 17′	八百公尺(大约八百八十码)的射程,猜测巡洋舰的速度是八英里。三号管射出一枚鱼雷。爆炸声在一分二十六秒后响起。烟囱后面中弹受伤被我看见了,上甲板已经弯曲破裂。在甲板尾部有舰上飞机。右舷的鱼雷管装置,向后弯过船边。这艘军舰已经向右舷倾斜,倾角大约是五度,也就是说航行是反方向的。在疾风骤雨中,它逐渐消失了。
14:03		在海面上看到露头了,追击仍在进行中。
14:20		在90度的方位,这艘巡洋舰又出现了。我想要靠近并且击中它,因此立刻潜入了水中,但在暴风雨中,这艘军舰又渐渐消失了。
14:51		露出在海面上,在这片区域搜索时没有发现它。

① 原书第447页。——原注

邓尼茨海军大将在 1939 年 11 月 29 日的作战日记，记载了下面的内容：

“第四十七号潜艇向一艘巡洋舰发射了一枚鱼雷，当这个报告被收到以后，一艘巡洋舰被击沉的消息就被宣传部放出去了。其实以军人的角度理解这个问题，这个宣传是不合适的，是不正确的，说得比事实夸张了一些。”

(10) “耕种者第六号”[①]

我们有几个月一直处于犹豫不定的状态，整日地进行分析研究，在这期间我一直在思考一个问题，并且努力实现我的这个想法。我认为，这个想法在大战开始以后就会发挥它的作用了。为了保密起见，这个想法被我称为“第六号白兔”，“耕种者六号”是后来又改的名字。

这个想法的使用者是陆军，能够让他们在穿透敌人的战线时，不会遭受到特别严重的损伤。我认为，这样一种机器可以被我们制造出来，它能在地上挖一道壕沟，这条壕沟具有能够让步兵甚至进攻的坦克安全前进或者行驶的宽度和深度，让他们能够穿过无人的地带和铁丝网，出现在敌人的防区，这样他们与敌人近距离作战的时候，就可以使用与敌人相等甚至优于敌人的兵力。这种能够将壕沟开凿的机器的前进速度必须充分，能够将敌我两军阵线之间的壕沟在一个晚上的几个小时内开凿出来。我希望它的前进速度能够达到每小时三四英里，不过每小时半英里也可以。如果采用这条战线的是一条二十英里或者二十五英里的战线，这种壕机的使用数量应该有两三百架，一支精锐步兵就可以在天亮的时候出现在德军的阵地内部了。大量的援军和军需品可以依靠这几百条战壕与后方之间联系，送达前线阵地。这样，我们深入敌军内部的时候就不会有严重的损失，而且还有出奇制胜的效果。我们还可以不断重复使用这种方法。

第一辆坦克是我在二十五年前下令建造的，当时为了解决这个问题，我请到了海军建设局长德因纳科特。现在由斯坦利·古多尔爵士担任这个职位，在11月，我又向他提出了这个问题，霍普金斯是他的得力助手之一，他负责解决这个问题，为了做实验，还有十万英镑的拨款。一家在林肯市的拉斯敦·布希鲁

---

① 原书第497页。——原注

公司在只用了六个星期，就将模型设计了出来，这个小型机器很有启发性，它的长度为三英尺，它在海军部地下室的沙地上进行了一次实验，实验的结果非常好。帝国总参谋长艾恩赛德将军和其他英国军事专家都积极地支持我，所以首相和其他同事也被邀请观看表演。后来，这个机器被我带到了法国去，甘默林将军和乔治将军先后观看了它，他们在观看后，也表示同意了。我在 12 月 6 日获得了立刻定制两百辆和制造绝对优先权的保证，交货时间是 1941 年 3 月。有人建议，大一点的机器也可以建造，这样能够容纳坦克那么宽的壕沟就可以被挖掘出来了。

建造二百辆可以挖掘狭窄战壕的“步兵”式机器和四十辆可以挖掘较宽的“军官”式机器被内阁和财政部在 1940 年 2 月 7 日核准。因为这种机器有新颖的设计，所以主要部件的试验型是需要首先建造的。我们在 4 月遇到一点困难。我们过去的发动机一直都是比较简单的“默林—马林”型发动机，然而所有这些机器都是现在空军部所需要的，所以代替这种发动机的是一些比较大而重的发动机。我们最后的成品机器有一百吨重，七十七英尺长，八英尺高。这个巨型机器每个小时可以在普通的耕地上挖掘八千吨泥土，所形成的壕沟深达五英尺，宽达半英尺。军需部所属的一个特别部门从 1940 年 3 月开始处理所有的制造程序问题。有三百五十家厂商承担建造工作。绝对保密的内容包括分散制造的部件和在特选中心进行的装备等工作。我们分析了法国和比利时北部土壤的地质特点，选中了几片比较适合的区域，我们巨大的进攻计划就包括使用此种装备的这部分内容。

但是，需要有说服和推动的工作贯穿到每一个阶段所进行的工作中去，而没有一个比较成功的结果。我们就要被一个不同的战争方式气势汹汹地压了过来，前面的一切都被它清理干净。不久以后，我们就看到，这个被我们精心设计的计划，最终只能被我们收起来，这个计划的所有资源转移到其他用途上。有几个成品已经被制造了出来，只能留存于某些特别的战术中，或者用于紧急时刻挖掘反坦克的壕沟了。我们在 1943 年 5 月只有一个原型机用于试验，另外还有狭壕机四个、宽壕机五个。它们有的还处于制造阶段，有的已经建造好了。大型原型机的实验我看过，效率让人感到非常惊讶。我当时的批语是：“撤销五架‘军官’式机器中的四架，保存好四架‘步兵’式机器。这些英雄会有用武之地的。”在1945年夏季以前，仓库中一直存放着这剩下的几架机器。那时候，我们为了突破齐格菲防线采用了其他的方法。有一架在后来被拆除了。“耕种者六号”的全部过程就是如此。对此负责的人是我，但我从来没有感到后悔。

丘吉尔

(11)

战争开始后八个月内英国因敌方攻击所损失的商船数字[1]

（括号内为船数）

敌方使用手段	1939 年				1940 年				
	9 月	10 月	11 月	12 月	1 月	2 月	3 月	4 月	总吨位
潜　艇	135,552 (26)	74,130 (14)	18,151 (5)	33,091 (6)	6,549 (2)	67,840 (9)	15,531 (3)	14,605 (3)	365,449 (68)
水　雷	11,437 (2)	3,170 (2)	35,640 (13)	47,079 (12)	61,943 (11)	35,971 (9)	16,747 (8)	13,106 (6)	225,093 (63)
海面舰只	5,051 (1)	27,412 (5)	706 (1)	21,964 (3)	— —	— —	— —	5,207 (1)	60,340 (11)
飞　机	— —	— —	— —	487 (1)	23,296 (9)	— —	5,439 (1)	— —	29,222 (11)
其他及原因不详	— —	— —	2,676 (3)	875 (1)	10,081 (2)	6,561 (3)	1,585 (1)	41,920 (9)[2]	63,698 (19)
总数（总吨位）	152,040 (29)	104,712 (21)	57,173 (22)	103,496 (23)	101,869 (24)	110,372 (21)	39,302 (13)	74,838 (19)	743,802 (172)

①见原书第 511 页。

②在挪威海口被德国击沉和俘获的船只。

(12)

“皇家海军”作战计划[①]

海军大臣节略

1940年3月4日

1）对于3月12日以后的所有时间，海军作战行动都可能在发出通告的二十四小时内开始。那时，可以使用两千个预定计划中的漂浮水雷。这些水雷分为三种不同的类型。按照安排，以后的每个星期都至少有一千个水雷供应。英国海军被派过去，已经准备好了物资。甘默林将军和达尔朗海军上将已经和法国商量好各方面的安排。我们相信，卡尔斯鲁厄以下一百英里的水域会受到这些水雷的威胁。如果在靠近敌人四到六英里的前线集结兵力和物资，那么即使有马其诺防线的作用，危险仍然是存在的。听说这个河道在一个月内都很正常。积雪在4月份融化，那时候可能会面临比较深的河水，加长水雷的尾部就必须要着手进行了。主流暂时不会遇到支流水域注入或者倒灌的情况。

2）在4月中旬月圆的时候，空军才能做好准备。我们最好在那个时候动手，除非遇到让我们必须动手的事情。这样就可以让整条河流都被搅乱，我们海军的出发点也可以不被敌人发现。空军在4月中旬将会使用大量水雷，在宾根和科布伦茨之间各河的布雷在有月亮的晚上进行。在到荷兰边境之前，这两种水雷都是没有危险的。希望用于静水运河的水雷可以在4月底以前就准备好。黑利戈兰湾各河河口的水雷最晚在5月的月圆之夜就可以准备好了。

3）所以，应该按照下面的时间执行这一庞大的布雷战役：

第一天，发出通告，将德国在英国海岸、船舶和各河口的进攻形势说清楚，还要宣布，只要德国对英国进行进攻，英国就在莱茵河布置水雷，让那里成为禁区。

① 原书第517页。

给予各中立国和平民二十四小时警告，让他们从此不再渡过或者使用这条河流。

第二天，当夜晚来临时，尽快将水雷用这两种办法布置好，数量上遵循多多益善的原则，而且需要每天夜晚都进行。到那个时候，我们可以供应大量的水雷，各种布雷的方法都可以被充分使用。

第二十八天，将水雷布置在各静水河和各河口。从这以后，只要有可能，就一直布雷，如果敌人停止攻击我们，或者有其他结果出现，布雷行动才能停止。

4）我们需要在原则上决定这些问题：

a 这种作战方式在现在的情况下是不是恰当，是否符合我们的策略？

b 事先警告应不应该有？我们来势凶猛的优势可能因为警告而失去。当然，有决定性的因素绝对不是这一点。阻止使用河流和内地水道才是我们的目的，破坏并非是我们的目的。

c 这个计划是不是要等到空军准备好以后再进行？海上尽可能在 3 月 12 日以后执行？

d 我们猜想一下，假如我们遭到报复，那将是什么样的报复？我们的沿海海港已经受到骚扰了，像莱茵河那样的天然或经济特别的地区，是英法两国所没有的。

5）第五海务大臣负责这项作战计划，他最好在星期四以前去一次巴黎，还需要与法国最后协商一次，要知道法国政府到底是什么反应。我们从达拉第、甘默林将军和达尔朗海军上将的态度观察，他们很可能给出良好的反应。

（13）海军在挪威战役中的损失①

德国海军在 1940 年 4 月—6 月被击沉的舰只

名号	类型	原因
“布吕歇尔”号	八英寸炮巡洋舰	4 月 9 日在奥斯陆被挪威海岸防线鱼雷和炮火击没。
“卡尔斯鲁厄”号	轻巡洋舰	4月9日在卡特加特被潜艇“游荡者”号发射鱼雷击沉。
“克尼希堡”号	轻巡洋舰	4 月 10 日在卑尔根被海军航空兵部队炸沉。
“布鲁默尔”号	训练炮舰	4 月 15 日在卡特加特被潜艇发射鱼雷击沉。
“威廉·海德坎普”号	驱逐舰	4 月 10 日第一次攻击纳尔维克时被鱼雷击沉。
“安东·施米特”号	驱逐舰	4 月 13 日第二次攻击纳尔维克时被鱼雷或炮火击沉（其中五艘在4月10日第一次攻击纳尔维克时受伤）。
“汉斯·鱼德曼”号	驱逐舰	
“格奥尔格·蒂勒”号	驱逐舰	
“阿尼姆”号	驱逐舰	
“沃尔夫·岑克尔”号	驱逐舰	
“埃里希·盖斯”号	驱逐舰	
“埃里希·克纳尔”号	驱逐舰	
“赫尔曼·库纳”号	驱逐舰	
“勒德尔”号	—	
编号舰第 44、64、49、1、50、54、22、13 号	潜艇	原因各别。有三艘在挪威海外沉没，五艘在北海沉没。
阿尔巴特洛斯	鱼雷艇	4 月 9 日在奥斯陆被击毁。

此外被击沉的还有三艘扫雷艇、两艘巡逻艇、十一艘运输舰、四艘辅助舰。

① 原书第 592 页。——原注

被击伤舰只

名　号	类　型	原　因
“格奈森诺”号	战列巡洋舰	4月9日与“声威”号交战。6月20日被潜艇“克莱德”号鱼雷击中。
“沙恩霍斯特”号	战列巡洋舰	6月8日被“阿卡斯塔”号鱼雷击中。
“希佩尔”号	八英寸口径巡洋舰	4月8日与“萤火虫”号交战。
“吕佐夫”号	袖珍战列舰	4月9日在奥斯陆与海岸炮台交战。4月11日在卡特加特被潜艇“金枪鱼”号鱼雷击中。
“埃姆登”号	轻巡洋舰	4月9日在奥斯陆与海岸炮台交战。
“布雷姆斯”号	训练炮舰	4月9日在卑尔根与海岸炮台交战。

此外另有运输舰两艘受伤，一艘被俘。

在整个时期内失去作战能力的舰只

名　号	类　型	原　因
“舍尔海军上将”号	袖珍战列舰	引擎修理
“莱比锡”号	轻巡洋舰	鱼雷击伤修理

1940年6月30日的德国舰队

类型	现役舰名	附注
战列巡洋舰	无	“沙恩霍斯特”号和“格奈森诺”号已受伤。
袖珍战列舰	无	“舍尔海军上将”号在修理中，“吕佐夫”号受伤。
八英寸口径炮巡洋舰	“希佩尔”号	—
轻巡洋舰	“克尔恩”号、“纽伦堡”号	“莱比锡”号和“埃姆登”号受伤。
驱逐舰	“舍曼”号、“洛德”号、“殷”号、“加尔斯特”号	六艘在修理中。
鱼雷艇	十九艘	尚有六艘在修理中，八艘新艇在建造中。

可供海岸防务使用的还有旧战列舰“施勒辛”号和“施勒斯维希·霍尔施泰因”号。

挪威战役中盟国海军的损失

被击沉的舰只

名　号	类　型	原　因
“光荣”号	航空母舰	6月9日被炮火击沉
“埃芬厄姆”号	巡洋舰	5月17日被击沉
“麻鹬”号	防空巡洋舰	5月26日被炸沉
“鹭鹚”号	海岸炮舰	4月30日被炸沉
“萤火虫”号	驱逐舰	4月8日被炮火击沉
“廓尔喀”号	驱逐舰	4月9日被炸沉
“哈代”号	驱逐舰	4月10日被炮火击沉
“猎人”号	驱逐舰	4月10日被炮火击沉
“阿弗利第”号	驱逐舰	5月3日被炸沉
“阿卡斯塔”号	驱逐舰	6月9日被炮火击沉
“热情”号	驱逐舰	6月9日被炮火击沉
“比松”号（法国）	驱逐舰	5月3日被炸沉
“格罗姆”号（波兰）	驱逐舰	5月4日被炸沉
“蓟草”号	潜艇	4月14日被德国潜艇击沉
“曹白鱼”号	潜艇	4月22日，不详
“蝶鲛”号	潜艇	4月27日，不详
“海豹”号	潜艇	5月5日触雷
“多里斯”号（法国）	潜艇	5月14日被德国潜艇击沉
“奥泽尔”号（波兰）	潜艇	6月6日，不详

此外被击沉的还有十一艘拖网船、一艘载有兵员的运输船、两艘未载士兵的运输舰、两艘供应舰。

被击伤舰只（不包括轻度损伤）

名　号	种　型	原　因
“佩内洛普”号	巡洋舰	4月11日搁浅
“萨福克”号	巡洋舰	4月17日被炸弹击中
“曙光”号	巡洋舰	5月7日被炸弹击中
“库拉索”号	防空巡洋舰	4月24日被炸弹击中
“开罗”号	防空巡洋舰	5月28日被炸弹击中
“埃米尔·贝尔坦”号（法国）	巡洋舰	4月19日被炸弹击中
“鹈鹕”号	海岸炮舰	4月22日被炸弹击中
“黑天鹅”号	海岸炮舰	4月28日被炸弹击中
“霍特斯珀”号	驱逐舰	4月10日被炮火击中
“日蚀”号	驱逐舰	4月11日被炸弹击中
“旁遮普”号	驱逐舰	4月13日被炮火击中
“科萨克”号	驱逐舰	4月13日被炮火击中
“爱斯基摩”号	驱逐舰	4月13日被鱼雷击中
“苏格兰人”号	驱逐舰	4月13日搁浅
“马奥利”号	驱逐舰	5月2日被炸弹击中
“索马里”号	驱逐舰	5月15日被炸弹击中

Ⅱ. 海军大臣的摘要

在给海军部一些官员及部门负责人的备忘录和节略中常常使用简称。为便于读者了解，现将相应的全称列表于下。

简　称	全　称
Controller	军需署长和第三海务大臣
Controller M.S.R.	商船修造署署长
D.C.N.S.	海军副参谋长
A.C.N.S.	海军助理参谋长
D.N.I.	海军情报局长
D.N.O.	海军军械局长
D.T.D.	贸易局长
D.N.C.	海军建设局长
D.T.M.	海军鱼雷与水雷制造局长
D.S.R.	科学研究局长

1939 年 9 月

海军大臣致秘书及各部门　　1939 年 9 月 4 日

为了不混淆，在以后的公报和公文中，U-boats 作为德国潜艇的正式称呼使用。

海军大臣致海军情报局长及秘书　　1939 年 9 月 6 日

1）这是一份写得很好的公告，其中提到的原则，我非常赞成。不过要说明，我们损失可能很大的时候（估计是 9 月），正在集中精力将德国的潜艇消灭。沉默的政策已经不适合那个时候了。如果可能，海军大臣应该在一个星期内浏览麦克纳马拉上校起草的每日公报。不过海军大臣不在的时候公报应该立刻发表，不要拖延。海军部公报的信誉应该忠实可靠，这是最重要的，不要使用牵强的语调。公报今天的语调就很不错。

2）如果有值得报告的事情发生在会议期间，不论事情的好坏，海军大臣或者海军部政务次官都应该将其报告给下院，对于私下提出的友善的问题，应该给予回答。

政务次官是海军大臣议会事务顾问，所以在草拟说明的时候应该与他讨论。海军大臣或者第一海务大臣要仔细地审查事关重要的和震惊的事件。

3）应该通知给上院议长斯坦诺普勋爵所有在下院发表的海战说明。

另外，在最初的几周内，海军大臣希望他的私人秘书，随时通知斯坦诺普勋爵他可能感兴趣的话题。海军部与勋爵的联系一向非常密切，海军部事态的发展不应该不被他知道。

海军大臣致情报局长（密件）　　1939年9月6日

爱尔兰西海岸是怎样的形势？有没有接应德国潜艇的迹象发生在爱尔兰海岸的小湾或者入口处？看来为了让对海港的监视严密一些，应该花钱雇佣比较信得过的爱尔兰特工人员了。是否进行了这件事？请报告。

海军大臣致海军副参谋长　　1939年9月6日

多佛海峡布雷的进展情况，请告诉我。以后每周都要给我一次报告。

海军大臣致军需署长　　1939年9月6日

1）我们将旧商船调出来弥补吨位损失的问题，目前进展如何？有多少调出来了？都在哪些地方？请将吨数列一个表格。安排船只入坞和擦洗船底的工作必须要进行，否则会严重影响我们的速度。

2）我很愿意听到取得中立国吨位数的方法的建议。

海军大臣致第一海务大臣、军需署长及其他人员　　1939年9月6日

1）有些巡洋舰在战时也需要两年的时间才能完成，现在就批准建造太早了。今后的三个月可以继续讨论这个问题。既然现在没有任何条约能够限制住我们，那么我们以后必然建造新式巡洋舰，这样才能将德国正在建造的装有八英寸口径大炮的五艘巡洋舰压制住。

2）请通知建设局长，等到他方便的时候，将一份一万四千吨或者一万五千吨巡洋舰的说明准备给我，必须有九点二英寸口径的大炮、优质的铁甲装备装在舰上，舰只要有抵抗八英寸口径大炮炮击的能力，超过“德意志”号级或者其他装有八英寸口径大炮的德国巡洋舰的速度和航程。我们要先取得美国的支持，才能开始建造这样的舰只。

3）潜艇搜索与计划中的其他部分无关，在年内就应该将它们准备好，所以要核准它。

4）对于海军部的一般政策问题，我非常愿意参与讨论。

海军大臣致首相　　1939年9月7日

看起来训练居民将他们私宅的灯光全部熄灭十分重要，目前我们采用的办法效果已经可以看见了。不过有一个问题是另外一回事，那就是让巨大的灯火设备由两三个中心点控制。

虽然我们要管制住家的灯火，但为什么不能让能被控制的灯火在空袭警报拉响以前继续照明？当听到汽笛的响声以后，立刻同时熄灭范围内的灯火系统。空袭警报会因此而更加有力，灯火在空袭警报解除的汽笛声响起以后再同时亮起来，空袭警报解除就都被人们知道了。这样做可以让不方便少一些，黑暗引起的不必要的烦躁情绪也会因此而避免。而且，想要淡定地熄灭灯火，额外的十分钟时间是最低的要求。

如果你不反对，我就告诉我的同事应该这样做了。

海军建造的完工日期
军需署长所作列表说明

海军大臣致军需署长　　　　　　　　　　　　　　1939年9月9日

我们在和平时期也需要保存海军的力量，即使每年都有政治纷争，但船只建造一直没有间断。战争时期的造船事业必然会因为战术上的目标而被激起。如果德国和意大利海军的实际和潜在实力被我们查明，我们就知道究竟要建造多少船只才能敌得过他们。请根据目前已有的资料分析，到1941年为止德国和意大利（实际和预期的）有能够与我们舰队一决高下的舰队实力。到1940年底，潜艇的威胁会更加严重，所以今后所要建造的驱逐舰不应该过于注重威力和体积，建造的速度和数量才是我们要关注的重点。我们应该设计一种新式驱逐舰，不用一年的时间就能够完成建造。一旦设计成功，就立刻建造五十艘。我知道大型驱逐舰也是我们所需要的，因为它们可以执行远洋任务，另外相当比例的分舰队的主力舰也是我们所需要的。当然如果有五十艘我预想中的中型驱逐舰在我们的舰队中，它们就可以代替我们舰队中比较大型的舰只，这样执行远洋任务和参加战斗时，这些大型舰只就可以派上用场。

请把我们驱逐舰队目前的所有情况向我做一个说明，不必包含本文中提到的需要增加的舰只。在我将驱逐舰实力的全部情况了解以后，我才准备了解护航舰的全部情况。

海军大臣致军需署长、建设局长及其他人员　　　　1939年9月11日

9月12日星期二上午九点半召开会议，我们要在会议之前考虑以下几点问题：

1）只要是不能在1941年年底以前参加战斗的战列舰，全部停工一年。以后每隔六个月重新考虑一次这项决定。“英王乔治五世”号、“威尔士亲王”号和“约克公爵”号是我们要集中建设的舰只。假如在1941年年内，“杰利科”号能够建成，那么就可以建造，不然“杰利科”号也应停工。

2）加速进行航空母舰的建造。

3）在 1941 年年底，“迪多”号级巡洋舰有可能交货，所以要集中精力建造。应该给整个计划一个限制，这个限制是不能打破的，也就是用强制的行政手段要求建造十艘。只要没有解决这个问题，新的“迪多”级巡洋舰就不再建造。

4）还需要“斐济”号级巡洋舰吗？不！我们应该放弃将那些活力不够强大的驱逐舰分散到各个海洋的做法，假如德国装有八英寸口径大炮的万吨级巡洋舰（这样的巡洋舰很快就要被德国拥有五艘之多了）被它们遇上，它们将面临既不能战斗又不能逃跑的局面。一种非常不实际的做法就是，面对德国装有八英寸口径大炮的万吨级巡洋舰时，让两艘“斐济”号级巡洋舰与之对战。 在一艘实力强大的巡洋舰面前，一群火力不大的舰只只能被动挨打，这已经被我们的经验所证明了。（1914 年 8 月，“戈本”号从亚得里亚海口逃出，从这件事就可以发现。）

5）我非常害怕看到，只有十艘驱逐舰在过了十六个月的 1940 年年底能够验收，只有七艘能够在今年验收，只有六艘能在九个月以后交货。然而已经有六艘为巴西建造的军舰被我们接收了，在 1940 年底，它们就要被送达，我们所面临的形势会因此而缓和一些。这些工作需要我们尽最大的努力去做。为了适应九十年代法国蚊式舰队的需要，“驱逐舰”被发明，它们原来的任务类似于“鱼雷艇驱逐舰”，如今驱逐舰的设计已经不再为了这个任务了。无装甲的小巡洋舰可以描述成它的本质，虽然它们抵抗同等舰只炮火的能力比不上它需要使用的财力和人力，但是在与海洋中的大风浪斗争和作战中，它的效果是非常不错的。

6）现在我知道了，快速护航舰可以看做是一千吨的中型驱逐舰，这类舰只的所有建造工作都应该尽力地加快。

7）我们有一种九百四十吨的捕鲸式船只，这种船只的费用可能会因为需求量的因素而非常巨大。我都已经怀疑如果我们想要在美国订造四十艘这样的船只，我们的美元储备是否充足。最好的方式就是由我们自己制订计划，建造一种能够补充捕鲸船的船只。

8）我希望一个委员会能够建立，三名熟悉小舰队工作的海军军官和两名技术专家就是这个委员会的成员，以下问题是需要立即开会解决的：

设计一种船只，这种船只能够反潜艇和飞机，而且在一年内，国内的小船厂就可以建造完成。在批准了设计图以后，立刻开始一百艘的建造。要尽量使用最简单的武器装备，如果想要大量生产，就应该经常注意需要哪些条件。接管爱尔兰海峡、英吉利海峡、西海岸入口近岸一带、地中海和红海的反潜艇任务是这些船只的用途，它们是为了代替驱逐舰和快速护航舰而存在的，航程较远的任务则可以由被替代下来的驱逐舰和快速护航舰来担任。

我冒昧地将以下细节问题提出来，希望委员会能够给予审核和纠正：

五百至六百吨；

十六至十八海里的速率；

有两门四英寸左右口径的大炮，高射炮是最好的，但实际上要考虑大炮的来源问题；

有深水炸弹配备；

没有鱼雷，活动范围只是一般性的。

我们是为了紧急而又特殊的任务才建造这些“便宜而又烦人（敌人厌烦它们，我们喜欢它们的便宜）”的船只的。它们的价值会随着任务的完成而消失，但我们首先要将这些任务完成。

9）因为潜艇仍然是有用的，所以已经批准了潜艇建造计划。

如果你能一条一条地提出对上面各条意见的看法，我会非常高兴的。

海军大臣致第一海务大臣、军需署长及其他人员　　1939 年 9 月 18 日

在一般情况下，将弹射起飞飞机使用在大洋中是不可能的，但在南美大陆的岬角附近却是一个例外，这种飞机在那里的使用是非常方便的，不过也存在一个问题，那就是能不能在岛上背风的地方或者没有人居住的地方，划定一片能够让飞机在附近船只上着陆的降落地点或者平静的水湾。一旦有人发现了，就说我们的飞机有在这里避难的权利，巡洋舰可以将这些飞机载走。这件事就可以圆满解决。

海军大臣致第一海务大臣及其他人员　　1939 年 9 月 20 日

加强当地的空防虽然是我非常想要做的，而且我认为这是非常紧急的事情，不过由于其他原因，我认为安装八十门三点七英寸口径的大炮的规模过大，实际

的需要并没有这么多。如果让（一共六千两百人的）三个高射炮团在整个战争期间都死守在斯卡帕湾，那实在是太不应该了。现在，大舰队的根据地已经不再是斯卡帕湾了，只有三四艘重要的舰只停留在那里。其他港口可以被它们使用。在那里，过了很远的距离（四百三十英里）才能到达德国。我们在保持谨慎的同时，也不能因为防御过度而让我们本身的实力分散。

所以，我认为最紧急的工作就是增加十六门三点七英寸口径的大炮。因为如果这项工作由陆军部机械局负责，就很容易出现因为延期而浪费费用的问题，所以我建议负责安装工作的应该是海军部。

我们应该根据英国飞机制造厂和马耳他的需要来考虑第二批二十门大炮的问题。我们更应该根据这种思路考虑剩余的四十四门三点七英寸口径大炮的问题。今后战争的走向决定它们最终的用途。

从舰队上重机关炮的火力进行分析，我们有太多的轻高射炮了。我们需要防空气球和探照灯，这也是两个战斗机中队所需要的。建立一个更强大的雷达站是否有必要？在大路上增加一个雷达站是有必要的吗？

这些问题的重要程度大于制定1940年的大规模计划，请尽快将这里提到的问题作出妥善的处理。

关于削减的建议、对时间以及所需要款项的计算等问题，请尽快提出来，不能够将第一批拖延下去。

另外，给我写一份报告，说明马耳他和查塔姆的防空情况。

海军大臣致第一海务大臣及其他人员　　1939年9月21日

我很高兴今天在朴茨茅斯船坞中看到了航空母舰“阿尔戈斯”号。本土司令部已经开始接收舰上的小艇了，显然替换这些小艇是非常容易的，还可以将各种炮装上去。我们听到一个消息，一个比较大的飞机起降甲板是现代飞机所需要的。如果确实如此，我们是不是制造一些飞机，让它们与航空母舰相配套？因为制造一艘航空母舰要比制造一艘飞机慢很多。我们可以调用“勇敢”号上幸免于难的人，这样“阿尔戈斯”号就能够尽快出海服役了。请考虑应该采取什么步骤才能达到这个目的。我听说它是一艘坚固的海上军舰，如果不是，就要使用一些加固方法，比如将支柱加在隔舱的间壁。

海军大臣致第一海务大臣及其他人员　　1939 年 9 月 21 日

“韦尔农”号是我和海军部参谋长很感兴趣的，同时它上面的阿克蒂恩鱼雷防御网让我们印象深刻。在上次世界大战末期，这种网被发明出来。只有在开动船只的时候，它的效果才能显现出来。它很像一件衬裙或者一件女士裙子。“韦尔农”号的人说，当这种网被装在船上时，船的速度能够达到十八海里。这种网将要装在“拉孔尼亚”号上，并且还要进行一次试航。这种网是一种大孔网，它是用金属线编制而成的，短期内大量生产是可行的。我的想法是，它可以作为一件最紧急而又重要的工具来使用。这种网应该安装在没有驱逐舰保护而又十分重要的商船、油船上。在一定程度上，海军当局正在抓紧这个计划，可不可以让一个委员会在这星期内成立，在我们紧张的战争准备工作中是不是应该把这个计划放在最前面进行研究？如果这个计划有可行性，就要大规模地开始执行。

海军大臣致第一海务大臣及其他人员　　1939 年 9 月 21 日

对于各较小军港的官员和国内各港口的司令官，我们应该让他们清楚，假如有敌人的飞机来进行空袭，不管是在港内船上的还是在造船所中的大炮，只要是能够向敌人射击的，就都向敌机开炮。应该想办法让常规防御与这种炮火的火力联合发挥作用。在必要的时候，可以从供应舰的船员中抽调人员充当船坞内船上的高射炮炮手。此外，电力的供应要做出特别安排，即使处于大修的船只也是如此。一定有很多方法对侵犯的敌机进行集中攻击。以后的月朗星稀的夜晚都是我们需要特别警惕的日子。您可以考虑是不是可以给出一般性的教导。

海军大臣致萨默威尔海军上将及军需署长　　1939 年 9 月 23 日

将雷达安装在皇家舰只上的计划请您尽快给出来，对于现在正在进行的情况，请予以说明，请估计以后的装置速度，并且要将日期附上。另外，为了说明进度，请每个月都给我递交一次报告。11 月 1 日可以作为第一次递交报告的日期。

海军大臣致第一海务大臣及其他人员 **1939 年 9 月 24 日**

目前的战斗条件十分艰苦，很多起驱逐舰和小舰艇相互碰撞的事情已经发生了。我们一定要注意，不能让小舰队军官的士气因为这些意外和偶然性的灾难和不幸而被挫伤。他们在战斗中使用各自舰只的自由应该受到我们的支持和鼓励。如果有一些事故是在他们将自己的能力全都发挥出来之后仍然出现的，那么我们就不应该责怪他们没有履行好自己的职责。我相信，你们同样持有这种态度，但我认为海军部应该深化这种认识。不要将损失事故交给军事法庭作出硬性规定。只要这些事故中没有出现不认真履行职责或者蠢笨不堪的问题，海军部应该有自己处理的权力。我们对他们在与敌人对战时犯的错误应该持有宽容的态度，哪怕是结果令人不那么愉快也应该这样。

海军大臣致第一海务大臣、海军副参谋长及海军情报局长
（一般指示）（最密件） **1939 年 9 月 24 日**

1）杜兰蒂先生以友好的态度对待英国。我于 1917—1918 年间担任军需大臣一职，我的下属军官就有他，只是当时他在南爱尔兰（也就是南爱尔兰自由邦），主导性的权力并非在他手上。一般时候，他的态度都非常谦让，爱尔兰的美好品质在他身上得到了充分的体现。我们得到了南爱尔兰四分之三的人民的同情，当然也有给我们找大麻烦的人，但那只是少数居心叵测、心怀仇恨的人。然而德·瓦勒拉仍然不敢对他们太过强硬。有一些议论是关于仇恨心理很难因为南北爱尔兰的联合而消失的，有些议论是关于南北爱尔兰分立的，但这些都不会掀起什么大风浪。从目前的局势看，他们联合的可能性不大，北爱尔兰的人民是忠于政府的，所以无论何时我们都不能放弃他们。在海军部与南爱尔兰进行交涉的时候，这一点是不是可以被你们考虑当作一个根据？

2）在爱尔兰西部港口，有一部分居心不良的人，是德·瓦勒拉不敢太过冒犯的，似乎已经有证据，至少有令人起疑心的迹象表明，德国的潜艇有他们的支援。使用贝雷黑文等港的权利已经被我们得到了。假如有越来越紧急的潜艇战危机，我们需要对海岸进行监视，对于这一点，我认为我们应该强制要求南爱尔兰允许我们这样做，同时还要允许我们使用贝雷黑文等港湾。当然，如果潜艇战因为我们的反击和采取的保卫措施而缓和下来，那么对于强制行动而产生的不良后果，内阁十分不想面对。所以可以发现，当前坏到极点的局势没有缓和的迹象。海军部应该做的是，将对现今情况的不满意见，不断地通过各种方式提出来。我经常将我们受到的伤害向内阁提出来。如今他们以仇恨的态度对待我们，默默地接受当然不是我们的做法，满意就更不是了。

海军大臣致第一海务大臣及海军副参谋长　　1939 年 9 月 29 日

虽然任何干扰本土舰队总司令的事情都不是我想要做的，但我还是要指出来，如果我们将重型舰只派遣到北海深处，那么敌人飞机的轰炸是绝对不能避免的。但我们这样做还不能成功地将德国的军舰从它们的港口吸引出去。虽然被炸弹击中的事故没有在上次发生，但我们仍然是很容易受到损失，这些损失与我们的战术目标根本就不能对等。对于这个想法，已经有几名内阁中的同事向我提到了。

我们已经圆满地经历了与敌人飞机的第一次交手。很多有价值的资料已经被我们取得，但我们重要舰只的防空标准还没有达到。我们不能在可以应对时速达到二百五十英里的飞机以前冒险。

海军大臣致秘书　　1939 年 9 月 30 日

对于不相关的统计部门的情况，你已经提出来了，这说明成立一个中心机构是非常有必要的，这个机构可以将所有的海军部统计资料汇集起来，然后交给我的资料是简化的图表。

我希望各方面的进展能在这个星期结束时被我知道，这些数据包括海军部和商船队每一部门的数字、我们军火生产的情况、我们雇佣的人数、船舰的进展、建造的工程、商船的吨位数和损失等内容。就像 1917—1918 年我担任军需大臣期间，我的统计官莱敦爵士给我准备了一个小册子那样，用一个小册子将所有的情况都展示出来。以后，这种小册子每个星期都会被我用一次，过去的情况、每周的情况、拖延的情况都要包含在内。这样我想要了解全局就只需要一两个小时了，因为能够得到什么、在什么时间得到都能够被我很清楚地掌握。

你觉得我的这种需要怎样才能被满足呢?

1939年10月

海军大臣致秘书 **1939年10月9日**

林德曼教授除了参加科学活动以外，还应该参加海军大臣的统计局。一个熟悉海军部所有情况的秘书、一个统计专家、一个能兼任会计的机要打字员都是他需要的。这个统计局的职责包括：

1）每周都将一份实况报告递交给海军大臣，报告说明新建工程的进度，即使没有研究工程延期的原因，也要将延期的情况都写上，海军大臣将以报告为依据自行展开调查。

2）有关英国或者英国控制的商船，要提出统计报告，将损失按照类别提出来，新造的船只或者新获得的船只也要提出来：

①一周内的；

②自从战争开始以来的；

另外，估计要交货的数据也应该包括在内。

3）每周以及战事开始以来弹药、鱼雷、燃油等的消耗数字需要记录下来，每周的产量及预计数字也要列出。

4）不仅只有飞机属于对海军航空兵部队连续统计调查的内容，驾驶员、机关枪和各种设备的数据也应该包括在内，拖延的情况要指出来。

5）关于各种人员的损失，每个月都要做一次实况报告。

6）海军大臣提供的报告，有关数据和实力的文件，都应该妥善保存。

7）海军大臣要在内阁发表统计性的报告，其他部门也有一些统计性的文件，根据海军大臣的需要，要为这些报告或者文件作出专门的调查和分析。

统计局的人选要和林德曼教授商量，在商议结束后（林德曼教授决定以上职务是否需要补充），给各个部门送去备忘录，让他们在规定的时间内，将统计数字交给统计局（简称S），各部门都应该协助统计局的工作。

飞机的供应

1939 年 10 月 16 日

这份报告很有意思，也让人感到兴奋，但内阁所要了解的问题，也就是组成皇家空军第一线战斗实力中队的数量和每个月新机的产量之间的差距问题，却没有被提及。我们在 1937 年听说（英斯基普演讲中提到的），将会有一千七百五十架现代化装置的飞机在 1938 年 4 月 1 日为我们所拥有。不过，后来又说明，实现这个计划的时候已经是 1939 年 4 月 1 日了。对于这个说明，下院却表示了满意。在英国的制度下，我们的后备规模必然强于德国，这是我们一直都得到的保证。虽然我们如今拥有的飞机只有一千五百架，但我们对投入战斗的准备已经比较充分了。在动员之后，1939 年 4 月 1 日拥有的一百二十五个中队，下降到了九十六个。有多少新的中队在今后的 11 月、12 月、1 月、2 月几个月内组成，是我们现在必须要弄清楚的。战斗的生产量，从 5 月份开始就维持在每月七百架以上，最近的数字还要比这大一些。因此，我们很难理解为什么我们第一线的战斗实力在此种情况下只增加了几个中队，为什么我们实际的实力还没有达到曾经说到的今年 4 月份应该有的数字。我们建议可以使用的第一线战斗力，每个月增加十个或者十五个，因为飞机的产量很高，驾驶员的人数也很多。没有人提出为什么不能做到这一点。按照十个中队计算，每个中队有十六架飞机，后备飞机的数量也是这些，那么每个月也只需要三百二十架飞机，工厂现在产量的一半都比这些多。内阁需要一个解释，他们应该将限制我们的因素做个说明。驾驶员、技工、高级地勤人员、机关枪还有其他工具，哪些是他们所缺乏的？工厂生产的数量已经很大了，不能让我们立即将中队组成的原因是什么，为什么我们第一线战斗的实力不能被充实？我们不应该对这些情况长期处于不了解的状态。可能是没有弥补这种情况的办法，但不管出于什么原因，我们应该立刻调查。现在的生产并不是落后的地方，我们要想办法根据已经核准的规模，将有充足后备的战斗单位组成。

科学研究局长、军需署长及秘书　　1939 年 10 月 16 日

1）科学研究局长（关于海军研究的）那份备忘录非常有趣，我很感谢他。

他说道，各军种将各自的需要提出来是他研究工作第一阶段应该做的事。我完全赞成这项原则。我们应该简单地描述清楚各种事实，解决问题的方法就可以被科学家们找出来了。无论是哪个军种，我们都应该鼓励他们说出各自某项工作遇到的麻烦。比如说，一个士兵正在一片无人的地带上穿过，他因为被枪击中而无法将前进的能力发挥出来。我们就要告诉他或者和他类似的人，有的时候我们并不需要勇敢，因为他们的条件已经具备了。但如果有一层钢板或者其他可以掩护的物品将士兵与子弹隔开，他运动的能力就不会丧失了，所以将一个掩蔽的物体安置在士兵前面就成为需要解决的问题。因此，下一个问题出现了，他不能携带太重的掩蔽物，所以能够运动是那个掩蔽物必须具有的功能。用什么办法解决这个问题呢？坦克就被发明出来了。这是很简单的能够将道理讲清楚的例子。

2）集中应用和发展是你们研究局各部门的主要工作，但物理研究却不是。所以，我很高兴听说克拉伦登实验将要进行专门的物理研究。这个报告将在今天就被我处理。

海军大臣致军需署长及其他人员　　1939年10月18日

拖网船的征用

我已经对农业大臣和贝文先生及他的代表团发出邀请，请他们研究好自己的问题以后，在明天4点15分来海军部。请对有关人员下发通知，给农业部发出正式的邀请函，希望他们能够出席。会议将由我亲自主持。

今天晚上，海军助理参谋长、贸易局长、军需署长或副署长和财务秘书要开会，一个根据海军需要，以“尽力捕鱼”为目的的计划将要被拟定出来。各个港口将分担因我们征用而造成的直接损失。有些港口可以制造出最好的拖网船，不要让这些港口受到很大的损失。平均分担损失只是一种方法，除此之外，各船厂应该尽快得到设备的供应，将一种合成的拖网船制造出来。如果能够大批制造这种拖网船，就能归还曾经暂时征用的平均分担的拖网船，同时由各个地方商量决定，是将船分配给各个港口，还是分给当时主要征用的港口。有一件非常重要的事情就是让渔业的正常供应保持下去。我们要用对待潜艇威胁的态度，努力地对待食品供应的问题。

海军大臣致第一海务大臣及海军副参谋长（最密件） 1939年10月19日

土耳其的局势越来越紧张，假如我们收到了土耳其的让我们将舰队派往黑海的邀请，而我们舰队的实力也很大，德国对博斯普鲁斯海峡或土耳其北部海岸其他部分的军事压力是我们舰队足以承受得住的；如果这一点被内阁同意了，认为苏联参战可能因此而被阻止，或者即使苏联参战了，我们也能将它攻击土耳其的趋势压制住，那么这样的舰队是我们能够抽出来的吗？

在黑海的苏联海军到底有怎样的实力，我们控制住他们应该需要怎样的实力？是不是只要将英国的潜艇、几艘驱逐舰和两艘担任保护的巡洋舰派遣到这里就可以了？它们能将土耳其的港口作为基地，将自己的保护作用发挥到最大的程度吗？不管怎么样，这种可能性应该被海军参谋部从各个军事角度加以研究，将一个能够抽调和维持这样一支舰队的方法研究出来。

如果苏联对我们宣战，那么守住黑海就是我们必须要做的一件事了。

海军大臣致第一海务大臣及军需署长 1939年10月23日

在你们对北方水雷封锁线的文章进行进一步研究之前，我想知道我们炸药的需求量，炸药的取得方式，怎样让陆军的军火供应不因此而受到影响。对于这一点，军需署长可以和柏金先生或他的化学组长在今天进行一次讨论。我不知道有哪些因素限制我们这方面的行动。听说有人猜测我们可能缺乏甲苯。我认为海军部无烟火药或者炸药的生产上限可能不能满足我们水雷封锁线对炸药的需求。所以，我建议我们再讨论一次，在讨论之前，军需署长要从海军部和供应部将所有的非正式资料搜集到。

海军大臣致第一海务大臣 1939年10月23日

我们要根据黑夜变长和舰队如今的地位，对抵御进攻和突袭的问题进行一次讨论，所以我希望你和其他参谋长能在今天早上约定一个时间。我在上次大战中，与这些想法做斗争的心态经常出现。但是我们现在面临着与以前不同的环境了。军事部署是我所不了解的。不过我认为，一定数量的有组织的兵力或者机动纵队是我们应该有的。他们能在敌人突袭的时候，快速地进行反击。当然，所有的责任也都可以全部由空军部承担。

海军大臣致第一海务大臣及海军副参谋长　　1939 年 10 月 27 日

请你们考虑这份打算给内阁传阅的文件。

我们可以在不反对苏联在波罗的海建立基地的前提下得到我们的利益。因为这个基地有用的时候就是对付德国的时候。另外，苏联在得到这个基地的时候必然与德国发生明显地剧烈地冲突。保住芬兰不被德国侵犯和征服是非常重要的，这一点我们应该提醒芬兰。当然，芬兰的安全不会因苏联在芬兰湾和波的尼亚建立基地而受到威胁。除了德国，我们不认为苏联在波罗的海的海军实力能将我们吓到。那里的危险分子和敌人只有德国。英国和苏联都可以因为德国不能利用较大的波罗的海而受益。为了防止德国侵略波罗的海的沿海省份或者侵犯彼得格勒，苏联需要在那里拥有基地，这是显而易见的。如果这一点是对的，我们的这种观点就应该被苏联知道，同时想办法说服芬兰人，让他们给苏联让步，同时还要说服苏联人，让他们坚守的活动限度为取得战略要点。

海军大臣致海军副参谋长及秘书　　1939 年 10 月 29 日

请你想一个办法，将一个武器架安装在地下室比较方便的地方，我要让海军部大厦中的官员和身体健壮的员工,每人都有武器,一支步枪、一把刺刀、若干子弹。一共准备五十份。请在两天内做好这件事。

海军大臣致史末资将军函（私人密件）　　1939 年 10 月 29 日

“埃里伯斯”号是一艘低舷重炮舰，它已经做好开往开普敦的准备了。你很清楚，对于开普敦的防卫，我们从来没有考虑过使用十五英寸口径的大炮。因为皮尔柯害怕日本发动进攻，为了让他满意，我们计划在那里的防御力量现代化以前，暂时借出“埃里伯斯”号。我们知道开普敦的防御不够坚强，然而德国目前只有两艘战斗巡洋舰“沙恩霍斯特”号和“格奈森诺”号，还没有主力舰，所以将舰队开到南非的海面应该是他们不敢做的。如果他们真的过去了，虽然那里的防御薄弱，但那些十分不友好的修船厂可能会用炮火发动袭击，他们将面临着被击毁的威胁。就算他们可以冲出来，那么一场大规模的海战也是不能避免的，我们最强大的舰只将会被调动，无论它们往哪里跑，我们都会追过去，不将它们捕获绝不罢休。所以，我认为这只船可能并不是你需要的。但反过来说，如果敌人侵犯了比利时的浅海，尤其是侵犯荷兰，这种船的用处就可以发挥出来了。我和费希尔在1914年制造这种船的时候就是为了这种用途。所以，政治影响才是现在的问题。我们不想让你为难，所以宁可让这只船束之高阁。当然，如果这艘军舰能够用转租或者转让的方式被我们使用，海军部会很感激的。至于南非联邦方面，我们会赔偿他们。

祝万事顺心。

海军部摘要

1939年11月

海军大臣致秘书 **1939年11月4日**

法国在农村有一套十分完善的机构，全部的海军事务都可以由他们来办理，海军事务已经都迁到那里去处理了。一直在伦敦留守到不能留下去，是我们目前的政策，我们也要因此而尽力找到一个能够临时替代的机构，提高它的效率和水平。

对于它目前的情况，我很想知道，我还要知道我们的转移是否一被通过就可以开始，我们是否可以不中断指挥方面的工作。是否已经准备好了电话，地下电线和其他设备还有吗？我们是单独依靠伦敦的总台吗？除了伦敦的交换台以外，有没有和其他的电话交换台有连接？单独依靠伦敦总台是一件非常危险的事情。

海军大臣致第一海务大臣及其他人员 **1939年11月9日**

我非常担忧战争开始的这十个星期内，进出口贸易因为战争而大幅度下降。我们可能要面临的短缺是非常严重的，所以我们要控制贸易，让它在正常水平的百分之二十的范围内减退。其他行政部门提出了非常严重的不满意见。如果代替商船沉没的方法只有拖延，那么我们的责任就没有履行好。我承认，对于这方面我过去的认识不足，所以我要在此次战争中继续加强学习。对于护航制度我们要暗中放松（但我们要在公共场合对其进行大肆的宣传），远洋航线就更应该如此。

我们一定要深入研究我们目前所用方法的局限性，研究航程被延长的问题。我们必须要承受的风险可能会比较大。因为我们已经武装起来很多船只了，所以我们有能力现在就开始实行。他们在出发的时候可以结成小队。我们在某些程度上可能要让那些横越大西洋的船只也必须这样做。假如除了这种方法以外，我们还能将一支强大的驱逐舰队派出去，在西部沿海入口处专门巡逻，那么也就不用再对舰只的集合点进行指挥部署了，我们比较大的行动自由就可能因此而获得。以前的政策在开始的时候是非常有必要的，我们现在不是嫌弃或者想要放弃那样的政策。为了实现政策的目标，我们可以改善或者发展以前的政策。

海军大臣致海军副参谋长　　　　1939 年 11 月 9 日

在我看来，为了防止“德意志”号这样的敌舰将登陆部队运过来执行占领的任务，我们必须要加强圣赫勒拿岛及阿森松岛的防务。如果它们六英寸口径的大炮只有两门，还有一艘供应舰在港口内，我们的做法可能就太傻了。我认为那里的防务还是不够坚固。

海军大臣致第一海务大臣　　　　1939 年 11 月 15 日

你曾经提到第一批加拿大护航队，请你告诉我它们的详情。船只有多少，都是什么样的，每艘船上有多少人，护航队是什么速度，护航的舰队是否有防潜艇和防空的船舰。请口头通知我离港的日期和集合的地点。

海军大臣致秘书及海军助理参谋长　　　　1939 年 11 月 16 日

海军部地下室通气孔的安全性，你们能够确定吗？如果炸弹炸毁了现有的通气孔，那么有没有可以替代的通气孔？如果院子里发生了火灾，那该怎么办？

成堆的没用的东西、木材和易燃物，不仅堆在院子里，连地下室的房间中也不例外。请把暂时不需要的可能引起燃烧的东西都移开。

海军大臣致第一海务大臣　　　　1939 年 11 月 20 日

成立一支独立的小舰队是反潜艇战争中最重要的办法了。它应该像陆地上的骑兵师一样工作，商船被潜艇击沉和商船往来的问题，都不用它处理，它要在广阔的水域内有计划地进行大规模搜索。敌人的潜艇可能因为我们这种工作方式而不能在有些水域内躲藏起来，这种做法还可能产生其他附加的好处。

海军大臣致第一海务大臣及其他人员　　1939 年 11 月 22 日

1）如果有紧急事件突然发生，比如这次令人震惊的磁性水雷事件，应该集合所有这方面的权威人士或者懂得相关知识的人制定对策，我们采取的行动应该是多方面的。你认为成立一个机构，专门负责这件事，主持的人选由我们去寻找那个最合适的人，此类工作在参谋部和海军部的领导下进行，这种做法恰当吗？这样的机构需要分成几个组，比如一组人员专门负责搜集和甄别敌人投放的磁性水雷的资料，就从最早在西海岸投放的水雷开始；为了集中收集资料，还要与幸存者谈话等。

2）关于试验方面的工作由第二组进行处理，部分工作就应该包括“韦尔农”号的试验。我听说这项工作正由李斯特海军上将在那里进行。虽然他有一个正在进行中的计划，但大家如果有一个共同的看法，也是非常好的。

3）生产方面的行动由第三组负责，他们应该想办法让计划需要的各项材料按时交货。显然，作战方面的行动由第四组负责，事实上他们已经成立了。

我不认为这是一个永久存在的机构，也不认为这个机构的人员都要为这项工作占用一天的时间，只是将这项工作当作日常工作的重点而已，更高一级的人将会指导和协调他们的工作。

请你多加思考，提出一个书面计划，这项计划应该能让各方面都配合。

海军大臣致第一海务大臣及其他人员　　1939 年 11 月 23 日

1）对威克 - 沃克海军上将的任命是我所同意的，有关磁性水雷的工作由他负责指挥协调。不过他的任务和具体的要求应该是比较明确的：(1) 将能取得的所有资料搜集起来。(2)推进和协调全部的试验工作，将事务的紧急程度区分开。(3)对必要的生产工作提出指导意见。(4) 向海军参谋部提出作战方面的意见。不过要一直在海军参谋部和诺尔总司令的领导下解决作战方面的问题。当然海军部要领导上面提到的所有工作。

2）各部门职务的分工表，请给我准备一份，海军部各技术部门的官员要在表中标注好，必要时可以随时以威克－沃克海军上将分派的工作为参考。你一定要和他商量才能拟定这个计划。

3）德拉克斯海军上将要从最开始就参与各项工作，要和诺尔总司令保持联系，要让他从12月1日开始就对此有充分的了解。

海军大臣致第一海务大臣及其他人员　　1939年11月27日

1）必须要清楚认识德国得到瑞典铁矿石的问题。一直都有人怀疑切断铁矿石供应的重要性。经济作战部大臣将相反的情况告诉了我，如果我们能中断三到六个月的德国铁矿石供应，那么受到无法估量的影响的，不仅是德国的作战能力，还有德国的整个国家的生活。

2）海军参谋部在口头上给我提出了一条建议，我们应该在吕勒欧港冻结时，侵犯挪威的中立，派遣一艘军舰到纳尔维克领海内，或者派兵登陆。我反对这两种做法。

3）有人说将雷区设在挪威沿岸一些偏僻的地点，而且越往北越好，这样才好将挪威领海封锁起来。对于这个建议，请大家仔细思考并提出意见。如果挪威愿意自己布雷，那样最好了，不然我们就必须将一个布雷计划制定出来。曾经有人对我们是否要在这个雷区保持警戒表示怀疑，还有雷区以外的装有铁矿石的船只能否被阻截。这些怀疑都是毫无根据的。大家知道，我们曾经并且正在对这个布雷区进行封锁和警戒，很多运送矿石的船只就因这一点而畏惧了。我们的本土舰队总司令并不认为这是一项繁重的工作。无论如何，请告诉我你的真实想法。

4）我们要注意，不只是铁矿石是对德国有价值的，也有其他对德国有用的商品经过挪威水道南下。我看到情报局长的报告说，有五艘装有铁矿石的船在11月份经由纳尔维克抵达德国。据他们所说，正有一些空船到北面装载铁矿石了。经济作战大臣的意见是怎样的？事情的真相是我们必须要知道的，我们需要各部门的意见一致。

5）这时，我们收到了苏联的通知，他们有一艘名义上的北极破冰船，这艘船非常巨大，正在向喀琅施塔得驶去，很快就要进入挪威的领海了。不过，我还听说，德国想要租这艘破冰船，用它打开通往吕勒欧港的冰路。如果德国将冰打开，而我们不采取其他措施，那么每个月将仍然有一百万吨铁矿石流入到德国，我们的策略也将完全被挫败。对于这种局势，我们应该怎样应对呢？我会当面给你一条建议，同时应该与外交部对整个局势进行商讨。

海军大臣致秘书 **1939 年 11 月 27 日**

我在空军部看到每个房间都有为了以防万一而准备的蜡烛和火柴。

同样的准备，海军部也要做，请即刻办理。

海军大臣致海军副参谋长及第一海务大臣 **1939 年 11 月 30 日**

请考虑，我是否需要再增加第三艘船给大洋洲的护航舰队。可能会有一艘巡洋舰由澳大利亚提供，假如他们不提供，我们是不是要再寻找一艘舰只，这艘军舰要装有六英寸口径的大炮，还要有飞机弹射装备。这样，当敌人发动海面进攻时，“拉米伊”号与敌人的作战就会比较自由。这艘船可以帮助我们在运输舰队前面比较远的地方或者两侧巡逻，也可以提出事先的警告。如果我们有一艘装有潜艇探测器和深水炸弹的巡洋舰在印度或者中国的海面上，那么这便能证明，我们有切实的方法可以应对德国的潜艇。英国历史上一件非常有历史意义的重大事件就是运送澳洲师。但灾难也可能因为意外的发生而来临。不过能够提供帮助的还有我们派遣在印度洋的潜艇。

1939 年 12 月

海军大臣致军需署长及其他人员（密件） **1939 年 12 月 3 日**

我对建设局长说到的一点内容非常感兴趣，我们可以建造一艘主力舰，这艘军舰的大炮炮塔压缩为四座十五英寸口径的大炮。这种战舰的装甲非常厚，能够有效抵御空袭，属于战斗巡洋舰的类型。请将一份说明给我，并将估算好的费用和时间附在后面。当完成了“英王乔治五号”这批船以后，开始建造这艘船，然后再开始建造“鲁莽汉”和“雄狮”号。

海军大臣致秘书、副参谋长及第一海务大臣 **1939 年 12 月 12 日**

1）我们的办公不应该在圣诞节或者新年期间中断，这是为了预防敌人在我们放假疏忽的时候，发起突然袭击，到时我们将面临着一场危险。海军部和所有的军港必须启动最高级别的警戒。此外，从现在到 2 月 15 日以前，要给那些参与了参谋工作的人员每人一周的假期。听到海军部内部正在进行这件事以后，我感到很高兴，我认为这种做法可以推广到各个军港。

2）驱逐舰水兵们非常辛苦，他们的工作比较紧张，应该想个办法缓解他们的情绪。我听说有一场针对巡逻归来的舰队的慰劳活动发生在德文波特，听说他们休息了两三天以后才回到舰上去，这种让他们恢复好以后再回去的做法非常好。类似的活动也出现在罗赛斯和斯卡帕。不过我听说，与其他军港相比，在斯卡帕的活动非常不好，有些人员在那里进行了短暂的休息后都感到很失望。不过，我们很难避免不出现问题。我相信，这个问题会得到有关部门的研究。我们一定要在可行的范围内，对这些海员进行最大限度的慰劳。

海军大臣致海军副参谋长、威克—沃克海军上将
及科学研究局长（请即行动） **1939 年 12 月 24 日**

敌人可能用音响水雷或者超声波水雷代替磁性水雷，我想你们已经猜到这一点了。如果方便，请将一份意见给我。

海军大臣致秘书、海军副参谋长及第一海务大臣 **1939 年 12 月 28 日**

意大利领海的规定限制是六英里，在战争开始时，海军因为主动让步而做出了这个规定，这一点应该向外交部说明。我们没有向世界公布，也没有通知意大利。这项规定是英国海军当局在特殊情况下为了方便工作而制定的，在谈判和签订协议时，它不能够成为一部分内容。现在，我们可能因为这项规定而受损，我们的封锁政策也可能因此而受损，所以这个时候，海军部应该用处理本部事务的方式，告知地中海舰队总司令以后需要遵循的限度只有三英里。对于原来的训令，海军部要重申一次：我们用非常宽容的态度对待意大利的船只，但也要避免引起最惠国的不满或同他们起摩擦。

请交给我拟定的稿件。

1940年1月

海军大臣致秘书 **1940年1月4日**

南北方的煤运处于紧张状态，能否利用运河系统的方法缓解这种紧张状态？请将一份意见准备好，当我回来的时候交给我。

海军大臣致第一海务大臣、军需署长、鱼雷及水雷制造局长、沃克海军少将及林德曼教授 **1940年1月12日**

“皇家海军”作战计划

1）我们已经在法国和最高军事委员会充分讨论这个问题了，已经做出各种部署。一些必要的人员已经与菲茨杰拉德上校与杰弗里斯少校见过面，至于他们的工作报告，现在就可以向我提出来。法国的军事人员说，他们已经控制住了萨尔河和摩泽尔河的上游以及莱茵河，许多可行的措施都可以采取了。大家都对能够大量供应各种必需品以后才能采取行动这一点深信不疑。必须要在各个地点最大规模地执行第一次活动，为了能够将最高紧张状态无限期地维持下去，以后的每天和每周都要有大量的供应。

2）现在要做好一切行动的准备，但要两国政府作出最终的决定，这一点双方都理解。

3）无论如何，原定的行动日期要从2月份的月圆推迟到3月份的月圆。同时，为了让计划更加完美，我们应该多做努力，囤积大量的物资。

4）有关人员请在星期一晚上九点半到我的办公室参加会议。所有人都要在那个时候将自己的工作进展报告给大家，我们在各方面应该保持一致。对于听取报告的人员，我们打算邀请空军大臣。允许个别提出报告，但在休会期间，有关人员应该共同商议。在会议上，所有的不合理拖延的原因或者阻碍都应该提出来，这是最重要的一点，这样才能方便我们尽早准备好作战计划。我们的行动也可能在3月的月圆前被迫提前开始。

海军大臣致第一海务大臣、军需署长、海军副参谋长、秘书、及海军助理参谋长 **1940年1月12日**

至今为止，研究磁性水雷的人员取得了很多成功，海军大臣对此表示祝贺。

海军大臣致厄斯本海军上将 **1940年1月13日**

火箭推进武器

你的1940年1月12日报告已经收到。一切进行得都比较顺利，只有炸弹除外。我们没有掌握的武器制造只有炸弹这一方面。我发现文纳公司的炸弹有一个已经落后的构件。空军部已经尽力研究炸弹了吗？你对此是否确定？

对于这个问题，请给我一份专门的报告，同时告诉我有没有给空军大臣写信的必要，是否需要告诉他向其他工作那样，让我们负责这部分工作。这种不旋转的投射试验的重要性毋庸置疑。它可能加强整个英国战舰和商船的安全。希望你能协调好各方面的工作，让各项工作都能够顺利地展开，这样我们的大规模生产才能尽早地展开。

我很遗憾，我们今天没有完成发射的试验，不过从林德曼教授那里，我知道这个试验的原理非常让人满意。

请催促以最快的速度进行这项工作。

我认为目前已经是时候将进展的情况报告给空军部和陆军部了，他们曾经委托我代管这个问题中与他们有关的一部分。所以请将一个简要的报告准备好，将目前的情况和以后的展望提出来。

海军大臣致军需署长 **1940年1月3日**

你关于混凝土船只的报告让我感到非常高兴。我认为我们过去并没有充分研究这种设计。钢筋混凝土方面的研究从上次世界大战以来取得了很大的进步。我们原来的造船计划的紧张状态因为这种完全不同的技术和材料的使用而得到一定程度的缓和。因此，我认为在这种情况下，一艘可以出海的混凝土船只是我们应该想办法开始建造的。

海军大臣致海军秘书 **1940年1月14日**

克里普斯先生（斯塔福德·克里普斯爵士的兄弟）在上次大战中有着出色的表现，他很勇敢，你可以和他见面。我们一定有一些扫雷艇的空缺。

（弗雷德里克·克里普斯先生曾写信问“在扫雷艇方面，有没有他可以从事的工作”。）

海军大臣致第一海务大臣 **1940年1月16日**

斯卡帕湾的防空

一种方法是我在内阁上提出报告讨论问题，一种方法是根据我的建议召开一次会议，让问题在会议桌上被讨论，显然后者要比前者好一些吧？无论是哪一方面，都出现了浪费人力物力的现象。每个人都认为效忠国家的表现可以是谋求局部的安全。就前线的实力而言，我们的陆军是最弱的，我们令人失望的空军也比不上德国。对德国至关重要的铁矿石供应，也不能被我们想办法截断。我们的态度是非常消极的，我们的实力有越来越分散的趋势。在海军方面，斯卡帕湾和罗赛斯都必须处于高度紧张状态。你有没有感觉我们正在失败的路上？我认为，对于我的责任，我一定要尽到（哪怕只是一件小事），为了迎击敌人，我们要集中全力，对于没有必要的分散，我们一定要预防。

海军大臣致第一海务大臣 **1940年1月19日**

海军航空兵部队——战争开始后最初十二个月的费用估计

1）我对海军航空兵部队需要很多的英国作战资源越来越感到不安了。然而我更为现在的估算而惊讶，我从来没有想到我们有着如此巨大的开支。对于海军航空兵部队的建立，我是一直倡导的，实际上我起草了英斯基普爵士最后在1938年所提出的折中决议。所以，在这场战争中，在杀死和击败德国人方面，我认为海军航空兵部队有很大的责任。

2）我们在几年以前曾经在海军航空兵部队进行过一次讨论，那时候岸上起飞的飞机和航空母舰飞机的速度基本差不多，不过从那以后，岸上飞机逐渐发展，母舰飞机已经不能再与它展开竞争了。从此，在大海上侦查，将海面作战中的敌舰识别出来，使用海上飞机进行鱼雷袭击，已经成为海军航空兵部队最重要的任务，也是他们仅有的任务了。但现在敌人有很少的海面战舰，所以有可能突击出来的德国快速战斗舰和德国袭击舰就成为我们的目标。我们要为此将准备做好，但这不值得我们花费这么庞大的开支。

3）此外，我们的空军远不如德国，所以在这种情况下，我们需要加强警惕并认为对我们产生致命打击的就只有敌人对我们本岛、工厂、军港及商船以及港内舰队的空袭。所以，皇家空军在海峡及北海方面的所有沿岸巡逻的日常任务是我现在急于要解除的，这个责任可以由海军航空兵部队承担，那时候，也只能是那时候，他们所要承担的任务才能和为他们付出的费用和他们的能力相匹配。

4）曾经空军部正繁盛的时候，他们害怕自己的势力范围被侵越，但现在他们的重要地位已经取得了，在很多方面，他们和皇家海军相等，他们该持有比较谦让的态度了。另外，增强他们可以调度的力量是他们急切希望的。最近他们允许我们将两支以海岸为基地的飞行中队组建起来，用来保卫奥克尼群岛等，所以我相信在现在友好的氛围下，在我们处理得当的情况下，整个东部海岸都可以使用这条原则。我认为，我们的空军部和海军部都会因此而受益，因为我们有非常优秀的驾驶员和飞机侦查员来承担这些任务。

5）所以，请你考虑我提出的这项原则，第一海务大臣拟定一项计划，从海军航空兵部队中选出优秀的驾驶员一百到一百五十名，另外还有技工和管理人员，这些人组成六七八个航空中队，这些中队以陆地为基地。我们要根据需求削减航空母舰，尤其是没有装甲的航空母舰上的编制名额。我们只能根据北海当时的形势，让很小的编制配备进行外海侦查工作。为了让这些新的战斗力量更加充实，我们应该在海军航空兵部队的训练学校及其他机构内，严格地招纳新兵。

6）如果完成了这项计划细节的拟定工作，我将与空军部协商，建议在人民负担不增加的情况下，将他们在本国沿岸的所有工作都免除。我们今后可以少要一些母舰飞机，但最初我们或许不需要最新的战斗机或者中型轰炸机，不过能够作短距离战斗的还是要的。然后，整个责任都应该由我们负担起来，这是战争时期必须有的措施。当战争结束以后，我们再重新规定本部的职责范围。

你对于这个问题的意见，请告诉我。

海军大臣致副参谋长、海军情报局长及秘书　　　　1940年1月31日

我在三十年前看到外交部印制的密件书册，使用的纸张是非常容易燃烧的一种，这些书册几乎可以在瞬间燃烧。这项技术从那个时候开始有了进步，现在有了一经点燃就可以马上被炸毁的书，可能还有用硝酸盐纤维纸印的书。我们现在可以使用非常方便的拍照的方法，将书籍印在这种质料的纸上。如果联合使用这两种方法，这些书的体积就可以被缩得很小，在阅读的时候可以使用一种小型的阅读器。对于这个问题，请成立一个委员会来研究，委员会的人数可以少一点。人员由你向我提出。我的代表可以是林德曼教授。

海军大臣致第一海务大臣、海军副参谋长　　　　1940年1月31日

据说澳大利亚海军开过了悉尼等地，正要启程参战，很多报纸已经拍下了照片。运兵船即将驶近红海入口和索科特拉岛一带，这一点一定已经被敌人知道了。虽然德国潜艇已经出现在印度洋的情报还没有收到，但是否能确定（曾经谣传过的）德国潜艇驶过马达加斯加，进入红海，在意大利或阿拉伯的某个港口加油，我们应该怎样判断这一点？如果有反潜艇的护航能够出现在索科特拉岛附近，我就不用那么担心了。我们的做法可以是：将驱逐舰“复仇”号从海边派遣到某个指定地点（例如索科特拉岛以东二百英里处），从新加坡开始追随运输船队的“威斯特科特”号可以与它在那里会合。这两艘驱逐舰装有潜艇探测器，能够在绝对安全的前提下，让它们中的一艘进行广泛的搜索。

请给我一个你对这个问题的答复。

1940年2月

海军大臣致第一海务大臣　　　　1940年2月9日

战时第三应急舰队的特点

一艘重达一千六百五十吨的驱逐舰，和一艘小巡洋舰差不多一样大小。正如“格伦维尔”号及“埃克斯默思”号那样，这种没有装甲的舰只可以配备二百人，德国的潜艇已经以它们为目标，将它们当作自己的猎物了。在这种舰队中驱逐舰的吨位数与分舰队主舰的吨位数有十吨差异。由于驱逐舰的体积和造价不断增加，我们的舰只本来是狩猎性的，现在反而成为敌人的狩猎目标了。在没有装甲而又非常容易受到攻击的舰只上，安排这么多人是一种非常不妥当的做法。我们要花费很长时间才能建造好这种船舰，估计参加这次战争的时间已经来不及了。那些数量比较多，又能够很快就交货的小船才是我们需要的。对于这种大型驱逐舰，虽然它们的优点是武装比较简单，续航能力比较持久。但是我们必须将它们的数量维持在最低的限度。

海军大臣致第一海务大臣（附文件）、海军副参谋长、海军情报局长、军需署长及秘书　　1940 年 2 月 11 日

日本的实力——海军情报局文件 02242/39 号

1）有一件非常重要的事是，能够合理而又实际地看待日本现在以及可能的造舰能力。日本的造舰能力如何，建造一支比英美已建和在建的海军更为强大的海军，他们是否有这个能力？我在向内阁提出这个问题之前，一定要先有充足的证据证明。日本的财政已经开始恶化了。它在中国进行了一场两年半的战争，这场战争的毁灭性非常大，它需要保留一百万到一百五十万军队在这个战场上。直到现在，日本都没有取得重大进展，与之相反的是中国，中国的力量正在越来越强大。日本内部也因此而有了很大的反应，看起来非常紧张的样子。

2）我们在看待日本新造舰声明的时候，一定要考虑到这些事实。他们一定要从海外购买原材料才能建造军舰，所以他们的外汇一定会受到影响，因为除了这笔费用之外，在中国的战争也是一种花费。第一海务大臣将他们的造船计划列了一个表，他们需要花费多少日元、英镑、美元？我感觉他们财政恶化的速度非常快，同时他们需要支出的海军费用又是历史上最大的一次。

3）他们能生产多少钢铁？他们能消费多少钢铁？如果我没记错，日本每年的钢铁消费量在三百万吨左右，美国是五千四百万吨，英国是一千五百万吨。不过我听说英美的实力会因为日本正在进行的新造舰计划而受到很大的损失。他们建造的速度够不够快是另一个问题。我认为我们不能将道听途说的话当作充分的证据说明他们想要建造多少艘船。莫顿小组或者委员会的工作是研究敌人或者潜在敌人的军事实力，我们与他们商量过了没有？

总而言之，日本想要建造一支与英美现有和在建舰队实力相匹敌的舰队，我很怀疑它有这样的能力。

海军大臣致第一海务大臣　　1940年2月20日

昨天内阁提出要做好准备，让提到的计划尽早地执行。

请你提出建议。

我认为这是一件急事，还要联系“阿尔特马克”号事件。因为这是一个小型而又简单的作战计划，所以也可以称为“威尔弗雷德作战计划”。

海军大臣致第一海务大臣等　　1940年2月24日

关于“埃克塞特”号的修理时间和目前的情况，请尽早给我一份报告。为了让这艘军舰的士兵不分散，我们应该多做出努力。如果要过三四个月才能修好“埃克塞特”号，那么在此期间，能够顺便将“埃克塞特”号的现任舰长和所有成员载回的巡洋舰是哪艘？人们认为，在陆军中，拆散一个作战单位是愚不可及的做法。我认为，在海军中，也应该考虑这种道义上的问题。

海军大臣致军需署长及其他人员　　1940年2月25日

小型战舰的重新分类

计划局长说：“如果联系起来考虑，如今的驱逐舰应该是一种特殊舰只，主要以鱼雷为武器。”他因为忽略了驱逐舰的整个历史，所以才会有这种说法。用优势炮火袭击鱼雷艇是驱逐舰的主要任务。驱逐击毁不仅仅是用鱼雷，还包括深水炸弹或者炮火。

第一海务大臣的意见是，不需要将“舰只”一词用在舰名的后面，认为应该用一个词代替所有的舰只，对于这一点，我很同意。

我认为过去的“快速护航艇”舰只也应该包含在驱逐舰这个词语内，实际上就是一种中型驱逐舰。“捕鲸船”这个词让我感到很不喜欢，我认为这些船没有去捕鲸，这是一种误称，我想听听你在这方面的看法。我们现在的称呼包括“护航艇”、“巡逻艇”和“捕鲸船”，这些舰只之间的差别到底在哪里？

迅速地对这个问题作出简单的结论是现在最重要的事情，司令部和各部门要在3月1日开始使用。请将已造和正在建造中的船只进行分类，并将名单给我。

1940年3月

海军大臣致第一海务大臣及秘书　　1940年3月1日

我们应该将一个计划准备好，如果战争发生在3月份，我们应该怎样在地中海集中战列舰（和其他舰只）。我没有说战争一定会发生，但我们全面地考虑各种问题的组合是没有坏处的。

海军大臣致第一海务大臣、军需署长及其他人员　　1940年3月5日

我们的舰队在9月26日遭受到了空袭，此后我们认为我们的高射炮手需要训练，我们有必要让他们能够击中比过去还要飞快的目标。对于这种新的想法，林德曼教授进行过试验，“韦尔农”号也提出过照明弹等其他设想。这些事情后来发展得如何？尽管有天气这一不利的条件存在，但我们在领海上进行高速率目标射击演习并没有出现吧！现在已经过去五个月了，如果一套有效的应对快速目标的武器到现在还没有研制成，我们又没有让舰队有发挥威力的装置，那么我们必然面临非常严重的问题。

如今天气正在好转，我们的舰队也回到了斯卡帕湾，所以这个问题一定要解决。皇家海军的大炮需要改进，这对它们的安全至关重要。

海军大臣致第一海务大臣及军需署长　　1940年3月5日

1）新建船只没有修理船只好。我们应该多做努力，“当玛拉”有八千吨，我们应该想法让它成为一艘合适的运货船。我们要立刻接管它，修理师就用最普通的方法，让它来担任最辛苦的工作。

2）我们的抢救工作足够了吗？请告诉我目前我们在沿岸搁浅船只的现状，请写一份报告说明为了让它们恢复航海能力都采取了哪些措施。在保证安全和不伤害生命的前提下，我们在这样船只上花费的人力物力应该要尽可能地降低。应该大力推进抢救和修理部门的工作。每一天完成的吨数都应该大于建造新船的速度。

海军大臣致第一海务大臣　　1940年3月6日

为了应对意大利的敌意或者威胁，你可能需要与法国商量怎样将盟国舰队组建起来，这是一种比价稳妥的做法。具体情况请在我回来以后告诉我。

（在火车上）

海军大臣致海军部政务次官　　1940年3月11日

你和工会的谈判非常成功，这一点让我很高兴。不过我们要谨慎对待“劳工部训练中心”这个问题。按照它以前的组织形式来看，这个机构只是一个半慈善性质的组织，它的目的是救济贫困和苦难的民众。将半熟练的工人培训成熟练的工人向来不是它要做的。对于我们来说，现在的这个组织就是一个陷阱。如果要学习新技艺，我们一定要找能够胜任的人。劳工大臣经常说，只有失业人员才是他们训练中心涉及的，他说的是在和平时期失业的人员。而比较有活力的人才是我们招收和培养的，他们改变自己的职业只是因为战争的原因。

我认为你的培训工作还是要依靠造船厂和海军部所属专门技术学校来进行。

对于这个问题，我认为有一个非常严重的缺陷，请将你的意见说出来。

海军大臣致第一海务大臣及其他人员　　1940年3月14日

对于挪威走廊的问题，我们现在没有权力干涉，但你能不能找到这样一两艘快速商船，船上最好有撞角，船尾要特别加固。这艘船要能装载货物进入挪威水道，寻找德国运矿船或其他商船，接下来以“意外”的名义撞上它们。“Q”式船的另一发展就是这样的。

海军大臣致海军副参谋长、海军情报局长（请即行动）（密件）

1940 年 3 月 22 日

欣韦尔先生说，仍然有很多德国商船在维戈。有很多非德国人是船上的船员，有很多非纳粹分子在德国船员中。他说，可以鼓动这些船员将船只开到海上，使用的方法是金钱或者其他组织工作，我们的舰只就可以在海上截获它们。我们要给那些将船开出来的人一定的报酬。你认为这样做有没有道理？

海军大臣致海军副参谋长及第一海务大臣 **1940 年 3 月 30 日**

从1940年3月29日《每日电讯报》剪下这样一段，有二十艘纳粹船只准备起航，它们有冲破封锁的企图(阿姆斯特丹，星期五)。我听说“厄尔斯特”号现在在鹿特丹。

这段新闻是我从《每日电讯报》上剪下的，我已经咨询过情报局长了。德国商船大规模撤离荷兰，就是荷兰有危险的预兆。我相信你也是这样想的。

海军大臣致秘书 **1940 年 3 月 31 日**

战时内阁后备职业小组委员会财政部提出的意见

如今有一百五十万失业人口，陆军的伤亡并不严重，所以对于将我们的造船人员进行调动是我所反对的。因为海军的工作部署会因为这些人的调动而被打乱。必须要根据内阁的决定来解决这个问题。请你想办法转告威尔逊爵士，我很遗憾我不能接纳他的意见。

1940 年 4 月

海军大臣致军需署长 **1940 年 4 月 1 日**

有四十艘驱逐舰正在修理，他们复役的情况怎样？为了能够提前建成新的驱逐舰，尤其是第四十分舰队的驱逐舰，可不可以省去一些比较浪费时间的工序，比如交工前的修整和添设新式装备等？在今年夏天的几个月拥有尽可能多的驱逐舰，是我们的最大目标。回厂进一步处理要等到我们的舰只够多的时候再进行。

海军大臣致第一海务大臣及其他人员 1940年4月4日

虽然意大利局势不好的变化还没有被我发现，但我想海军参谋的相关部门正在拟定一份计划，也许已经拟定好了，我们要做好作战的准备，如果我们被意大利拉进战争中，那么海战的地点应该是地中海。内阁有可能索要这个计划。对于这个计划，我希望能够让我早一点看到，不管怎么样，一定要在四五天的时间内给我。

海军大臣致军需署长 1940年4月12日

因为我们要竭尽全力应对意大利的威胁和袭击，所以对于“胡德”号，我们要高度关注。

它什么时候能够出海，请给我一份时间表。

海军大臣致海军副参谋长 1940年4月12日

在众多丹麦的岛屿中，我们除了需要注意法罗群岛以外，还应该注意哪些？

对于荷兰沦陷以后，库拉索的形势将如何，你请参谋部研究一下。第四海务大臣对我说过，库拉索炼油厂对我们的石油供应至关重要。对于这个问题，我希望你能给我一份简短的报告。

海军大臣致商船修理署长 1940年4月12日

1940年4月9日有关造船所工人的周报

这份报告很不错，新船产量有所提高还是第一次被报告。我们的接管从2月1日就开始了，到现在已经增加了一万五千人。前任政务官已经做过布置，你认为他做得是否得当，现在仍然进行着吗？我们还要三万人，我们只有做出了全部努力，才能达到这个目的。目前还有其他的办法吗？

你已经准备好要向内阁提出的报告了吗？我原计划交给内阁的时间是上周。我希望在下周你可以准备好报告。至于报告的提纲，你现在能让我看看吗？

海军大臣致海军副参谋长　　　　　　　　　　1940 年 4 月 13 日

如果西班牙不再坚守中立，参与进这场战争中，我们应该对西班牙的岛屿进行仔细的研究，这可以由你主管的一个部门来完成。

海军大臣致军需署长，第一海务大臣及秘书　　　　　　1940 年 4 月 13 日

4 月 13 日军需署长关于“胡德”号的记录

这份记录所说的内容，和我提议这艘船需要在马耳他群岛修理时听到的内容，有很大的不同。我在当时得到了这样的保证：只要三十五天就可以修好这艘船，出海的日期绝对不会超过三十五天，也就是修好它根本用不了多长时间。我在前几天又去询问了“胡德”号的重新服役还需要多久，听说还要十四天。这就是说，到现在为止，已经用了超过二十天的时间修理这艘船了，而且 4 月份的十七天还要加进去，还要用 5 月份的三十一天，总共是（六十）八天。这艘船十分重要，当它在紧急时期进入港口修理的时候，人们告诉我需要的修理时间只是这个时间的一半。这种变化真是太不正常了，请给我个解释。当结束了这（六十）八天的修理后，还需要十四天为它修理后备供油仓，这样一共需要（八十）二天，也就是说需要战争最紧张时候（将近）三个月的时间。

上次我在斯卡帕湾的时候，修理“胡德”号的工程师信誓旦旦地告诉我，就这艘船而言，他们已经找到了能够保养所有有问题的凝结管的方法，所以他可以让这艘船的速度达到二十七海里，他还说这艘船还可以继续服役六个月，这种事情是没有道理不发生的。

受意大利的态度的影响，我没有收到确切的情报，这一点我深感遗憾。

海军大臣致第一海务大臣及其他人员　　　　　　　　1940 年 4 月 14 日

我们要思考一个问题，如果我们近期得到了纳尔维克，那么将怎样充分利用这个港口。首先，它应该是我们一个方便的加油基地，我们在挪威沿岸活动的分舰队可以到这里使用经济的石油。其次，这里的大量的铁矿石要被我们积极地运送到国内。

所以我们要将一支适中的军队派过来才能达到这个目的，例如将一千名本土防卫队的士兵调过去，派遣几个强大的高射炮兵连，让他们对付高空和低空的飞机；设立一个封锁区，这个封锁区可以由密集的网、水栅甚至水雷组成。油船有充足的石油供应，那么淡水供应怎样呢？

敌人时不时就会向我们发动空袭，我们一定要做好防备。应该在海岸装设几门防卫大炮，这样才能保卫海岸的人民。部分大炮可以由沉没的德国鱼雷艇提供。要认真思考打捞和修理这些鱼雷艇的工作，要让港口尽快地恢复工作。可以派遣部分募集的海军陆战队工作队去纳尔维克。我相信有很多比较好的可以进行维修工作的工厂在那里。这个问题由海军部的部分人员（我感觉应该是计划处）开始研究，同时要将我们的要求订出来。因为我们还要努力进攻纳尔维克以南的沿海各地，所以我们的目的是，一旦掌握了纳尔维克，我们要在尽可能短的时间内自给自卫。英国国防委员会可以供给我们需要的大炮（高射炮）。

海军大臣致文官大臣　　1940 年 4 月 16 日

法罗群岛

协调活动应该由你来负责，这是你在部内的经验决定的，你要让法罗群岛和我们的目标相匹配。我们的要求由海军部副参谋长告诉你。请你每周都提出一个报告。我们需要取得一个雷达站和飞机场，时间越快越好，同时几门海岸大炮和若干防空设施也是我们需要的。这是一个非常容易吸引袭击舰的基地。

海军大臣致首相　　1940 年 4 月 18 日

对法国所获德国关于军火报告的评论

有一种错误的想法是我们的攻势可以依靠无限制地使用大炮炮弹维持。军事进攻可能因为一段弹坑密集或者复杂的地形而不容易前进。这块地方是步兵必须要穿过的，只是要等时间到了而已，而且与守军进行肉搏的地带也在这里。所以，从消耗弹药的角度说，防守一方的实力得以保存，当敌人的步兵进攻时，它可以再发射，所以他们很多的弹药都被节省下来了。有人说："当进攻的军队没有充足的弹药时，任何大规模攻势都会停下来。"这是一个错误的说法。当战斗的部队与出发地的距离越来越远时，就没有进攻的势头了。供应不及的情况会发生在弹药和粮食方面。将弹药（哪怕原来已经前移的临时贮存站中有弹药也是如此）运送给战斗部队因为中间地带被大炮彻底损害而更加困难。反击的机会就在这个时候出现了。

这篇报告非常有趣，我印象中是德国军火部高级官员干的好事。从炮弹着手自然是他的做法。炮弹是非常重要的，谁都不会在某一天嫌弃炮弹太多了，但这不是认为战争的胜利可以因为炮弹无限制使用而取得的理由。对炮兵而言，怎样在不同的战斗阶段将大炮的炮弹运送过来，一直限制着他们。

海军大臣致萨默维尔海军上将　　　　1940年4月21日

请将一个简单的报告给我，报告上要有雷达站现在的情况，围绕着海军沿岸及防务的内容，把它的缺点和你想要采取的改进策略做一个说明。

海军大臣致第一海务大臣及海军副参谋长　　　　1940年4月25日

我很担心纳尔维克入口处的布雷区，因为目前“沃斯派特”号已经离开了那里，只有“坚决”号在那里，那是一艘没有做好战斗准备的军舰。如果“沙恩霍斯特”号和“格奈森诺”号在一个晴朗的早上突然出现，那将对这艘船的大炮射程非常不利。但它也可能躲在隐蔽的峡湾中，希望能逃避长射程的炮火，这样敌人就被逼迫着进行短距离作战。要不我们修理一下“坚决”号吧。总之，在纳尔维克的海面保证我们不受敌舰的袭击是必须要做到的。

（即日采取行动）

海军大臣致第一海务大臣及其他人员　　　　1940年4月28日

有飞机和海上飞机基地的坏消息从法罗群岛传来，我们与德国的周旋在整个挪威海岸都有，根据这些，我们在冰岛的基地是必须要有的，这样我们北方的巡逻队才可以在这里加油，我们的飞机才可以在这里停留。请将事由根据准备好，这样我才好向外交部提出。我们的需要越早让冰岛人知道越好。

海军大臣致利斯戈爵士与军需署长　　　　　　　　1940年4月30日

自从丹麦、挪威被德国侵略以来，我们俘获了约七百五十艘船只，总共三百万吨。这对我们造船和航运的益处，是我们有必要考虑的。很明显我们在执行目前的计划之前没有想到我们所得到的缓和。你对这件事是什么看法，我非常愿意知道，利斯戈爵士最近写了一份报告，你对此有什么感想？

一些有关人事的问题

海军大臣致第一海务大臣、第二海务大臣及秘书　　　　1939年9月18日

给北方巡逻队的电文刚刚被我核准。

对于纽芬兰的渔民：这个寒冬经常有暴风雪，如果想让电文里的任务能够有效地执行，一个非常重要的因素是纽芬兰的航海技术，世界上最坚强、技术最高超的渔民非他们莫属了，因为在如此狂暴的大海中，他们仍然可以生活。被雇佣是他们迫切希望的。请提出一个办法，怎样在纽芬兰征集一千名皇家海军志愿后备队，将征募条件列出来，给各个自治领起草必要的信函。他们拥有无尽的海上知识，所以对于他们的训练，可以立刻使用某种方法开始。最多十天以后，就要在纽芬兰进行这项工作。

海军大臣致第二海务大臣　　　　　　　　　　　　1939年3月21日

斯卡帕湾要为本土舰队及北方巡逻队准备一艘演戏及电影船，在与本土舰队总司令的一次谈话中，我答应了对这个问题进行研究。

我认为在岸上安装娱乐设备没有使用船好。我记得在上次世界大战中，“廊尔柯”就是为大舰队准备的。

这艘船上的设备可以放映电影，也可以进行舞台表演，除了这些以外，还有一个大商店是由海陆军招待所主办的，有冷藏储备的船只也可以加进去。

这个附属成分在斯卡帕湾海军生活中非常重要，请你拟定一份计划。

海军大臣致第二海务大臣及秘书（密件） 1939年9月29日

泄密的问题

不经审判、不提出控诉、甚至不加询问就可以将一个海军下级士官开除是这份文件所提出的内容。有六个人与举例中的人同姓，他被认出来是因为牙齿特别白。听说在一次午餐中，他不够谨慎而将一些不恰当的话说了出来。文件中没有提到有人收买他或者他试图叛变。我认为，在法庭中依靠这些文件当作证据很难指控他，检察官也未必能看得出来。但现在任何让他为自己辩护的机会都不给他，在战争刚开始就不让他进入军队的大门，使他一生都有卖国贼和间谍的嫌疑。

我们不应该允许这种做法。虽然这不是多么严重的问题，但泄密事件让人非常愤怒，我们需要深入研究。这应该是刑事诉讼范围内的问题，那么罪名就根据《海军惩罚法》来定。我们要直接向军事法庭提出控诉，宣布他有罪或者无罪的也只有军事法庭。

如果有关造船厂的雇员或者其他人员的问题中也出现了证据不清楚或者证据不充分的情况，就不用这种方法，可以使用行政措施对们进行轻微的调动。

海军大臣致秘书 1939年10月4日

请你列出不能用低级人员提升办法的部门。能够使用这种方法和不能使用这种方法的部门是什么比例？

海军大臣致第二海务大臣、政务次官及秘书 1939年10月7日

有些工种的人员不能因功而被提拔并委以责任，请说明为什么是这样的。为什么提拔适用于乘务员和厨师，但不适用于电工、炮工和造船工人？为什么适用于电报员，但不适用于油漆工？很明显没有困难阻碍德国的油漆工升级。

海军大臣致秘书 1939年10月7日

海军元帅

我们不需要口头交涉这个问题。请你帮我草拟一份致第一及第二海务大臣的

摘要，草拟后由我来签字，这是为了解决困难而采用的做法。海陆军元帅一直都在现役军官的名册上，这一点我很清楚，不应该因为年纪太轻被提拔而让他们处于不利的地位。你需要与财政部说明这与钱的问题无关，可以使用你个人的名义。如果只是让联合王国的国旗被挂上一两天，然后到切尔特纳姆退休，偶尔给《泰晤士报》写几封信，那么他们被任命为海军元帅的价值在哪里呢？

海军大臣致第二海务大臣和有关人员及秘书　　1939 年 10 月 14 日

（当印度人或者殖民地的土著居民被皇家海军雇佣时）我们不能用肤色和种族区别对待他们。不过实际上，有很多困难可能会因为过多地推行这个平等的理念而产生。我们要将是否能让行政工作顺利进行作为出发点，判断每一件事情的对错。如果我们需要能够胜任的印度人，那么反对他们在我们的皇家军舰上服务就是没有理由的事情了。如果海军元帅的品质是他们所具有的，那么反对他们升任海军元帅也是没有理由的事情了。当然对他们的提拔不应该太多。

海军大臣致第一海务大臣　　1939 年 10 月 24 日

我认为在战争时期停止在自治领征兵或者对自治领关闭海军的大门是缺乏根据的，纽芬兰是我所特别关注的，我为此还作了专门的指示。让纽芬兰人从纽芬兰“自己找到我们国家”并不是我们的做法。尽可能地征募兵员，将他们训练并送到联合王国的工作和责任应该让我们多承担一些。我希望我们可以招募一千人，我听说大家正在做这件事。对于纽芬兰方面的确切情况和工作进展，请写一份报告给我。

关于自治领其他方面的问题，我们要接受所有合格的应征入伍的人员，不管他们只是战争期间服役还是志愿或者永久服役。自治领的海港可以吸纳这些人员，悉尼、哈利法克斯、埃斯奎莫尔特和西蒙斯敦等地都可以进行训练工作。接下来我们找机会分批将他们运回来，他们也可以被在自治领靠岸的英国军舰征召而服役。

请根据以上思路拟定一个克服困难的计划。

海军大臣致第四海务大臣 1939 年 12 月 12 日

我听说扫雷艇的人员没有佩戴徽章，如果事情属实，就应该想个补救的办法。我已请布雷肯先生要求肯尼思·克拉克爵士将图样在一个星期内绘制好，接下来要用最快的速度开始制造。在交货以后立刻分发下去。

海军大臣致海军秘书及其他有关人员 1939 年 12 月 19 日

“萨蒙鱼”号战时巡逻的记述

第二海务大臣昨天提出了一份备忘录，我完全赞同他的想法。我同意他关于提拔和嘉奖的意见，不管是有关士兵的，还是有关军官的。我正在等待海务大臣们关于提拔的建议。呈交给英王的受奖名单应该由海军秘书准备好。如果可能的话，应该将官兵名单在“萨蒙鱼”号再次出海前公布。也许这位军官（比克福德少校）可能会受到国王的亲自召见，有一枚服务优异的勋章会在召见结束后授予他。王宫对此有何意见？请海军秘书想办法弄清楚。我们还要将相似但不相同的奖励给“厄休拉”号的艇长。他们和“萨蒙鱼”号的情况一样，参加授奖的还包括艇上的水兵。我们应该全力做到军官和士兵能同时授奖。最多四十八个小时，这项工作必须要在此期间完成。

海军大臣致秘书 1940 年 2 月 8 日

某学员的入学资格

这名考生的教育程度比较高，他父亲在 1 月 4 日的信中提到了他的简历，从这些以及他和军队的关系看，我们没有理由坚决拒绝他。我们在录取的时候不要受到上级偏见的影响，这一点一定需要注意。所以请将更加充分的理由告诉我，不然我就让海军秘书在根据收到信件的意见给他写信以前，代表我和那位青年聊一聊。

海军大臣致秘书 1940 年 2 月 25 日

1939 年 11 月参加海军学校入学考试落选的考生

如果我认为这是一个不公平的决定，那么即使“调查正式委员会的意见”，或者将委员会的组织改变，或者更换主席，那我也在所不惜。这个委员会成立多久了？那天达特默思军校学生的齐步走被我看见了，他们给我留下的印象非常不好。给我留下深刻印象的是那些在朴次茅斯演习场上操练和受训的要升为军官的士兵。虽然他们的年纪大，但是精神面貌很好。

和那位青年见面的不仅仅是我的海军秘书，如果有时间的话，我希望我能和他亲自谈谈，选拔委员会中的海军代表是谁？应该有一个合适的海军代表。

请尽快办理。

请将委员会的名单给我，每个委员的全部经历和任命日期都要写上去。

海军大臣致第一海务大臣及海军副参谋长　　　　1940年2月25日

1）“萨蒙鱼”号已经出色地执行了艰难的任务，我同意你们的建议，让它作为一艘额外的实习潜水艇，到德文波特停留几个月。另外，请比克福德少校到海军部的计划司去（比如说六个月），这样对于赫尔戈兰湾最近的形势，计划司就能够有直接和密切的联系。我感觉他是一位有才干而又精明的军官，他有着丰富的反潜艇战斗经验，我希望你能尽快地搜集这些经验。

2）“厄休拉”号不参加挪威商船护航队的理由是什么？

3）潜艇司令还认为另外一些船只处于工作紧张状态，你可以在以后研究这件事。

4）如果只是一般的普通战争，每个人努力作战即可，职务的变化就不需要讨论了。不过因为有少部分人可能会第一批受到损害，尤其是在布雷区艰苦工作的潜艇，他们要冒的风险越来越大，我建议可以将轮换制度用在他们身上。有些舰只和官兵有一段非常艰苦的工作经历，也可能有过立功，对于这些人应该让他们从事比较轻松的工作，将立功和扬名的机会留给其他人。接替潜艇上岗位的人可不可以是一些适于在赫尔戈兰湾工作的水手？这样能分担这项工作的人就更多了。

5）奖章和勋章是否已经发放到了“萨蒙鱼”和“厄休拉”号的人员手里？军官们的授勋已经结束了。为了让士兵们在下次出海前能得到奖励，一些特别的措施应该被我们采取。

海军大臣致第二海务大臣及第四海务大臣　　　　1940年3月24日

有一种比较好的可以用于士官起居室、中级和下级士官室内的游戏，那就是双陆棋，我想水兵们可以尝试这种娱乐游戏。罗瑟米尔勋爵给我准备了一千磅的娱乐费用，现在是什么情况？有没有用完？都是怎样用的？如果有必要，我必然还要再筹集这些钱。在战舰上的服务环境中，扑克显然没有双陆棋好，双陆棋只要十五或者二十分钟，但扑克牌要用很长时间。

海军大臣致第一海务大臣及第二海务大臣　　　　1940年3月25日

我发现我们士兵犯劫掠罪被德国的报纸报道了。我本来认为这件事不需要被提出来的，但我看见我们的一些水兵将被盗的“阿尔特马克”号舰长的手表、经纬仪及铁十字勋章当作纪念品。我们一定要严加制止这种行为。不得私自保存有价值的纪念品，除非经过报告和批准。国家可以没收敌人的财产，但个人不可以没收。

海军大臣致第二海务大臣　　　　1940年4月7日

那三个考生我已经见过了。四百名考生参加了这次教育选拔考试，其中考试及格的有三百二十名，成绩优良的有九十多名，这三人的名次分别是第五、第八、第十七，所以你们说他们不符合海军服役的要求，我非常不理解。当然，这三个人中，A有点伦敦口音，一个人是商船队大副的儿子，一个是商船队轮机长的儿子。但让有才能的人得到一个职业机会是我们选拔考试的最终目的，他们的阶级和财富并不是我们关注的重点。一般来说，我们要录取考试中成绩优异的人。在少数情况下，我们也接受受教育程度较差的人服役。我们的原则绝对不是将排名靠前的人拒绝在外（当然有严重缺点的人除外）。

我敢说，如果这些青年在被委员会面试以前，他们是考生中比较优秀的这一点被委员会知道，就不会因为一次面试而被委员会全盘否定。我认为，我们的委员会以后应该先举行笔试，再举行面试，主要参考的应该放在前面的笔试成绩。另外，如果认定一个可能会取得第一名的人是绝对不会被录取的，为了不让他承受考试的不安与恐惧，就不让他参加接下来的考试了。

我还认为，面试是否合格的标准是没有必要提出来的。另外还要将这一点告诉面试委员会，对于同一名考生，可以根据兵役中各单位的不同要求，给出不同的分数。如果一个人不适合做行政人员，而适合做军官，那么委员会完全可以据此做出不同的评价。

不是所有的考生都需要面试委员会与之见面。一定要有检验教育程度的标准。现在满分是一千三百五十分，及格线是四百分。我发现上次考试考中的人都在六百分以上。如果面试委员会想要减轻工作，不是可以把教育程度测验的合格标准提高吗？

目前的制度需要修改，为了让上面的各点落实，请提出建议。请给予我上面提到的那三个人以入学资格。

图书在版编目（CIP）数据

第二次世界大战回忆录 .02，晦暗不明的战争 /（英）温斯顿 · 丘吉尔著；
方唐译. —北京：北京时代华文书局，2017.7（2020.2重印）
ISBN 978-7-5699-1640-9

Ⅰ. ①第… Ⅱ. ①温… ②方… Ⅲ. ①丘吉尔（Churchill，Winston Leonard Spencer 1874–1965）–回忆录②第二次世界大战–史料 Ⅳ. ① K835.167=5② K152

中国版本图书馆 CIP 数据核字（2017）第 137095 号

第二次世界大战回忆录 02：晦暗不明的战争

DIERCI SHIJIE DAZHAN HUIYILU 02：HUIANBUMING DE ZHANZHENG

著　　者 |〔英国〕温斯顿 · 丘吉尔
译　　者 | 方　唐

出 版 人 | 王训海
选题策划 | 梁明德　邵鹏军
责任编辑 | 周连杰
装帧设计 | 格林文化
责任印制 | 刘　银　訾　敬

出版发行 | 北京时代华文书局 http://www.bjsdsj.com.cn
北京市东城区安定门外大街 136 号皇城国际大厦 A 座 8 楼
邮编：100011　电话：010-64267955　64267677
印　　刷 | 三河市华润印刷有限公司　0316-3656029
（如发现印装质量问题，请与印刷厂联系调换）
开　　本 | 710mm×1000mm　1/16　印　张 | 23　字　数 | 299 千字
版　　次 | 2017 年 8 月第 1 版　印　次 | 2020 年 2 月第 3 次印刷
书　　号 | ISBN 978-7-5699-1640-9
定　　价 | 56.00 元